经典通义丛书

易经新得

◎邓球柏 著

湖南大学出版社·长沙·

内 容 简 介

《易经》为中华传统经典。作者毕生致力于《易经》研究，出版相关著作多种。本书题名为"新得"，既有对作者多年研究的反思之意，更是结合中华文化复兴使命对《易经》所做的全新视角的诠释，着重阐发了《易经》"崇德向善""厚德载物""自强不息""中孚真诚"等传统文化精髓。

图书在版编目（CIP）数据

易经新得/邓球柏著 . —长沙：湖南大学出版社，2020.6
ISBN 978-7-5667-1315-5

Ⅰ.①易… Ⅱ.①邓… Ⅲ.①《周易》—研究
Ⅳ.①B221.5

中国版本图书馆 CIP 数据核字（2019）第 140278 号

易经新得
YIJING XINDE

著　　者：邓球柏
责任编辑：熊志庭
印　　装：长沙鸿和印务有限公司
开　　本：880 mm×1230 mm　1/32　**印张**：11　**字数**：307 千
版　　次：2020 年 6 月第 1 版　**印次**：2020 年 6 月第 1 次印刷
书　　号：ISBN 978-7-5667-1315-5
定　　价：76.00 元

出 版 人：李文邦
出版发行：湖南大学出版社
社　　址：湖南·长沙·岳麓山　　**邮　　编**：410082
电　　话：0731-88822559(发行部)，88821343(编辑室)，88821006(出版部)
传　　真：0731-88649312(发行部)，88822264(总编室)
网　　址：http://www.hnupress.com
电子邮箱：Xiongziting@hnu.cn

作者简介

　　邓球柏，1953 年生于湖南省祁东县，1973 年加入中国共产党，哲学教授（1993 年评定，2009 年评定为二级教授），博士研究生导师（2003 年评定），国务院政府特殊津贴专家（1993 年评定）。

　　先后就读于湖南省第一师范学院数理化学部、湘潭大学哲学系、北京大学哲学系、湖南大学岳麓书院、中共湖南省委党校第 44 期地厅级干部进修班、美国美联大学工商管理学院、北京大学教育学院。获哲学学士学位。

　　先后担任衡阳师范学院附属中学语文教员和政治教员、湘潭大学哲学系教授、长沙学院政法与公共管理学系教授、首都师范大学管理学系教授、首都师范大学政法学院教授、首都师范大学马克思主义学院教授、《湘潭大学学报（社科版）》编审兼执行主编、《长沙大学学报》主编、《儒藏（精华编）》部类主编等职务。2018 年 3 月 1 日退休。

　　先后出版了学术专著《帛书周易校释》《白话易经》《白话帛书周易》《白话焦氏易林（上、下）》《论语通解》《论语通说》《论语新解》《孟子通说》《大学通说》《中庸通说》《孙子兵法通说》《易经通说》《周易的智慧》等 10 余部。其中，《帛书周易校释》（1987 年出版，1995 年再版，2002 年第三版）先后获湖南省首届优秀社会科学成果二等奖、中南五省优秀图书奖，并被翻译成韩文，畅销海内外；《周易的智慧》先后获湖南省第二届优秀社会科学成果奖、华东地区通俗读物优秀图书奖;《论语通解》获首都师范大学优秀科研成果三等奖。

参与编撰大型工具书《中华易学大辞典》,担任主要撰稿人,并负责初步主审全部稿件,历时18年(1990—2008年)。参与《儒藏》编撰与研究,并担任《儒藏(精华编)》杂学类主编,历时13年(2004—2017年),出版了4巨册260余万字的《儒藏(精华编)》杂学类专著。为首都师范大学争得了荣誉。

1982年担任湘潭大学哲学系80级哲学班班主任。

1985年担任湘潭大学哲学系85级思想政治教育本科班班主任。

1986—1987学年第一学期为湘潭大学哲学系84级哲学班讲授必修课"中国哲学史文选"(自选自编讲义)。

1986—1987学年第一学期为湘潭大学哲学系84级哲学班讲授必修课"中国哲学史"(自编讲义)。

1987—1988学年第二学期为湘潭大学哲学系84级哲学一、二班讲授必修课"周易与中国文化"(自编讲义)。

1988—1989学年第二学期为湘潭大学哲学系85级哲学班、85级政教班讲授必修课"周易与中国文化"(自编讲义)。

1992—1993学年第二学期为湘潭大学图书情报系92级档案班讲授必修课"中国历史文选"。

1989年开始参与指导中国古代思想史硕士研究生工作。

1992年为92级马哲史硕士研究生开设"中国哲学史专题"。

1982—1995年历任助理编辑、编辑、副编审、编审、《湘潭大学学报(社科版)》执行主编、《湘潭大学学报(社科版)》《湘潭大学学报(自然科学版)》编辑部主任(期刊社社长)。

1995年为首都师范大学思想政治教育研究生班开设必修课"中国传统文化与思想政治教育",突出强调学做人、学做事。

1995年开始招收指导"中国传统文化与思想政治教育"学科方向硕士研究生。

1995—2004年先后为北京市密云区、房山区、大兴区、丰

台区、东城区、西城区、朝阳区、昌平区、怀柔区、延庆区、石景山区等硕士研究生班开设必修课"中国传统文化与思想政治教育"。

2003 年 10 月—2018 年 6 月担任首都师范大学"中华优秀传统文化与思想政治教育"学科方向博士研究生导师。

1991 年被评为湖南省普通高等学校科技先进工作者。

2004 年—2006 年被评为"优秀共产党员"。

2016 年、2017 年连续两年被评为"优秀共产党员"。

2018 年办理退休手续。

作者简介

《易经》与中华民族伟大复兴
的中国梦（代序）

序

习近平总书记 2012 年 11 月 29 日在参观《复兴之路》展览时说："实现中华民族伟大复兴，就是中华民族近代以来最伟大的梦想。"2013 年 3 月 17 日《在十二届全国人大一次会议上的讲话》强调指出："中华民族具有 5000 多年连绵不断的文明历史，创造了博大精深的中华文化，为人类文明进步作出了不可磨灭的贡献。""中国梦意味着中国人民和中华民族的价值体认和价值追求，意味着全面建成小康社会、实现中华民族伟大复兴，意味着每一个人都能在为中国梦的奋斗中实现自己的梦想，意味着中华民族团结奋斗的最大公约数，意味着中华民族为人类和平与发展作出更大贡献的真诚意愿。"

习近平总书记指出："当前，中国人民正在致力于实现'两个一百年'奋斗目标，努力到 2020 年全面建成小康社会，到本世纪中叶建成富强民主文明和谐的社会主义现代化国家。我们形象地把这个目标概括为实现中华民族伟大复兴的中国梦。"①

习近平总书记谆谆教导我们："要讲清楚中华优秀传统文化的历史渊源、发展脉络、基本走向，讲清楚中华文化的独特创造、价值理念、鲜明特色，增强文化自信和价值观自信。要认真汲取中华优秀传统文化的思想精华和道德精髓，大力弘扬以爱国主义为核心的民族精神和以改革创新为核心的时代精神，深入挖

---

① 《守望相助，共创中蒙关系发展新时代——在蒙古国国家大呼拉尔的演讲》，2014 年 8 月 22 日，乌兰巴托

掘和阐发中华优秀传统文化讲仁爱、重民本、守诚信、崇正义、尚和合、求大同的时代价值，使中华优秀传统文化成为涵养社会主义核心价值观的重要源泉。要处理好继承和创造性发展的关系，重点做好创造性转化和创新性发展。"①"要系统梳理传统文化资源，让收藏在禁宫里的文物、陈列在广阔大地上的遗产、书写在古籍里的文字都活起来。"②

为了更好地实现中国梦，我们需要利用好《易经》中蕴含的丰富的思想精华和道德精髓，使之成为涵养社会主义核心价值观的重要源泉。这是我们《易经》研究工作者的当务之急。

《易经新得》就是在习近平总书记一系列重要讲话精神的鼓舞、激励、指导、鞭策、教育、敦促下完成的。在撰写《易经新得》的过程中我们更进一步领悟到培育和弘扬社会主义核心价值观必须立足中华优秀传统文化，进一步认识到博大精深的中华优秀传统文化是我们在世界文化激荡中站稳脚跟的根基，进一步体会到《易经》是源远流长的中华文化重要典籍之一。《易经》积淀着中华民族最深层的精神追求，代表着中华民族独特的精神标识。《易经》为中华民族生生不息、发展壮大提供了丰厚滋养。譬如：

"天尊地卑"的自然秩序意识。

"元亨利贞"的核心价值观念。

"自强不息"的勤劳拼搏精神。

"厚德载物"的博大仁爱基因。

"履霜坚冰"的超前物候智慧。

"大哉乾元"的万物资始气概。

"至哉坤元"的万物资生胸襟。

"刚健中正"的不陷不偏品质。

---

① 习近平：《习近平谈治国理政》，北京：外文出版社，2014 年 10 月第 1 版，第 164 页。

② 习近平：《习近平谈治国理政》，北京：外文出版社，2014 年 10 月第 1 版，第 161 页。

"乐天知命"的忧乐豪迈情怀。

"忧患悔吝"的慈悲为民理念。

"下济上行"的益流福好谦德。

"穷变通久"的改革创新思维。

"中孚豚鱼"的忠贞诚信德行。

"与时偕行"的时代进取风貌。

"损上益下"的悦民惠民境界。

"开物成务"的预测创业思维。

……

代序

我们的祖先在追梦造福的道路上遇到困难犹豫不决的时候，便去问龟问蓍（《易经》乃筮卦之书）。枯骨死草是不能言语、不能思维的，它们是不能够回答所问的问题的。那为什么要问它们呢？不是什么东西都可以"得兆以卜、得数以筮"的吗？干吗非得去问它们呢？对于这样一类问题，孔子的学生就已经想到过，而且向孔子提了出来。孔子虽然没有对卜筮这一文化现象作出完全科学的分析，但是他的分析还是能够说明一些问题的。他说："不然，盖取其名也。夫蓍之为言，耆也；龟之为言，旧也。明狐疑之事，当问耆旧也。"这就是说用龟与蓍来卜筮，并不是因龟与蓍本身有什么神灵，而是借用龟蓍的名称来象征耆旧，代表长者的经验和智慧。因为龟蓍生长的时间都很长，生长的时间长就意味着阅历深、经事多、知识广、智慧大，自然就有丰富的经验和深邃的洞察力、英明的决策力，善于明辨是非曲直善恶吉凶祸福，善于预测未来，因而能"言必有应"。所以龟蓍被借作有丰富经验和智慧的耆旧的化身。我们的祖先在自己知识缺乏的情况下，对于自己不能决断的事情，去求助于龟蓍，这是求知欲望和求生要求的反映，是他们谨慎谋事的表现，反映了他们追求梦想创造幸福的心路历程。他们把龟蓍看作古老经验（智慧）的化身、神秘的象征。他们认为天地是最有经验的耆旧（"天长地久"）。我们的祖先认为，卜人、筮人既是沟通天地人三者的关系的信使，又是龟蓍的代言人。是卜人、筮人将人间的疑问通报

给龟蓍，龟蓍将信息传递给天地诸神；诸神又将神旨下达给龟蓍，在龟兆蓍数卦象上体现出来，卜人、筮人再将这种由龟蓍体现出来的神旨翻译传达给问卜问筮的人。因此，有人认为古代施行卜筮的巫觋是能够通达天地人的能人。关于这一点，我们也可以从文字学上得以证明。巫、觋、筮，这三个字都包含了贯通天地人的意思。"巫"字与"工"字同意。"工"字上下象天地，中间的"｜"表示能上通天意、下达地旨、中合人意（《说文》："｜，上下通也。"），明"巫"为起舞通达天地人之意者。"觋"则观其情趣旨意。在男曰觋，在女曰巫。巫觋都是卜人。"筮"则筮人。所以，我们说卜筮这一文化现象是在受互渗律支配的集体表象的基础上形成的一种文化制度，也可以说是古人谋事的重要方式之一。

因此，我们要学习孔子认真研究《易经》的精神。

马王堆汉墓帛书《周易·要》记载了孔子当年深入研究《易经》的情景。其文云：

"夫子老而好《易》，居则在席，行则在囊。'有古之遗言焉，予非安其用，而乐其辞。后世之世，疑丘者或以《易》乎？'子贡问：'夫子信其筮乎？'子曰：'我观其义耳。吾与史巫同途而殊归。'"

孔子开凿了与史巫同途而殊归的先河。孔子倡导"神德行""存德行""恒德行"，孔子编纂的《系辞传》上篇从尊卑、贵贱、动静、刚柔、易简、易能等开始，以"不言而信，存乎德行"终结；下篇首章以"理财正辞、禁民为非，曰义"结，末章以"德行恒"始，终始都强调"德行恒"。"德行恒"，就是"恒德行"。"恒德行"，就是要求人们永远保持美好的德行。

孔子倡导"神德行""存德行""恒德行""成德行"的中华文化立场，对于我们认真贯彻落实习近平总书记关于"培育和弘扬社会主义核心价值观必须立足中华优秀传统文化"的重要指示精神具有十分重要的借鉴作用。习近平总书记明确指出："核心价值观，其实就是一种德，既是个人的德，也是一种大德，就是

国家的德、社会的德。国无德不兴，人无德不立。"① "牢固的核心价值观，都有其固有的根本。抛弃传统、丢掉根本，就等于割断了自己的精神命脉。博大精深的中华优秀传统文化是我们在世界文化激荡中站稳脚跟的根基。中华文化源远流长，积淀着中华民族最深层的精神追求，代表着中华民族独特的精神标识，为中华民族生生不息、发展壮大提供了丰厚滋养。中华传统美德是中华文化精髓，蕴含着丰富的思想道德资源。不忘本来才能开辟未来，善于继承才能更好创新。对历史文化特别是先人传承下来的价值理念和道德规范，要坚持古为今用、推陈出新，有鉴别地加以对待，有扬弃地予以继承，努力用中华民族创造的一切精神财富来以文化人、以文育人。"②

《系辞传》："显道神德行，是故可与酬酢，可与佑神矣。""极天下之赜者存乎卦，鼓天下之动者存乎辞，化而裁之存乎变，推而行之存乎通，神而明之存乎其人，默而成之，不言而信，存乎德行。""夫乾，天下之至健也，德行恒易以知险。夫坤，天下之至顺也，德行恒简以知阻。"

孔子所讲的"德行"同《周礼·地官·师氏》的"德行"既有联系，也有区别。孔子所讲的"德行"相当于帛书《德行》的"德之行"，指的是优良品德意识。《周礼·地官·师氏》的"德行"包括"品德"和"行为"两个方面。

《周礼·地官·师氏》："以三德教国子。一曰：至德，以为道本；二曰：敏德，以为行本；三曰：孝德，以知逆恶。教三行，一曰：孝行，以亲父母；二曰：友行，以尊贤良；三曰：顺行，以事师长。"郑玄注："德行，内外之称。在心为德，施之为行。"以"德"为"品德"，"行"乃"行为"。"三德"是中华民族的传统美德，"三行"是中华民族的传统美行，需要我们大力

---

① 习近平：《习近平谈治国理政》，北京：外文出版社，2014年10月第1版，第168页。

② 习近平：《习近平谈治国理政》，北京：外文出版社，2014年10月第1版，第164页。

传承弘扬。

孔子所讲的"德行恒（和），易以知险"，"德行恒（和），简以知阻"，告诫人们长期坚持培养至健、至顺的品德意识，达到易简境界，去认识、克服、扫除幸福征途上的艰难险阻，获得幸福和快乐。

孔子的"德行"还包括："安土敦乎仁"的"爱"，"爱民家行"的"义"，"易知""简能"的"亲"，"不言而信"的"信"，"知崇礼卑"的"礼"，"知物知章，知柔知刚"的"知"。孔子的"德行"思想源于西周"敬德保民""五声昭德"。而"德行"一词则借用《诗·周颂·敬之》的"示我显德行"的"德行"。嗣后又为思孟学派所发挥。

孔子"祖述尧舜，宪章文武""德配天地，道贯古今"。其撰《系辞传》乃上溯伏羲、神农、黄帝。他说："古者包牺氏之王天下也，仰则观象于天，俯则观法于地，观鸟兽之文，与地之宜，近取诸身，远取诸物，于是始作八卦。以通神明之德，以类万物之情。作结绳而为网罟，以佃以渔，盖取诸《离》。包牺氏没，神农氏作，斫木为耜，揉木为耒，耒耨之利，以教天下，盖取诸《益》。日中为市，致天下之民，聚天下之货，交易而退，各得其所，盖取诸《噬嗑》。神农氏没，黄帝、尧、舜氏作，通其变，使民不倦，神而化之，使民宜之。《易》，穷则变，变则通，通则久。是以自天佑之，吉无不利。黄帝、尧、舜垂衣裳而天下治，盖取诸《乾》《坤》。刳木为舟，剡木为楫，舟楫之利，以济不通，致远以利天下，盖取诸《涣》。服牛乘马，引重致远，以利天下，盖取诸《随》。重门击柝，以待暴客，盖取诸《豫》。断木为杵，掘地为臼，臼杵之利，万民以济，盖取诸《小过》。弦木为弧，剡木为矢，弧矢之利，以威天下，盖取诸《睽》。上古穴居而野处，后世圣人易之以宫室，上栋下宇，以待风雨，盖取诸《大壮》。古之葬者，厚衣之以薪，葬之中野，不封不树，丧期无数，后世圣人易之以棺椁，盖取诸《大过》。上古结绳而治，后世圣人易之以书契，百官以治，万民以察，盖取诸《夬》。是故

《易》者象也，象也者像也。"孔子和他的后学传承和发展了夏、商、周三代的优秀传统文化。据《尚书》的《大禹谟》记载："禹曰：'於！帝念哉。德惟善政，政在养民。水、火、金、木、土、谷，惟修；正德、利用、厚生，惟和；九功，惟叙；九叙，惟歌。戒之用休，董之用威，劝之以九歌，俾勿坏。'帝曰：'俞！地平天成，六府三事允治，万世永赖，时乃功。'"《春秋左传》："《夏书》曰：'戒之用休，董之用威，劝之以九歌，勿使坏。'九功之德皆可歌也，谓之九歌。六府、三事，谓之九功。水、火、金、木、土、谷，谓之六府。正德、利用、厚生，谓之三事。义而行之，谓之德礼。"

2013 年 11 月 26 日，习近平总书记在前往山东曲阜参观考察孔府、孔子文化研究院时强调，中华优秀传统文化是中华民族的突出优势，中华民族伟大复兴需要以中华文化发展繁荣为条件，必须大力弘扬中华优秀传统文化。

要用中华民族创造的一切精神财富来以文化人、以文育人，决不可抛弃中华民族的优秀文化传统。要以科学态度对待传统文化。习近平总书记指出："不忘本来才能开辟未来，善于继承才能更好创新。"中华优秀传统文化是我们民族的"根"和"魂"，如果抛弃传统、丢掉根本，就等于割断了自己的精神命脉。要坚持马克思主义的方法，采取马克思主义的态度，坚持古为今用、推陈出新，有鉴别地加以对待，有扬弃地予以继承，既不能片面地讲厚古薄今，也不能片面地讲厚今薄古。

要很好地传承和弘扬传统文化。要讲清楚中华优秀传统文化的历史渊源、发展脉络、基本走向，讲清楚中华文化的独特创造、价值理念、鲜明特色，增强文化自信和价值观自信。系统梳理传统文化资源，让收藏在禁宫里的文物、陈列在广阔大地上的遗产、书写在古籍里的文字都活起来。认真汲取中华优秀传统文化的思想精华，深入挖掘和阐发其讲仁爱、重民本、守诚信、崇正义、尚和合、求大同的时代价值。①

让我们更加紧密地团结在以习近平同志为核心的党中央周围，为实现中华民族伟大复兴的中国梦奋勇前进。

易经新得

8

---

① 中共中央宣传部：《习近平总书记系列重要讲话读本》，北京：学习出版社，人民出版社，2014 年 6 月第 1 版，第 99、100 页。

凡 例

一、书名《易经》，用其狭义，即六十四卦卦图、卦名、卦辞、爻辞，不包括《彖传》《象传》《系辞传》《文言传》《说卦传》《序卦传》《杂卦传》。

二、是书原文用康熙五十四年春三月十八日书《序》武英殿本《御制周易折中》为底本，参考邓球柏主持的国家社会科学基金项目成果《帛书周易新解》（2011 年结题）、《四部丛刊》影宋本王弼注《周易》、唐《开成石经》、《中华再造善本（唐宋编·经部·周易本义）》等书。

三、是书诠释部分包括新译、新注、新解。

四、是书将《易经》卦爻辞中的"元，亨，利，贞"诠释为《易经》的核心价值观。元是美善的开始，亨是美善的通达，利是美善的结果（先义后利），贞是美善的天平（贞固公正）。

五、是书在以"经"注"经"的基础上，兼以"传"注"经"。

六、是书以习近平总书记系列重要讲话精神为指导，旨在使古代华夏儿女追梦造福的宝典《易经》为我们培育和弘扬社会主义核心价值观发挥积极作用。

目　次

1

目

次

前　言

　　《易经》究竟是一部什么样的书？这是研究《易经》首先要回答的问题。在先秦的古籍中，对这个问题的回答大约有三种不同的答案。第一种意见认为《易经》是一部卜筮之书。第二种意见认为《易经》是一部载圣人之道的书。第三种意见认为《易经》是一部用来教化的阴阳之道之书。

　　第一种意见见于《周礼》。《周礼》："太卜掌三易之法：一曰《连山》，二曰《归藏》，三曰《周易》。""筮人掌三易，以辨九筮之名。一曰《连山》，二曰《归藏》，三曰《周易》。"

　　第二种意见见于《系辞》。《系辞》云："子曰：知变化之道者，其知神之所为乎！《易》有圣人之道四焉：以言者尚其辞，以动者尚其变，以制器者尚其象，以卜筮者尚其占。是以君子将有为也，将有行也，问焉而以言，其受命也如响，无有远近幽深，遂知来物。非天下之至精，其孰能与于此？参伍以变，错综其数。通其变，遂成天下之文；极其数，遂定天下之象。非天下之至变，其孰能与于此？《易》无思也，无为也，寂然不动，感而遂通天下之故。非天下之至神，其孰能与于此？夫《易》，圣人之所以极深而研几也。唯深也，故能通天下之志；唯几也，故能成天下之务；唯神也，故不疾而速，不行而至。子曰：《易》有圣人之道四焉者，此之谓也。"

　　很明显，在《系辞》作者看来，《易经》是载圣人之道（用言尚辞、用动尚变、用制器尚象、用卜筮尚占）的至精、至变、至神的书。《周易》是一部"开物成务，冒（包涵）天下之道"的书。

　　第三种意见见于《庄子·天下》："《诗》以道志，《书》以道

事，《礼》以道行，《乐》以道和，《易》以道阴阳，《春秋》以道
名分。"

关于《易经》性质的问题，正式提出来进行讨论的盖为南宋
时期朱熹及其门人，虽然在此以前也有人涉及，但却不如朱子这
样慎重其事地提出来并详细论述。朱熹认为《易经》是卜筮的
书，卜筮的书是简单明了没有多少道理可说的；只是到了孔子作
《易传》才演出许多道理来的。朱熹将《易》分成四种，即：伏
羲之《易》、文王周公之《易》、孔子之《易》、伊川之《易》。

朱熹既看到了《易经》的卦图爻画同卦爻辞的区别和联系，
又看到了《易传》同卦图爻画、卦爻辞的区别和联系，还看到了
后人对《易》的解释同《易》本身的联系和区别。有一点朱熹是
没有说清楚的，这就是卜筮的吉凶休咎同吉凶休咎之理的关系。
朱子不明白吉凶既是事实知识，又可以转换为价值知识。吉字的
本义为善，凶字的本义为恶。吉凶是事实判断，善恶则是价值判
断。凡是吉善的就是好的，就是可以行的；凡是凶恶的就是坏
的，就是不可以行的。可见卜筮虽是一种表象，但在古人那里实
际也是有大道理的。朱子没有将卜筮作为一种文化现象来研究，
因而很有简单化的趋势，所以对那些反对将《易经》视为卜筮的
书的人则大发脾气，没有看到卜筮本身的道理，没有认识到卜筮
本身的价值。同时朱熹也未将卜与筮的区别说清楚。按照朱子的
说法，《易经》仅仅是部筮书而已。

后人对《易经》一书的性质的讨论基本上局限于朱熹及其同
时代的人的讨论范围。

清代《四库全书总目提要》指出：

圣人觉世牖民，大抵因事以寓教。《诗》寓于风谣，《礼》寓
于节文，《尚书》《春秋》寓于史，而《易》则寓于卜筮。故
《易》之为书，推天道以明人事者也。《左传》所记诸占，盖犹太
卜之遗法。汉儒言象数，去古未远也。一变而为京、焦，入于禨
祥；再变而为陈、邵，务穷造化，《易》遂不切于民用。王弼尽
黜象数，说以老庄。一变而胡瑗、程子，始阐明儒理；再变而李

光、杨万里，又参证史事。《易》遂日启其论端。此两派六宗，已互相攻驳。又《易》道广大，无所不包，旁及天文、地理、乐律、兵法、韵学、算术，以逮方外之炉火，皆可援《易》以为说，而好异者又援以入《易》。故《易》说愈繁。夫六十四卦大象皆有"君子以"字，其爻象则多戒占者。圣人之情，见乎词矣。其余皆《易》之一端，非其本也，今参校诸家，以因象立教者为宗，而其他《易》外别传者亦兼收以尽其变。

在卜筮与教化的关系上，《四库全书总目提要》的作者较朱熹前进了一步，"《易》则寓于卜筮"以"觉世牖民"，在《易经》本身与后人的注《易》的关系上，《提要》的作者以"因象立教者为宗"，而剔出所谓《易》外别传来，实际上是将《易经》本身同《易经》的注释等同起来了。在《提要》的作者看来"因象以立教者"就是《易经》的正传，《易经》是一部因象立教的书。

近现代，关于《易经》一书的性质的讨论文章多起来了。

李镜池教授的观点基本上是继承了朱熹的观点，但是比朱熹说得更清楚，更明白。李镜池教授撰写了《关于周易的性质和它的哲学思想》一文，发表在《光明日报》1961 年 7 月 14、21 日的《哲学》栏内，后收入《周易探源》一书中。他认为："《周易》分'经'和'传'两部分，内容性质有很大的差别。'经'是占筮书，卦、爻辞反映了周早期的政治、军事、社会、经济等各方面的生活状况，正如甲骨卜辞一样，我们可以从这里找到好些宝贵的历史材料。'传'虽然是解释'经'的，但作者们从卦画和卦、爻辞分析综合、引申发挥，研究宇宙问题和人生问题，认为'夫《易》，圣人之所极深而研几也'。《易》道广大而神知，如果能'引而申之，触类而长之，天下之能事毕矣'（《系辞传》）。很清楚，《易传》是哲学书。"这一观点后来成了学术界的权威性的观点：《易经》是占筮书，《易传》是哲学书。

近现代对于《易经》的性质的讨论除了上述意见外，还有认为《易经》是一部数学著作的，也有人认为《周易》是一部字典。

　　目前在学术界形成了一个研究《周易》的热潮。对《易经》一书的性质的看法也就多种多样了。有人认为《易经》是气功经典著作，有人认为《易经》是武术经典，有人认为《易经》是医药著作，有人认为《易经》是图书目录，有人认为《易经》是管理手册，有人认为《易经》是预测学，有人认为《易经》是决策学，有人认为《易经》是控制论，有人认为《易经》是系统论，有人认为《易经》是全息律，有人认为《易经》是因果律，有人认为《易经》是计算机的二进制，有人认为《易经》是多四季论著作，有人认为《易经》是生物化学，有人认为《易经》是华夏儿女的幸福论……有人认为《易经》是日记。真可谓"仁者见之谓之仁，智者见之谓之智"。

　　事实表明，对《易经》进行研究的学者具备了什么样的知识结构，就可以从《易经》中找到这一知识领域的思想因素，知识模型。不是吗？天体物理学家从中找到了宇宙模型，生物学家从中找到了生物的进化与太极宇宙结构模式，人体科学家从中找到了太极图与人体生物钟，生物化学家从中找到了遗传密码与《易经》八卦奥秘的关系……物理学家从中找到了互补模型。

　　在这里，限于我自己的学识和能力，我不能对上述研究成果妄加评论。也许上述易学观点可以从西方的诠释学与社会心理学中找到解释。

　　通过认真学习领会习近平总书记的系列重要讲话，我对《易经》是一部什么样的书有了新的认识。这一新的观点就是：《易经》是华夏儿女追梦造福的宝典。

　　为了更好地论证这一观点，我们先对《易经》和《周易》的名称，做一点说明。我们这里所谓的《易经》包括六十四卦卦图、卦名、卦辞、爻辞，并不包括《十翼》在内。

　　在中国古代文献中，有称《易经》而包括《易传》在内的。如《汉书·艺文志》："《易经》十二篇，施、孟、梁丘三家。"师古曰："上、下《经》及《十翼》，故十二篇。"

　　在古代文献中，也有称《周易》而不包括《易传》在内的。

如《周礼·大卜》："掌《三易》之法：一曰《连山》，二曰《归藏》，三曰《周易》。其经卦皆八，其别皆六十有四。"这里所谓《周易》相当于我们今天所讲的《易经》。

还有文献记载的《周易》则是既不同于我们今天讲的《周易》，也不同于我们今天讲的《易经》。《汉书·艺文志》："《周易》三十八卷。"列于蓍龟家著作之中。其书盖已失传。

因此我们不仅要弄清楚《周易》与《易经》的异同，而且还要弄清楚蓍家的《易经》、龟家的《易经》（是否存在龟家的《易经》有待研究）、儒家的《易经》、道家的《易经》、法家的《易经》的联系和区别。此不详说。

现在我们继续《易经》是华夏儿女追梦造福的宝典的讨论。

《易经》，本质上来说是教人追求梦想创造幸福的一部书。中华民族的先民们筮卦问吉凶的目的是借助神灵指导自己未来的行为，以求避免灾难、祸害，赢得幸福，获得利益。

按照《洪范》的说法：幸福有五种，一是高寿，二是富裕，三是健康安宁，四是修养美德，五是尽享天年完美善终。灾难有六种，一是横死夭折，二是多疾病，三是忧愁，四是贫穷，五是丑恶，六是懦弱。

在我国古代，自天子以至于庶民，一般都认为幸福是天赐予的，祸害是天对人的惩罚。因此，遇事向天使龟卜蓍筮问休咎，讨吉凶，明利害，便形成了一种习俗。这种习俗既含有迷信落后无知愚昧的成分，同时又体现了我们的祖先谨慎谋事的习惯。从某种意义上说，古代那些靠筮卦断占糊口的人，大多数是靠揣摩推测问卦人的心态进行断占的（可以视为原始心理咨询师）。《系辞传》的结尾就道出了各种问卦人的心态和语言特征：

将叛者，其辞惭。

中心疑者，其辞枝（枝分不一、枝疑、枝蔓）。

吉人之辞寡。

躁人之辞多。

诬善之人，其辞游。

前言

失其守者，其辞屈。

因而他们便能根据前人和自己对于社会心理的把握，总结出一套套的社会定式来进行谋事占断。这虽然是一种原逻辑的原始思维，但已经具备了一些理性思维。孔子在传承的基础上大胆创新，所以说他与巫史同途而异归。孔子也研究谋事算卦，但孔子主要研究《易经》的人生哲学、价值取向体系。因此经过孔子修订编纂和孔子后学笔削了的《易经》是古代华夏儿女追梦造福的人生价值取向的理论依据。经过孔子修订编纂和孔子后学笔削了的《易经》是古代华夏儿女追梦造福的宝典。

习近平总书记强调指出："孔子创立的儒家学说以及在此基础上发展起来的儒家思想，对中华文明产生了深刻影响，是中国传统文化的重要组成部分。儒家思想同中华民族形成和发展过程中所产生的其他思想文化一道，记载了中华民族自古以来在建设家园的奋斗中开展的精神活动、进行的理性思维、创造的文化成果，反映了中华民族的精神追求，是中华民族生生不息、发展壮大的重要滋养。中华文明，不仅对中国发展产生了深刻影响，而且对人类文明进步作出了重大贡献。"①

《易经》是传承中华文明的重要经典，是孔子思想精华和道德精髓的重要来源。

据司马迁《史记》记载："孔子晚而喜《易》。《序》《彖》《系》《象》《说卦》《文言》。读《易》，韦编三绝。曰：'假我数年，若是，我于《易》则彬彬矣。'"②

据班固《汉书》记载："《易》道深矣，人更三圣，世历三古。"韦昭认为"人更三圣"是指"伏羲、文王、孔子"。孟康

---

① 习近平：《在纪念孔子诞辰 2565 周年国际学术研讨会暨国际儒学联合会第五届会员大会开幕会上的讲话（2014 年 9 月 24 日）》，《北京日报》2014 年 9 月 25 日。

② 〔汉〕司马迁：《史记》（全十册），北京：中华书局，1959 年 9 月第 1 版，第六册，第 1937 页。

说："伏羲为上古，文王为中古，孔子为下古。"①

《易经》这一宝典伴随着华夏儿女走过了艰苦卓绝的历程，给予了华夏儿女追梦造福以丰富的精神食粮。

崇德向善

"善不积不足以成名，恶不积不足以灭身。"（《系辞传》）

"积善之家，必有余庆；积不善之家，必有余殃。"（《文言传》）

积善大庆，积恶大殃。积善造福，积恶遭殃。积善是华夏儿女追梦造福的座右铭。积善这一座右铭告诫华夏儿女崇德向善。积善这一座右铭伴随着华夏儿女追梦造福、走出困境、奔向梦想、走向成功、走向光明、走向快乐、走向健康、走向和谐、走向美善、走向和平、走向幸福、走向仁爱、走向吉祥！

习近平总书记要求我们大力倡导共产党人的世界观、人生观、价值观，坚守共产党人的精神家园；大力加强社会公德、职业道德、家庭美德、个人品德建设，营造全社会崇德向善的浓厚氛围；大力弘扬中华民族优秀传统文化，大力加强党风、政风、社风、家风建设，特别是要让中华民族文化基因在广大青少年心中生根发芽。

我们一定要牢记习近平总书记的谆谆教导，让崇德向善的中华民族文化基因在人们心中特别是广大青少年心中生根发芽。从小懂得崇德向善、崇德行善、崇德积善。从小懂得善有善报、恶有恶报、不积善则不会有善名、不积恶则不会有杀身之祸。从小开始崇德向善、崇德行善、崇德积善、崇德施善、崇德好善、崇德乐善、孝敬父母、造福人民、造福人类。

相传古代庖牺氏以木德王天下，他为了追求梦想，管理好天

---

① 〔汉〕班固撰，〔唐〕颜师古注：《汉书》全十二册，北京：中华书局，1962年6月第1版，第六册，第1704、1705页。

下，造福人民，日夜观察分析，创造了八卦。他根据离卦的卦形发明了打猎捕鱼用的绳网。庖牺氏追梦造福，既创造了八卦，又发明了打猎捕鱼用的绳网，为华夏儿女追梦造福开创了崇德向善积德行善的先河，树立了追梦造福的榜样，建立了追梦造福的丰功伟绩，开创了中华民族光辉灿烂的八卦文明、渔猎文明。

庖牺氏没，神农氏（即炎帝）王。炎帝人身牛首，以火德王天下。"火生土，故知土则利民播种，号神农氏。"他根据益卦的卦形发明了两种农业生产工具——耟、耒。"耒耨之利，以教天下。"炎帝追梦造福，开创了中华民族光辉灿烂的农耕文明。

神农氏在追梦造福的过程中，为了满足人民物质生活的需要，根据噬嗑卦的卦形，开创了中华民族的市场文明。"日中为市，致天下之民，聚天下之货，交易而退，各得其所。"点燃了市场经济的火种！

"神农氏没，黄帝、尧、舜氏作，通其变，使民不倦，神而化之，使民宜之。《易》：穷则变，变则通，通则久。是以自天佑之，吉无不利。"（《系辞传》）追梦造福，必须"穷则变，变则通，通则久"，只有穷变通久，才能"自天佑之，吉无不利"。黄帝、尧、舜氏在追梦造福的路上大胆变革勇于创新，"通其变，使民不倦，神而化之，使民宜之"，率领华夏儿女崇德向善，扫除前进道路上的一切艰难险阻，实现了一个又一个伟大梦想。

……

《易经》就是这样伴随着华夏儿女追梦造福走到了今天。也许，这就是今天《易经》"热"的主要原因之一。

惠心仁爱

益卦九五爻辞："有孚惠心，勿问，元吉。有孚惠我，德。"

惠心，就是仁心，就是爱心，就是良心。《说文解字》："惠，仁也。"仁者爱人。《论语·阳货》："子张问仁于孔子。孔子曰：'能行五者于天下，为仁矣。'请问之。曰：'恭、宽、信、敏、惠。恭则不侮，宽则得众，信则人任焉，敏则有功，惠则足以使人。'"

只要复归了自己的良心，做事做人都不要去问卜占卦，自然会大吉大利。只要复归了我的良心，就一定会品德高尚。此孟夫子所谓求其放心所自出。"仁，人心也。义，人路也。舍其路而弗由，放其心而不知求，哀哉！人有鸡犬放，则知求之；有放心而不知求。学问之道无他，求其放心而已矣！"（《孟子·告子上》）"有孚惠心"帛书《周易》作"有复惠心"，盖孟子"求其放心而已矣"命题所自出。"求其放心"者，求其放失之惠心、仁心、良心也。

追梦造福需要惠心仁爱。

追梦造福需要崇尚仁爱。

崇尚仁爱必须拥有诚信。

崇尚仁爱必须守护诚信。

崇尚仁爱必须恪守诚信。

追梦造福必须"深入挖掘和阐发中华优秀传统文化讲（崇）仁爱、重民本、守诚信、崇正义、尚和合、求大同的时代价值"。

意志坚定

益卦上九爻辞："莫益之，或击之，立心勿恒，凶。"

不增加自己的仁爱之心，反而将已有的良心击灭了，这是进德修业的意志不坚定的表现，进德的意志不坚定之时，也就是灾祸降临之日。"不恒其德，或承之羞，贞，吝。"孔子说："南人有言曰：人而无恒，不可以为卜筮。"坚定的意志，是成功的前提。

追梦造福需要意志坚定。

习近平主席在2015年新年贺词中强调指出："我们正在从事的事业是伟大的，坚忍不拔才能胜利，半途而废必将一事无成。"追梦造福必须坚忍不拔意志坚定勇往直前，绝不能半途而废。

中孚真诚

中孚卦卦辞："中孚：豚，鱼。吉，利涉大川，利贞。""中孚"者，忠诚也。忠诚是做人的根本。大部分学者注意到了《易经》提倡的"诚"，而忽视了"忠"。如周敦颐的《通书》。《通书》第一章、第二章标题为《诚上》《诚下》。第一章说："诚者，圣人之本。'大哉乾元，万物资始'，诚之源也。'乾道变化，各正性命'，诚斯立焉，纯粹至善者也。故曰：'一阴一阳之谓道，继之者善也，成之者性也。''元亨'，诚之通；'利贞'，诚之复。大哉《易》也，性命之原乎！"《象传》："豚鱼吉，信及豚鱼也。"不仅要求人们真诚待人、真诚事神，还要真诚待物。一个内心真诚坦荡的人，与虚伪的言语和行为总是格格不入的。投之以桃，报之以李。人若要得到朋友的真正的友谊，他就得奉献他自己的忠诚真诚。待人以忠诚真诚而去其虚伪狭隘，待人以忠诚真诚而去其诡诈。忠诚真诚所至，金石必然为开。防邪恶，存忠诚真诚，恪守忠诚真诚，有孚惠心，勿问元吉。斯学《易》之功也。

《系辞传》："圣人以此洗心，退藏于密，吉凶与民同患。""圣人以此斋戒，以神明其德夫。""天之所助者顺也，人之所助者信也。履信思乎顺，又以尚贤也。"顺乎天，信乎人，礼贤下士，推崇贤才，便能获得幸福快乐。

《左传》文公十三年记：邾文公为迁都绎地而进行占卜。史官说："对民人有利，对国君不利。"邾文公说："要是对民人有利，那也就是我的利益。天生民人并为他们建立君主，是为了有利于民。民人既然可以得利，那么我一定要做这件事。"左右臣子说："听从占卜的劝告，可以使你的寿命延长，你怎么不听从占卜的意见呢？"邾文公说："天命在于养育民人。自己生命的长短，是一时的事情，要是对民有利，就应该迁徙，这就是最大的吉祥。"于是就把都城迁徙到了绎地。这年五月，邾文公死了。君子赞美说："这是一位真诚养民的君主。"苟利人民生死以，不因祸福避趋之。

《中庸》："唯天下至诚，为能经纶天下之大经，立天下之大本，知天地之化。"

《文言传》："元者，善之长也。亨者，嘉之会也。利者，义之和也。贞者，事之干也。君子体仁足以长人，嘉会足以合礼，利物足以合义，贞固足以干事。君子行此四德者，故曰：'乾，元，亨，利，贞。'……庸（常）言之信，庸（常）行之谨，闲（防）邪存其诚，善世而不伐，德博而化。《易》曰：'见龙在田，利见大人。'君德也。"

追梦造福必须中孚真诚。

追梦造福必须爱国敬业。

追梦造福必须诚信友善。

追梦造福必须坚贞忠诚。

追梦造福必须坚守诚信。

前言

谦卑礼让

谦谦君子，卑以自牧。谦卑，是中华民族的传统美德。谦卦《象传》说："谦，亨。天道下济而光明，地道卑而上行。天道亏盈而益谦，地道变盈而流谦，鬼神害盈而福谦，人道恶盈而好谦。谦，尊而光，卑而不可逾，君子之终也。"谦卦初六爻辞："谦谦君子，用涉大川，吉。"《象传》："谦谦君子，卑以自牧也。"《韩诗外传》卷八："孔子曰：犹以周公为天下赏，则以同族为众而异族为寡也。故德行宽容而守之以恭者荣，土地广大而守之以俭者安，位尊禄重而守之以卑者贵，人众兵强而守之以畏者胜，聪明睿智而守之以愚者哲，博闻强记而守之以浅者不溢。此六者，皆谦德也。《易》曰：'谦，亨，君子有终，吉。'能以此终吉者，君子之道也。贵为天子，富有四海，而德不谦以亡其身者，桀、纣是也；而况众庶乎？夫《易》有一道焉：大足以治天下，中足以安家国，近足以守其身者，其惟谦德乎！"高山藏

于大地之下曰《谦》。追梦造福需要谦谦君子。追梦造福需要谦虚谨慎。追梦造福需要谦卑礼让。追梦造福需要守谦、守恭、守俭、守卑、守畏、守愚、守浅、守缺、守淡、守拙、守柔、守戒、守责。

　　谦虚卑恭礼让，是人生的美德，是交际的开端，是惠心的体现，是成功的秘诀，是尊重他人的标志。愈是饱满的穗，愈是朝下低着头。有若无，实若虚。谦卑，是聪明人奉献给朋友的礼物。友朋远来，礼乐恭迎。礼用贵和，和气造福。和谐人生，礼让为先。和谐家庭，彬彬有礼。和谐校园，人人礼让。和谐社区，个个仁爱。和谐国家，上下谦谦。和谐世界，合作谦谦。谦卑礼让，尊重他人。尊重他人，也就是尊重自己。谦卑礼让，是华夏儿女的优秀品格。谦卑礼让，是中华文化的基因。"谦，亨，君子有终。"唯君子能够始终保持谦谦卑恭礼让之美德。

　　追梦造福需要谦卑礼让。追梦造福需要谦恭用敬。

　　骄傲是人的天性。克服骄傲这一人的天性，需要经过艰苦的磨炼。不管是国家要实现长治久安，还是家庭要实现平安幸福，都需要力戒骄傲，需要诚诚恳恳勤勤快快，需要谦卑礼让、谦虚谨慎、谦虚好学、谦虚实践、谦虚创造、谦虚创新、谦虚超越。功崇惟志，业广惟勤。一勤天下无难事。

　　爱人不亲反其仁，
　　礼人不答反其敬，
　　永谦永善配人生，
　　吉祥如意中国梦。

自强不息

　　习近平总书记谆谆教导我们："伟大的事业需要伟大的精神，伟大的精神来自于伟大的人民。"

　　自强不息，是中华民族的伟大精神。

　　自强不息，是中华儿女的奋斗精神。

易经新得

12

自强不息，是中华民族的坚韧脊梁。

自强不息，是中华民族的高尚品格。

自强不息，是中华民族的鲜明特征。

自强不息，是华夏儿女追梦造福的风骨。

自强不息，是劳模精神的核心。

自强不息，是劳动精神的灵魂。

自强不息，是中华文化的宝贵基因。

习近平总书记谆谆教导我们：

"劳动最光荣、劳动最崇高、劳动最伟大、劳动最美丽。"

"天行健，君子以自强不息。"行天者莫若龙。中华巨龙，潜见辽河、腾跃中原、畅游香江、翔翔太空，至今已经历过八千年自强不息的光辉岁月。自强不息是龙的传人——华夏儿女的脊梁。自强不息，需要有顽强的意志、坚定的信念、百折不挠的毅力和英勇无畏勇往直前的品格。"君子终日乾乾，夕惕若，厉，无咎。"自强不息，刚健进取，辛勤劳动，终日乾乾，损益盈虚，天施地生，与时俱进，造福人类，奋斗不已。

追梦造福需要自强不息的劳动精神。习近平总书记谆谆教导我们："劳动是人类的本质活动，劳动光荣、创造伟大是对人类文明进步规律的重要诠释。'民生在勤，勤则不匮。'中华民族是勤于劳动、善于创造的民族。正是因为劳动创造，我们拥有了历史的辉煌；也正是因为劳动创造，我们拥有了今天的成就。""以劳动托起中国梦！"

习近平总书记强调指出："自强不息、厚德载物的思想，支撑着中华民族生生不息、薪火相传，今天依然是我们推进改革开放和社会主义现代化建设的强大精神力量。"

厚德载物

厚德载物，是中华民族的风骨。

厚德载物，是中华民族的品格。

前言

厚德载物，是中华民族的美德。

厚德载物，是中华民族的脊梁。

厚德载物，是华夏儿女追梦造福的仁慈胸襟。

"地势坤，君子以厚德载物。"载物者，造福载福也。行地莫若马。万马奔腾，奋勇向前，自强不息，厚德载福。龙马精神，中华民族的民族意识、民族品格、民族气质的象征。

追梦造福需要厚德载物的仁爱精神。

吉利幸福

吉利，是《易经》的价值取向标准，是华夏儿女追梦造福的目标之一。凡事吉利则行，不吉利则止。智者之虑必杂于吉凶，杂于吉者利可得也，杂于凶者害可除也。《易经》卦爻辞中"吉"字145见（帛书《易经》卦爻辞"吉"字146见）。《说文解字》："吉，善也。从士、口。""譱，吉也。从誩、从羊。此与'义''美'同意。"吉、善、义、美、甘，是从五个层面上反映华夏儿女的幸福观的。吉，是现象美，事实判断。善，是心理美，道德心理判断。义，是行为美，爱民家行曰义，社会判断。美，是形态美，审美判断。甘，是味道美。《说文解字》："甘，美也。从口，含一。一、道也。"人们向往美好，向往幸福，不希望丑恶。因此，旨在趋吉避凶向往幸福的《易经》卦爻辞中"凶"仅出现59次（帛书"凶"36见，"兇"23见）。

《易经》卦爻辞中的"利"字119见。这一价值取向标准很重要，但常常被易学家们所不乐道。即使道来，也只是轻轻拂过。其实这个"利"字很重要。它的含义可以分以下这样几个层次。①经济价值评判标准。"利"字的本义是"铦"（割禾用的镰刀）。禾是五谷中最重要的一种，禾以养人。国以民为本，民以食为天。②道德价值评判标准。"利者义之和""和然后利""德之行五和谓之德""德，天道也""四行和谓之善，善人道也""四行之所和则同，同则善"。五声和则声美，五味和则味美，五德和则德美，五行和则天地美。"爱民家行曰义"。家和万事兴，保合太和乃利正，国和君臣上下宜。致中和，天地位焉，万物育焉。③"利"作为行为价值的取向标准。"小亨。利有攸往，利见大人""进退，利武人之贞""亨。利用狱""未济，征凶，利涉大川""中孚，豚，鱼。吉，利涉大川，利贞""亨，王假有庙。利涉大川，利，贞""观国之光，利用宾于王""隋有求得。利居贞""利用享祀""元亨，利贞""元亨，利见大人""复，乃利用濯"……《易经》就是这样指导华夏儿女趋利避害、趋吉避凶、趋善避恶，崇德向善，立德树人，立德修身，追梦造福，向往、追求、创造舒适和谐丰衣足食美满幸福的生活。

追梦造福需要吉利祥和。

追梦造福需要吉义祥和。

追梦造福需要吉安祥和。

追梦造福需要吉庆祥和。

追梦造福需要吉美祥和。

追梦造福需要吉善祥和。

追梦造福需要吉福祥和。

追梦造福需要吉康祥和。

追梦造福需要吉德祥和。

追梦造福需要吉道祥和。

追梦造福需要追梦造福的智慧和知识。学习《易经》，我们就能提高自己追梦造福的智慧和知识，开发自己的潜在智慧。例如：

知阴知阳（智阴智阳），

知柔知刚（智柔智刚），

知虚知实（智虚智实），

知利知害（智利智害），

知吉知凶（智吉智凶），

知福知祸（智福智祸），

知荣知辱（智荣智辱），

前言

知尊知卑（智尊智卑），

知上知下（智上智下），

知进知退（智进智退），

知存知亡（智存智亡），

知得知丧（智得智丧），

知生知死（智生智死），

知天知地（智天智地），

知己知人（智己智人），

知常知变（智常智变），

知往知来（智往智来），

知始知终（智始智终），

知贵知贱（智贵智贱），

知圆知方（智圆智方），

知内知外（智内智外），

知善知恶（智善智恶），

知满知缺（智满智缺），

知忧知乐（智忧智乐），

知损知益（智损智益），

知泰知否（智泰智否），

知诚知信（智诚智信），

知仁知义（智仁智义），

知友知爱（智友智爱），

知敬知礼（智敬智礼），

知谦知豫（智谦智豫）。

追梦造福需要追梦造福的能力。学习《易经》，我们就能提高自己追梦造福的能力，在实现中华民族伟大复兴的中国梦的征程中不断强化自己的决策力、领导力、执行力、奋斗力。例如：

阴阳相生（能阴能阳），

柔刚相济（能柔能刚），

虚实相间（能虚能实），

趋利避害（能利能害），

择吉去凶（能吉能凶），

福祸相倚（能福能祸），

荣辱与共（能荣能辱），

尊卑若一（能尊能卑），

上下一心（能上能下），

进退自如（能进能退），

存亡自主（能存能亡），

得丧坦然（能得能丧），

生死无贰（能生能死），

顺天应地（能顺能逆），

和谐待人（能和能谐），

常变有方（能常能变），

彰往察来（能往能来），

能始能终（能始能终），

贵贱如一（能贵能贱），

外圆内方（能方能圆），

内外有别（能内能外），

行善去恶（能友能善），

溢满求缺（能满能缺），

忧乐天下（能忧能乐），

损上益下（能损能益），

通泰闭否（能泰能否），

精诚守信（能诚能信），

崇仁尚义（能仁能义），

乐友博爱（能友能爱），

用敬达礼（能敬能礼），

谦亨有终（能谦能豫）。

追梦造福需要追梦造福的艺术。学习《易经》，我们就能提高自己追梦造福的艺术。例如：

善阴善阳，
善柔善刚，
善虚善实，
善利善害，
善吉善凶，
善福善祸，
善荣善辱，
善尊善卑，
善上善下，
善进善退，
善存善亡，
善得善丧，
善生善死，
善天善地，
善己善人，
善常善变，
善往善来，
善始善终，
善贵善贱，
善圆善方，
善内善外，
善满善缺，
善忧善乐，
善损善益，
善泰善否，
善诚善信，
善仁善义，
善友善爱，
善敬善礼，
善谦善豫。

追梦造福需要有追梦造福的美德。例如：

德阴德阳，

德柔德刚，

德虚德实，

德利德害，

德吉德凶，

德福德祸，

德荣德辱，

德尊德卑，

德上德下，

德进德退，

德存德亡，

德得德丧，

德生德死，

德天德地，

德己德人，

德常德变，

德往德来，

德始德终，

德贵德贱，

德圆德方，

德内德外，

德满德缺，

德忧德乐，

德损德益，

德泰德否，

德诚德信，

德仁德义，

德友德爱，

德敬德礼，

德谦德豫。

为了实现中华民族伟大复兴的中国梦，我们需要传承和升华中华优秀传统文化。

习近平总书记要求我们："要讲清楚中华优秀传统文化的历史渊源、发展脉络、基本走向，讲清楚中华文化的独特创造、价值理念、鲜明特色，增强文化自信和价值观自信。要认真汲取中华优秀传统文化的思想精华和道德精髓，大力弘扬以爱国主义为核心的民族精神和以改革创新为核心的时代精神，深入挖掘和阐发中华优秀传统文化讲仁爱、重民本、守诚信、崇正义、尚和合、求大同的时代价值，使中华优秀传统文化成为涵养社会主义核心价值观的重要源泉。要处理好继承和创造性发展的关系，重点做好创造性转化和创新性发展。"

宋明理学家程颐说："易，变易也，随时变易以从道也。其为书也，广大悉备，将以顺性命之理，通幽明之故，尽事物之情，而示开物成务之道也。"他又说："体用一源，显微无间。"

宋明理学家张载说："《乾》，称父；《坤》，称母；予兹藐焉，乃混然中处。故天地之塞，吾其体；天地之帅，吾其性。民吾同胞，物吾与也。大君者，吾父母宗子；其大臣，宗子之家相也。尊高年，所以长其长；慈孤弱，所以幼其幼。圣其合德，贤其秀也。凡天下疲癃残疾、茕独鳏寡，皆吾兄弟之颠连而无告者也。于时保之，子之翼也；乐且不忧，纯乎孝者也。违曰悖德，害仁曰贼；济恶者不才，其践形唯肖者也。知化则善述其事，穷神则善继其志。不愧屋漏为无忝，存心养性为匪懈。恶旨酒，崇伯子之顾养；育英才，颍封人之锡类。不弛劳而底豫，舜其功也；无所逃而待烹，申生其恭也。体其受而归全者，参乎！勇于从而顺令者，伯奇也。富贵福泽，将厚吾之生也；贫贱忧戚，庸玉女于成也。存，吾顺事；没，吾宁也。"他还说："为天地立心，为生民立道，为去圣继绝学，为万世开太平。"（一作："为天地立志，为生民立道，为去圣继绝学，为万世开太平。"另一作："为天地立心，为生民立命，为往圣继绝学，为万世开太平。"）

易经新得

习近平总书记强调指出："中华文明绵延数千年，有其独特的价值体系。中华优秀传统文化已经成为中华民族的基因，植根在中国人内心，潜移默化影响着中国人的思想方式和行为方式。今天，我们提倡和弘扬社会主义核心价值观，必须从中汲取丰富营养，否则就不会有生命力和影响力。比如，中华文化强调'民惟邦本''天人合一''和而不同'，强调'天行健，君子以自强不息''大道之行也，天下为公'；强调'天下兴亡，匹夫有责'，主张以德治国、以文化人；强调'君子喻于义''君子坦荡荡''君子义以为质'；强调'言必信，行必果''人而无信，不知其可也'；强调'德不孤，必有邻''仁者爱人''与人为善''己所不欲，勿施于人''出入相友，守望相助''老吾老以及人之老，幼吾幼以及人之幼''扶贫济困''不患寡而患不均'，等等。像这样的思想和理念，不论过去还是现在，都有其鲜明的民族特色，都有其永不褪色的时代价值。这些思想和理念，既随着时间推移和时代变迁而不断与时俱进，又有其自身的连续性和稳定性。我们生而为中国人，最根本的是我们有中国人的独特精神世界，有百姓日用而不觉的价值观。我们提倡的社会主义核心价值观，就充分体现了对中华优秀传统文化的传承和升华。"①

习近平总书记告诫我们："中国传统文化的丰富哲学思想、人文精神、教化思想、道德理念，可以为人们认识和改造世界提供有益启迪，可以为治国理政提供有益启示，也可以为道德建设提供有益启发。对传统文化中适合调理社会关系和鼓励人们向上向善的内容，我们要结合时代条件加以继承和发扬，赋予其新的涵义。"

"中华民族在长期实践中培育和形成了独特的思想理念和道德规范，有崇仁爱、重民本、守诚信、讲辩证、尚和合、求大同等思想，有自强不息、敬业乐群、扶正扬善、扶危济困、见义勇为、孝老爱亲等传统美德。中华优秀传统文化中很多思想理念和

前言

21

---

① 习近平：《习近平谈治国理政》，北京：外文出版社，2014年10月第1版，第170、171页。

道德规范，不论过去还是现在，都有其永不褪色的价值。我们要结合新的时代条件传承和弘扬中华优秀传统文化，传承和弘扬中华美学精神。中华美学讲求托物言志、寓理于情，讲求言简意赅、凝练节制，讲求形神兼备、意境深远，强调知、情、意、行相统一。我们要坚守中华文化立场、传承中华文化基因，展现中华审美风范。传承中华文化，绝不是简单复古，也不是盲目排外，而是古为今用、洋为中用，辩证取舍、推陈出新，摒弃消极因素，继承积极思想，'以古人之规矩，开自己之生面'，实现中华文化的创造性转化和创新性发展。"①

习近平总书记的一系列重要讲话精神及先圣先贤的至理名言促使我不揣冒昧撰写《易经新得》。《易经新得》力图将蕴含在《易经》内的中华优秀传统文化予以传承和升华，旨在"坚持创造性转化、创新性发展"，旨在为实现中华民族伟大复兴的中国梦尽绵薄之力，旨在就教于学术界的专家学者，旨在修身养性躬行实践。孔子说："加我数年，五十以学《易》，可以无大过矣。"苟日新、日日新、又日新，"树立和发扬'三严三实'的作风""对党、对组织、对人民、对同志忠诚老实，做老实人、说老实话、干老实事，襟怀坦白，公道正派"。

---

① 习近平：《在文艺工作座谈会上的讲话》（2014年10月15日），《人民日报》2015年10月15日。

卷一　上经新得

1. 乾　 乾（天）上
乾（天）下

乾：元，亨，利，贞。

【新译】乾卦卦辞：拥有四种美好道德境界，表示天、地、人、事、物经过元始、通达、和谐、正固四个发展阶段，人们效法乾卦的"元亨利贞"追求美善开始、美善亨通、美善和谐（先义后利）、美善天平（贞固公正）等核心价值观。

【新注】乾：六十四卦第一卦卦名。乾（qián），刚健通达的样子。代表天，象征阳刚美善。《说卦》："乾，健也。"孔颖达说："言天之体以健为用。圣人作《易》，本以教人，欲使人法天之用，不法天之体，故名'乾'不名'天'。"朱熹说："乾者，健也，阳之性也。"程颐说："乾，天也。天者，天之形体；乾者，天之性情。乾，健也。健而无息之谓乾。"林希元说："《乾》德刚健，刚以体言，健以用言。刚则有立，健则有为。人而有立有为，则志至气至。本立道生，事无不立，功无不成。"　元：美善开始。其字本义为人头。人之出生，头先面世。因而引申为开始。初生婴儿，头大于体，因而"元"字又训为大。六十四卦有十三卦的卦辞中有"元"字。《说文解字》："元，始也。"元者，美之始也，善之始也，天之始也，地之始也，人之始也。《文言》："元者，善之长也。"　亨：美善通达。　利：美善效果，美善义利，义利和谐，义利统一，以义为先，先义后利。《文言》："利者，义之和也。""利物足以合义。"孔子说："君子喻于义，小人喻于利。"孟子说："王何必曰利，亦有仁义而已

矣。"孟子把义利绝对对立起来，认为讲利，就必然危害义。习近平主席谆谆告诫我们："倡导合作发展理念，在国际关系中践行正确义利观。'国不以利为利，以义为利也。'在国际合作中，我们要注重利，更要注重义。中华民族历来主张'君子义以为质'，强调'不义而富且贵，于我如浮云'。""中国人民讲求以和为贵、协和万邦。我们将坚持走和平发展道路，始终做世界和亚太地区的和平稳定之锚。我们将秉持正确义利观，积极发展全球伙伴关系，扩大同各国的利益汇合点，推动建设相互尊重、公平正义、合作共赢的新型国际关系。" 贞（zhēn）：美善天平，贞固公正，美善中正。贞训为正。引申为公平正义。张公碑作"正"。《书》："一人元良，万邦以贞。"是以"元""贞"为美好善良的书证。又训为问，谓问于蓍、龟。《说文解字》："贞，卜问也。"贞：亦训为固，贞固。

【新解】《乾》卦辞首次提出了元、亨、利、贞四种美好道德境界（亦即核心价值观）。《子夏易传》说："元，始也。亨，通也。利，和也。贞，正也。"《乾》是代表一切刚健事物的产生、发展、成熟、完善过程中所达到的四种美好境界。《乾》卦辞的"元亨利贞"可以视为古代《易经》的核心价值观。元，是美善的开始。亨，是美善的通达。利，是美善的果实。贞，是美善的天平（贞固公正）。上古圣贤创造八卦，八卦重为六十四卦，象征地道、人道、天道，天地人三才之道备矣。用三才之道以尽天下之变，因而六画而成卦。《乾》（天）下、《乾》（天）上为《乾》。《乾》为天。天是天体的形态，《乾》是天体的品性。乾，刚健。自强不息就叫作乾。程颐说："夫天，专言之则道也，'天且弗违'是也；分而言之，则以形体谓之天，以主宰谓之帝，以功用谓之鬼，以妙用谓之神，以性情谓之《乾》。《乾》者万物之始，故为天，为阳，为父，为君。元亨利贞谓之四德。元者万物之始，亨者万物之长，利者万物之遂，贞者万物之成。惟《乾》《坤》有此四德，在他卦则随事而变焉。故元专为善大，利主于正固，亨贞之体，各称其事。四德之义，广矣大矣。"六十四卦

易经新得

卦辞含有"元亨利贞"四字的有《乾》《坤》《无妄》《屯》《随》《临》等六卦。《乾》有《乾》的"元亨利贞"，《坤》有《坤》的"元亨利贞"，《无妄》有《无妄》的"元亨利贞"，《屯》有《屯》的"元亨利贞"，《随》有《随》的"元亨利贞"，《临》有《临》的"元亨利贞"。可以说，天地万物，宇宙间的一切都有自己的"元亨利贞"。

《文言传》从人类社会的核心价值观层面对"元亨利贞"进行了解读。《文言传》曰："元者，善之长也。亨者，嘉之会也。利者，义之和也。贞者，事之干也。君子体仁足以长人，嘉会足以合礼，利物足以合义，贞固足以干事。君子行此四德者，故曰：'乾，元、亨、利、贞。'"《春秋左传昭公十二年》："元，善之长也……《易》不可以占险……中美能黄，上美为元，下美则裳。参（叁）成可筮。犹有阙也，筮虽吉，未也。"

《彖传》则从天人合一、生态文明、保合太和、世界咸宁（世界和平）等角度对"乾，元、亨、利、贞"进行了传承与创新。《彖传》云："大哉乾元，万物资始，乃统天。云行雨施，品物流形。大明终始，六位时成，时乘六龙以御天。乾道变化，各正性命，保合大和，乃利贞。首出庶务，万国咸宁。"

《象传》"天行健。君子以自强不息"的"自强不息"成了我们中华民族的民族精神不可分割的重要部分。

习近平总书记谆谆教导我们："每个时代都有每个时代的精神，每个时代都有每个时代的价值观念。国有四维，礼义廉耻，'四维不张，国乃灭亡。'这是中国先人对当时核心价值观的认识。"《易经》中的"元亨利贞"是中国先人当时的核心价值观。

初九：潜龙，勿用。

【新译】乾卦初九：龙在水中潜伏，筮卦得到"勿用"的占断。

【新注】初九：爻名，或称爻题。爻（yáo，旧读 xiáo），组成卦图的长短符号，一横为阳爻，一横断开成两短横则为阴爻。初，爻序。九，老阳数，阳爻的称谓。初九是指这一爻居于这一

卷一◇上经新得

卦的第一位（即卦图的最下面的一位，《周易》画卦从下起），且其性质为阳爻。　　潜龙：潜入水中的龙。龙在水中潜伏。潜，潜水，潜伏，潜入，潜隐，潜藏，隐藏。《说文解字》："潜，涉水也。一曰藏也。"龙，阳刚的象征。龙是中华民族古代传说中的神灵动物，身体长，有头，有角，有鳞，有脚，有爪，能走，能飞，能游泳，能幽，能明，能细，能巨，能短，能长，春分时飞天，秋分时潜渊。古时候用龙作为帝王的象征，并把龙字用在帝王使用的东西上，如"龙椅""龙袍""龙床"。《说文解字》："龍，鳞虫之长。能幽，能明，能细，能巨，能短，能长，春分而登天，秋分而潜渊。从肉，飞之形，童省声。"徐铉："象宛转飞动之貌。"甲骨文"龍"字字形，罗振玉认为是"龍"的首角全身之形，许慎"从肉"之说有误，"肉"当是龍首（龍頭）之形。　　勿用：不用。占语。

　　【新解】初九：六画卦的第一爻是阳爻。关于九与六这两个数符，是研究《易经》首先碰到的问题，也是《易经》在数理上最重要的前题，开始便须了解，才能轻松研读《易经》阳爻为什么称九，阴爻为什么称六，回答这一问题需要有发展变化的观念，将阳爻称九、阴爻称六作为一个发展变化的过程来加以考察，问题就迎刃而解了。爻题称九、六是由爻画的"六、七、八、九"分离出来的。因为卦图经历了原始卦图、中介卦图和理想卦图三个阶段。大衍成卦法通过虚六不用而分、挂、揲、归、再之三变以后所得到的揲数必定是"九六七八"这四个数中的一个数，把这个数目字书写于爻位侧面就成了原始的爻画。用这种爻画组成的卦图可称为原始卦图。原始卦图最早见于殷虚卜辞，随后周原亦有发现，西周青铜器铭文中则屡见不鲜。这时的卦图爻画也可能是一画，也可能是二画、三画、四画、五画，六画、七画……大概由于人们习惯于使用三画卦和六画卦，所以三画卦、六画卦得以流传。无论是六画卦图还是三画卦图，爻画"六七八九"这四个字在卦图中出现时一定要占据一定的空间，按照一定的序列排列。因而人们便将六画卦图的序列标以次第，名之曰：初、二、三、四，五、尚，这就确定了卦图的纵坐标。为了确定卦图的横坐标，于是又将六字卦图中的"九六"字样析出卦图之外而以"七八"相应替代。这样一来卦图中就只剩下"七八"字样了（三国吴郡吴县陆绩注《易》云："卦画七八"）。继而将析出的"九六"字样分别与六画卦图的次第名目相互组合而得：初九、九二、九三、九四、九五、尚九，初六、六二、六三、六四、六五、尚六。陆氏所渭"经书九六"是也。这就是爻题。爻题中的"九六"同卦图中"七八"具有严格的对应关系。我们可以将这一阶段的卦图称之为中介卦图。相对于原始卦图阶段而言，它因出现了爻题而异于原始卦图，卦图仍然用数字符号组成，它又同于原始卦图；组成卦图的数字符号仅限于"七八"（"卦画七八"），则又异于原始卦图。因此我们称之为"中介卦图"。继"中介卦图"之后的卦图，我们称之为"理想卦图"。理想卦图的特点是：爻画已经完全不留数字符号的痕迹，卦图仅由阴阳符号组成。至于爻题和爻画究竟存在什么样的关系，还有待于进一步的研究。以上的意见是建立在先有数字符号组成的卦图后有线条化、理想化的阴阳符号组成的卦图的猜想的基础上提出来的。1992 年 9 月宝鸡市考古队和陕西岐山县博物馆在帖家河村发现周初古墓两座，发掘珍贵文物 50 余件。其中六枚蚌饰上面所刻画的八卦卦图，具有重要的学术研究价值。这六枚蚌饰中，三枚蚌饰上刻画的八卦卦图爻象特别清晰，一枚比较清晰，分别为☰《乾》、☳《震》、☰《乾）、☱《兑》四个单卦卦画，[1]这就为我们提供了理想卦图先于数符卦图的重要根据，也为先有单画卦（八卦）后有重卦提供了重要材料。前人对由八卦（三画卦）重为六十四卦（六画卦）的阳爻为什么称九，阴爻为什么称六的问题有两种答案。第一种答案认为，三画卦《乾》的卦图有三画，三画卦《坤》的卦图有六笔（三爻，每爻断开为两截），阳爻得兼阴爻，所以其数用九，阴爻不得兼阳爻，因而其数用

---

① 刘少敏：《首次发现周代文物上刻有八卦卦画图象》，《光明日报》1993 年 2 月 28 日第 6 版。

六。第二种答案认为，老阳数为九，老阴数为六，老阴老阳都变，《周易》用变爻占筮，所以阳爻称九，阴爻称六。按照大衍筮卦术，根据成爻的揲蓍数得到的九揲、六揲、七揲、八揲称作四象：九揲为老阳，六揲为老阴，七揲为少阳，八揲为少阴。

潜龙：潜伏在水中的龙。龙下潜隐伏水中，潜德不彰，比喻君子韬光养晦等待时机。梁寅说："夫《易》者，洁净精微之教也。故其取象皆假托其物，而未涉于事，包含其意而各随所用。然《乾》纯阳之卦，而取象于龙，则其意多为圣人而发者。故夫子于《文言》皆以圣人事明之。今观之六爻，则象之所示，占之所决，夫人可用也，独圣人乎？如初九之'潜龙勿用'：在圣人则方居侧微也，在君子则遁世无闷也，在学者则养正于蒙也。以是而推，其用何不可哉？" 勿用，作为占语，告诫人们，凡筮卦遇《乾》而得到此爻的时候，应当观察"潜龙"之象而玩味"勿用"之占，不要轻举妄动，只能韬光养晦等待机遇。《文言》："初九曰：'潜龙勿用。'何谓也？子曰：'龙，德而隐者也。不易乎世，不成乎名，遁世无闷，不见是而无闷，乐则行之，忧则违之，确乎其不可拔，'潜龙'也。'"《文言》的作者以龙德、美德诠释赞美"潜龙勿用"为一种完美的人格。

九二：见龙在田，利见大人。

【新译】乾卦九二：龙出现在田间，为此问筮，得"利见大人"之占。

【新注】九二：爻题。九，阳爻。二，爻序。九二表示这一爻是这一卦的第二爻并且是阳爻。 见龙：龙现。见，读为"出现"之"现"。 田：田野。 利见：利于拜见。 大人：地位高、品德好的人，即德位兼备的人。此义与"君子"同。或以为《易》中的"大人"是天子的别称。《礼记·曲礼（下）》："君天下曰天子。"《礼记正义》："《异义》：天子有爵不易。孟、京说《易》，有周人五号：帝，天称，一也；王，美称，二也；天子，爵号，三也；大君者，兴盛行异，四也；大人者，圣人德备，五也。"《乾凿度》亦存是说。朱骏声《六十四卦经解》："天市垣帝座一星，为大人。"《文言》："夫大人者，与天地合其德，与日月合其明，与四时合其序，与鬼神合其吉凶。先天而天弗违，后天而奉天时。天且弗违，而况于人乎？况于鬼神乎？"《乾凿度》："圣明德备曰大人也。"

【新解】"见龙在田"一句，必须同第一爻的"潜龙"、第三爻的"君子"、第四爻的"或跃在渊"、第五爻的"飞龙在天"、第六爻的"亢龙"、用九的"见群龙无首"联系起来理解。第一爻、第二爻，为地道。第三爻、第四爻，为人道。第五爻、第六爻，为天道。王弼说："出潜离隐，故曰'见龙'。处于地上，故曰'在田'。德施周普，居中不偏，虽非君位，君之德也。初则小彰，三则'乾乾'，四则'或跃'，上则过亢。'利见大人'，唯二、五焉。"郑玄说："二于三才为地道，地上即田，故称田也。""利见大人"一句，是占语。朱熹说："九二刚健中正，出潜离隐，泽及于物，物所利见。故其象为'见龙在田'，其占为'利见大人'。九二虽未得位，而大人之德已著，常人不足以当之。"孔颖达说："阳处二位，故曰'九二'。阳气发见，故曰'见龙'。田是地上可营为有益之处，阳气发在地上，故曰'在田'。初之与二，俱为地道，二在初上所以称田。'见龙在田'，是自然之象；'利见大人'，以人事托之。言龙见在田之时，犹似圣人久潜稍出，虽非君位，而有君德，故天下众庶，利见九二之'大人'。"关于"利见大人"之"大人"有两说，一种意见认为是利见九二之大人；一种意见认为是利见九五之大人。

九三：君子终日乾乾，夕惕若，厉，无咎。

【新译】乾卦九三：德位兼备的人自强不息、进取不已，日以继夜努力进德修业，问筮得到了没有灾咎（"无咎"）的占断。

【新注】九三：爻题。九，阳爻。三，爻序。　君子：德位兼备的人。《论语·季氏》："孔子曰：'君子有三畏，畏天命，畏大人，畏圣人之言。小人不知天命而不畏也。狎大人，侮圣人之言。'"朱熹说："君子指占者而言。"　乾乾：自强不息，进取不已。《乾》的下卦为《乾》、上卦亦为《乾》，故曰"乾乾"。

《象传》："天行健。君子以自强不息。"荀爽说："日以喻君。谓三居下体之终，而为之君，承《乾》行《乾》，故曰'乾乾'。"

惕：因忧惧而提高警惕。　厉："砺"的本字。砺，旧释为磨刀石，疑是一种修治石头的方法。引申为仔细精心从事。《尔雅·释诂》："厉，作也。"《尚书·皋陶谟》："庶明厉翼。"《尚书正义》："郑云：厉，作也。"　无咎：没有灾害。咎，灾害，违背鬼神的意志，不按照龟著所显示的意志行事而导致的灾害。《说文解字》："咎，灾也。从人从各。各者，相违也。"疑"从人"乃"从卜"之讹，形近易误。许慎不辨，误入人部而不归卜部。无咎：不违背龟著意志行事的结局。旧释"凡无咎者，忧中之喜，善补过者也"。本于《系辞上传》第三章"无咎者善补过也"。

【新解】《乾》卦九三的爻辞，不仅体现了华夏儿女自强不息、追梦造福的刚健精神和忧患意识，而且还体现了中华民族勤勉实干热爱劳动的精神。一个人、一个家庭、一个民族、一个国家要想追梦造福，就必须时时刻刻提高警惕，刚健有为，日夜奋斗，进取不已，自强不息，勤劳勇敢，精心干活，热爱劳动，像天上的星辰日月那样永远刚健运行、永不停息、永不懈怠。实干才能兴邦，实干才能自强，实干才能富国，实干才能安家，实干才能圆梦，实干才能免除人为的灾害，实干才能平安吉祥。诚如习近平总书记所说："'空谈误国，实干兴邦'，实干首先就要脚踏实地劳动。""劳动是财富的源泉，也是幸福的源泉。人世间的美好梦想，只有通过诚实劳动才能实现；发展中的各种难题，只有通过诚实劳动才能破解；生命里的一切辉煌，只有通过诚实劳动才能铸就。劳动创造了中华民族，造就了中华民族的辉煌历史，也必将创造出中华民族的光明未来。'一勤天下无难事'。"因此，凡是有理想有抱负，立志追梦造福的人，一定要有这种自强不息崇尚劳动的伟大精神，忧深思远，脚踏实地，朝夕匪懈，仰忧嘉会之不序，俯惧义和之不逮，反复施行，谋始反终，终日乾乾，继承"元，亨，利，贞"等古代的核心价值观，培育和弘扬社会主义核心价值观，自觉践行社会主义核心价值观，完善自我，以怀多福。《文言》："九三曰：'君子终日乾乾，夕惕若，厉无咎。'何谓也？子曰：'君子进德修业。忠信，所以进德也。修辞立其诚，所以居业也。知至至之，可与言几也。知终终之，可与存义也。是故居上位而不骄，在下位而不忧。故"乾乾"因其时而"惕"，虽"危"，"无咎"矣。'"

九四：或跃在渊，无咎。

【新译】乾卦九四：有龙在深渊中腾跃，问筮得到了没有灾害的占断。

【新注】九四：爻名。九，阳爻。四，爻序。爻名包括爻的性质和爻在卦图中的序列（位置）。 或：有，表示存在，出现。

跃：腾跃。龙腾跃。

【新解】乾卦第四爻，居于外卦的第一爻，而与内卦的第三爻相连。就爻与位而言，九，是阳爻，四，是阴位。阳爻主进，阴位主退，有进退维谷之苦。就卦的上体而言，四居上卦之下，居上则思前进，居上卦之下位则又未必能够顺利前进，因为第四爻上面还有第五爻与第六爻两爻，也可谓障碍重重矣，因而也是进退维谷。就上下二体而言，第四爻刚刚脱离卦下体，进入卦上体，可以说是处在改革的时刻，也是进退为难之象。所以朱熹说："九阳四阴，居上之下，改革之际，进退未定之时也。故其象如此，其占能随时进退，则无咎也。"这样理解，便将"或"字诠释为犹豫，跃为跃飞。"或跃在渊，无咎"便翻译成"想腾飞却又犹豫不决，只好退而潜入水深处隐遁避世，因而没有灾咎"。《文言》："九四曰：'或跃在渊，无咎。'何谓也？子曰：'上下无常，非为邪也。进退无恒，非离群也。君子进德修业，欲及时也，故"无咎"。'"孔子认为：乾卦九四爻辞"或跃在渊，无咎"是说有时上有时下，地位并不是一成不变的，但上或下都要做到忠信诚实，上下都不能为邪恶的念头所驱使。有时进有时退，进退都不是永恒的，但进退都不能违背脱离群体。君子提高自己的品德、促进自己的事业，需要符合时代的要求，以天

卷
一
◇
上经
新得

下为己任。这样就不会有灾咎。先天下之忧而忧，后天下之乐而乐。进退忧乐重民本，生死存亡守诚信。

九五：飞龙在天，利见大人。

【新译】乾卦九五：看见龙在天空飞翔，为此问筮，得到了利于谒见大人（"利见大人"）的占断。

【新注】九五：爻名。九，阳爻。五，爻序。　飞龙：腾飞的巨龙。干宝说："五在天位故曰飞龙。"《说文解字》："飞，鸟翥（zhù）也。象形。"　天：天空，宇宙。《说文解字》："天，颠也，至高无上。从一、大。"《说文解字》："大，天大，地大，人亦大。故大象人形。"《书·泰誓上》："天佑下民。"古人将"天"视为依存、依靠。《汉书·郦食其传》："王者以民为天，而民以食为天。"俗话说"老百姓是天"。习近平总书记履新之始就将"人民"作为我们党治国理政的核心价值，倡导敬民、亲民、仁民、爱民、惠民、利民、富民、福民，一切为了人民，终生为了人民。强调指出："人民对美好生活的向往，就是我们的奋斗目标。""我们的党是全心全意为人民服务的政党。"

【新解】乾卦，从第一爻开始演进，经过第二爻、第三爻、第四爻，到达第五爻。九五以天德居天位，刚健而纯正，中正而精粹，与其他卦之九五不同。因为乾卦是纯粹阳爻组成的卦图，是纯阳至健的卦，其九五又得到了乾道之纯粹精华，在人则是圣人，以圣人的美德居于圣人的尊位，所以同其他卦的九五不同。郑玄说："五于三才为天道。天者，清明无形，而龙在焉，飞之象也。"虞翻说："谓若庖牺观象于天，造作八卦，备物致用，以利天下，故曰：飞龙在天，天下之所利见也。"干宝则说这一爻是"武王克纣正位之爻"。他说："圣功既就，万物既睹，故曰利见大人矣。"

上九：亢龙，有悔。

【新译】乾卦上九：巨龙腾飞太高，问筮得到了必然恨悔（"有悔"）的占断。

【新注】上九：爻题。指乾卦的第六爻，即最上面的一爻，

易经新得

32

故称上。　　亢（kàng）：极，高，穷高，太过，强硬，刚强。《子夏易传》："亢，极也。"王肃说："穷高曰亢。"干宝说："亢，过也。"《说文解字》："亢，人颈也。"李镜池说："亢龙，闻一多解释为直龙。亢有直义。龙欲曲不欲直。《史记·天官书》：'东宫苍龙——房、心。心为明堂，大星天王，前后星子属。不欲直，直则天王失计。'即曲龙吉，直龙凶；曲龙是正常的，直龙则反常。甲骨文的龙字也画作卷龙形。"　　有悔：必然恨悔，心中怨恨，因不吉利而悔恨。有，存在。悔，怨恨。《说文解字》："悔，悔恨也。""恨，怨也。"《广雅·释诂（四）》："悔，恨也。"干宝说："《乾》体既备，上位既终。天之鼓物，寒暑相报。圣人治世，威德和济。武功既成，义在止戈。盈而不反，必陷于悔。"

【新解】乾卦的变化：第一爻潜而隐藏避世；第二爻现而利见大人；第三爻过则惕惧，日以继夜自强不息故而无咎；第四爻进退维谷，知难而退以获无咎；第五爻以天德居天位，刚健中正飞黄腾踏利见大人；第六爻过犹不及，太过必亢，知进而不知退，知飞而不知降，知刚而不知柔，知存而不知亡，知得而不知丧，知顺而不知逆，知安而不知危，知吉而不知凶，心中无戒，必然不得善终，必然有悔。心中有戒，方能知进知退、知飞知降、知刚知柔、知顺知逆、知吉知凶、知存知亡、知得知丧、知安知危，终生无悔。郭雍说："龙德莫善于惕，而莫不善于亢也。"生于忧患，死于腾踏。物极必反，乐极生悲。朱熹说："若占得此爻，必须以亢满为戒。当极盛之时，便须虑其亢。如这般处，最是《易》之大义。大抵于盛满时致戒。"日中则仄，月盈则缺，过犹不及，适中吉利。

用九：见群龙无首，吉。

【新译】乾卦用九：出现一群真龙而没有首领主宰，为此问筮得到了吉善祥和之占。

【新注】用九：通九。用，假借为"通"。谓乾卦六爻阳爻通行，无一爻阴爻阻隔。每一卦都只有六爻，因而也只有六条爻辞

卷
一
◇
上经
新得

对应，唯独《乾》《坤》两卦各自多出了一条筮辞，《乾》"用九"，《坤》"用六"。因为六十四卦只有《乾》《坤》两卦是纯阳、纯阴之卦。因而作为纯阳卦的《乾》就能够让"九"在全卦六爻中通行、通用，作为纯阴卦的《坤》也能够让"六"在全卦六爻中通行、通用。纯阳之《乾》与纯阴之《坤》如何才能通行、通用呢，唯有阳中求阴、阴中求阳、阴阳平衡、阴阳相济、阴阳互补、变中求新、变中求进、变中求成、变中求通、变中求美、变中求善、变中求吉、变中求利、变中求和、变中求仁、变中求义、变中求圣、变中求福。这也许就是"用九""用六"的价值所在。故前人大都以变卦来解释"用九""用六"。刘巘（yǎn）说："总六爻纯阳之义，故曰'用九'也。"《说文解字》："用，可施行也。从卜、从中。"卜中了则可以施行。王弼说："九，天之德也。能用天德，乃'见群龙'之义焉。夫以刚健而居人之首，则物之所不与也；以柔顺而为不正，则侫邪之道也。故《乾》吉在无首，《坤》利在永贞矣。"　　见：通现，出现。　　群龙无首：一群龙自由平等友好和谐地飞黄腾踏。无首，不称霸。谦虚谨慎，阳中求阴。　　吉：美好，吉善，吉善祥和。

　　【新解】朱熹说："用九，言凡筮得阳爻者，皆用九而不用七。"程颐说："用九者，处《乾》刚之道，以阳居《乾》体，纯乎刚者也。刚柔相济为中。而乃以纯刚，是过乎刚也。'见群龙无首'，谓观诸阳之义，无为首则吉也。以刚为天下先，凶之道也。"《周易折中》案："爻辞虽所以发明乎卦之理，而实以为占筮之用。故以九六名爻者，取用也。爻辞动则用，不动则不用。卦辞则不论动不动而皆用也。但不动者，以本卦之象辞占；其动者，是合本卦变卦之象辞占，如：《乾》之六爻全变则《坤》，《坤》之六爻全变则《乾》也。先儒之说，以为全变则弃本卦而观变卦。而《乾》《坤》者天地之大义，《乾》虽变《坤》，未可纯用《坤》辞也；《坤》虽变《乾》，未可纯用《乾》辞也。故别立'用九''用六'，以为皆变之占辞。此其说亦善矣。以理揆之，则凡卦虽全变，亦无尽弃本卦而不观之理，不独《乾》《坤》

也，故须合本卦变卦而占之者近是。如此，则《乾》变《坤》者，合观《乾》辞与《坤》辞而已；《坤》变《乾》者，合观《坤》辞与《乾》辞而已。但自《乾》而《坤》，则阳而根阴之义也；自《坤》而《乾》，则顺而体健之义也。合观卦辞者，宜知此意，故立'用九''用六'之辞以发之。盖群龙虽现而不现其首，阳而根阴故也。永守其贞而以大终，顺而体健故也。此亦因《乾》《坤》以为六十四卦之通例。如：自《复》而《姤》，则长而防其消可也；自《姤》而《复》，则乱而图其治可也。固非《乾》《坤》独有此义，而诸卦无之也。圣人于《乾》《坤》发之，以示例尔。然《乾》虽不变，而用九之理自在，故《乾》虽无端，即'无首'之妙也；《坤》虽不变，而用六之理自在，故《坤》贞能安，即'永贞'之道也。阴阳本自合德者，交易之机，其因动而益显者，则变易之用。学《易》者尤不可以不知。"

《周易》共六十四卦，每一卦都有一条卦辞、六条爻辞，共有四百四十八条卦爻辞，而《乾》《坤》两卦与其他六十二卦不同，分别多出"用九""用六"两条筮辞，总为四百五十条卦爻辞。《象》曰："用九天德。不可为首也。""用六永贞。以大终也。"《文言》曰："'乾元用九'，天下治也。""'乾元用九'，乃见天则。"

2. 坤 ䷁ 坤（地）上
坤（地）下

坤：元，亨，利牝马之贞。君子有攸往，先迷后得，主利。西南得朋，东北丧朋。安贞，吉。

【新译】坤卦卦辞：在春暖花开、冰融冻释、百川通流的季节里，最利于母马践行柔顺贞固公正等美德。君子有所往，先是迷失了柔顺贞固公正等美德，后来又得到了柔顺贞固公正等美德，主张先义后利、义利和谐。他在西南获得了朋友，在东北丧失了朋友。安于柔顺贞固公正（自觉践行"元，亨，利，贞"）等核心价值观，因而吉善祥和。

【新注】坤（kūn）：卦名。坤，为地，为川，为柔顺，为母马。坤义与川相通。帛书、汉石经、汉碑均为"川"。《说文》："川，贯穿通流水也。"《释名·释水》："川，穿也，穿地而流也。"穿地而流者水也，容水以行者川也。统言之"川""水"义一，析言之则"川""水"有别。甲骨文"川"字象水在河床中穿流之状。盖"川"与"水"古代本为一字，而后析为二字。"川"兼"川""水"二义，因而引申为地，地上唯有通流者为川。通流则顺，"顺"字从川本于通流者也。水是地球上最柔顺的物质之一。王引之《经义述闻·周易上》："坤字正当作坤，其作《《者，仍是借用'川'字。" 利牝马之贞：利于母马践行柔顺贞固公正等美德。牝马，母马。 君子：德位兼备的人。 有攸往：有所往。攸，所。有所往，有所作为。往，行为，作为。

先迷后得：首先迷失了柔顺贞固公正等美德，后又觅得了柔顺贞固公正等美德。 主利：主张先义后利、义利和谐等核心价值观。主，主张。 西南得朋：君子在西南方获得了朋友。 东北丧朋：君子在东北方丧失了朋友。 安贞：安于柔顺贞固公正等核心价值观。安，安于，遵循，恪守。 吉：吉善祥和。

【新解】《乾》卦卦图，由六个阳爻符号组成；《坤》卦卦图，由六个阴爻符号组成。六画卦下面三爻组成卦下体，称作贞卦，又叫作内卦；上面三爻构成卦上体，称作悔卦，又叫作外卦。三个爻画组成的卦，叫作三画卦，称作单卦、经卦，也径直叫作八卦。三画卦共有八个：《乾》《坤》《震》《巽》《坎》《离》《艮》《兑》。三画卦由阴阳符号（两个）重复排列组成。《易经》六十四卦由这八个三画卦每次取两个重复排列组合而成。由两个三画卦组成的卦，叫作六画卦，称作重卦、别卦，也径直叫作六十四卦。别卦乾卦的内卦是乾卦，外卦也是乾卦，因而标为"乾下、乾上"。因画卦从下起，重卦从上来，则宜横排为：乾上乾下。别卦坤卦的内卦是坤卦，外卦也是坤卦，因而标为"坤下、坤上"。《乾》为天，《坤》为地，故分别标为"乾（天）下、乾（天）上""坤（地）下、坤（地）上"。（均从下往上读）其余六

易经新得

十二卦皆仿此。程颐说："《坤》，《乾》之对也。四德同而贞体则异。《乾》以刚固为贞，《坤》则柔顺而贞，牝马柔顺而健行，故取其象曰'牝马之贞'。君子所行，柔顺而利且贞，合《坤》德也。阴，从阳者也，待唱而和，阴而先阳则为迷错，居后乃得其常也。'主利'，利万物则主于《坤》。生成皆地之功也。臣道亦然，君令臣行，劳于事者，臣之职也。西南，阴方；东北，阳方。阴必从阳，离丧其朋类，乃能成化育之功，而有安贞之吉。得其常则安，安于常则贞，是以吉也。"

《彖传》："至哉坤元，万物资生，乃顺承天。坤厚载物，德合无疆。含弘光大，品物咸亨。牝马地类，行地无疆，柔顺利贞。君子攸行，先迷失道，后顺得常。西南得朋，乃与类行。东北丧朋，乃终有庆。安贞之吉，应地无疆。"

《象传》："地势坤。君子以厚德载物。"

初六：履霜，坚冰至。

【新译】坤卦初六：脚踏秋霜之际，就是寒冬坚冰来临之时。

【新注】初六：六画卦的第一爻（即最下面的那一爻）为阴爻的那一爻的爻名（或者叫作爻题）。一部《易经》六十四卦，三百八十四爻，其中爻名"初六"的共三十二爻，爻名"初九"的也是三十二爻，参阅《乾》初九注文。　履（lǚ）：帛书作"礼"。履、礼，古通用。履，踩，走。

【新解】古人把见霜、下雪、结冰、打雷等等统称为物候，霜降在立冬之前。《逸周书·时则训》上说：霜降之际，豺乃祭兽，草木黄落，蛰虫咸俯；立冬之际，则水始冰，地始冻，雉入大水为蜃。《礼记·月令》："季秋之月霜始降，季冬之月冰方盛，水泽腹坚。"此爻"履霜，坚冰至"五个字言简意赅地反映了秋冬交接之际的物候现象，说明了当时人们对自然现象的观察非常仔细。坤卦初六爻辞告诫人们在追梦造福的过程中一定要遵循自然规律，而四时阴阳变化乃是万物赖以生存的根本，所以人们春夏养阳、秋冬养阴以从其根，而与万物沉浮于生长之门。

六二：直方大，不习，无不利。

【新译】坤卦六二：柔顺中正，美德内直外方而且盛大，虽然尚未来得及学习，也本能地达到义利和谐、义利统一、以义为先、先义后利的崇高境界，因而没有不利。

【新注】六二：爻题。六，阴爻符号的名称。二，爻序。直方大：坤卦六二爻柔顺中正的美德内直外方而且盛大。朱熹说："柔顺正固，《坤》之直也。赋形有定，《坤》之方也。德合无疆，《坤》之大也。"直，凭借目力测度，以取材削料，引申为制造。《说文解字》："直，正见也。"其字从隐从十从目。直字古文从木。张文虎说："《孟子》云：'圣人既竭目力焉，继之以规矩准绳，以为方员平直，不可胜用也。'直从十，取交午平直之形。以目切之，见其隐曲。"张舜徽说："良工入山察材，始皆用目，以审其曲直，所谓'山有木，工则度之'也。直字古文从木，意即在此。""方，并船也。象两舟省总头形。凡方之属皆从方。""直方大"意谓"直大方"。一般学者将"直方大"解释为：平直、端方、正大。也有学者以"直方"句读，与"履霜""含章""括囊""黄裳"等为韵。　不习：不待学习。　无不利：没有不利。否定之否定为肯定，无不利则利。

【新解】前人一般都是将"直"解释为"德"，将"方"解释为"道"，因而"直方大"便有了"德道大"的含义。"德道大"即"大道德"。帛书《老子》也是《德》在前，《道》在后。"直方大，不习，无不利"的意思便是：具有伟大道德的人们，虽然尚未来得及学习，也本能地达到了义利和谐、义利统一、以义为先、先义后利的崇高境界。

六三：含章可贞，或从王事，无成有终。

【新译】坤卦六三：包藏美质秉持（公平贞正）贞固公正，或出而跟随君王干事，开始虽然困难重重没有成功，最终必然成功。

【新注】含章：包藏美质。含，包含。章，美质。　可贞：秉持（公平贞正）贞固公正。可，通"何"。何，荷。引申为秉持。虞翻说："贞，正也。"　王：君王。　事：干事，办事。无成：没有成功。　有终：有好结果。引申为最终必然成功。

【新解】坤卦六三爻辞告诫人们追梦造福必须包含美质秉持公平贞正，方能成功。旧说：《坤》六三爻居于下卦的最终一爻，以阴爻居阳位；《乾》九四以阳爻居阴位。阳刚之爻与阳刚之位都是进取的象征，阴柔之爻与阴柔之位都是退隐的象征。阴爻居阳位、阳爻居阴位则是可进可退、可出可处的象征。因而，《乾》九四爻辞为"或跃在渊，无咎"，《坤》六三爻辞为"含章可贞，或从王事，无成有终"。在进退未定之际，古人要求人们不要急于进取，宜含藏美质，固守道德，无为处事，即使有事也只能随从，不必为首。

六四：括囊，无咎无誉。

【新译】坤卦六四：追梦造福必须学会小心谨慎严密封口，这样就会没有灾咎，也没有赞誉。

【新注】括囊（náng）：扎紧口袋。括，打结，捆绑。虞翻说："括，结也。"囊，袋子。用以譬喻深藏智慧和严守秘密。朱熹说："括囊，言结囊口而不出也。" 无咎无誉：没有灾咎，也没有赞誉。

【新解】追梦造福必须学会严格保密的"括囊"方法。慎不害也，慎言则无咎。君不善于保密就会失去忠臣，臣不善于保密就会丢失性命，不善于保密便办不成微妙的事情。《坤》六四阴爻居于阴位。六是阴爻，四是阴位。象征只能隐退，不能进取，加上四位居五之下，而没有相得的意思，重阴而不中，上下都不通，要想安全无事，必须像扎紧口袋封藏财物金钱一样地严格保守机密。旧说为韬光养晦。刘牧说："《坤》，其动也辟，应二之德；其静也翕，应四之位。翕，闭也。是天地否闭之时，贤人乃隐，不可炫其才知也。"

六五：黄裳，元吉。

【新译】坤卦六五：胸怀忠诚柔顺的美好品德，问筮得到大吉的占断。

【新注】黄裳：黄色的衣裳。象征忠诚柔顺的美好品德。黄裳即黄衣，古代蜡祭时所穿的衣服。《礼记·郊特牲》："黄衣黄冠而祭。"又士所著之裳。《仪礼·士昏》疏:"士唯有三等之裳:玄裳、黄裳、杂裳。"　元吉:大吉,非常吉善祥和。

【新解】追梦造福必须胸怀忠诚柔顺的美好品德,才能大吉大利。《坤》六五爻以阴爻居于至尊之位,忠诚柔顺的品德充之于内而表现之于行为,因此有大吉大善之占。说者以为占筮问卦的人必须是道德高尚的人,方能得到这样的吉祥占验,那些心术坏的人虽然占得了这样的卦爻,也得不到好的结果。《左传·昭公十二年》记载:鲁国大夫季平子的费邑宰南蒯想要用费邑背叛鲁国,投降齐国,为此用《周易》占了一卦,筮得此爻,根据爻辞认为是大吉的事。并将筮卦的结果告诉惠伯。但是在惠伯看来,《周易》只能用来占问作好事,不能用来占问作坏事。具备了忠、恭、善的人占得此爻才能有爻辞所说的大吉的结果,对于那些不忠、不恭、不善的人来说,虽然占得这一爻,也不吉利。惠伯说:"吾尝学此(占卦)矣,忠信之事则可,不然则败。外强内温,忠也。和以率贞,信也。故曰:'黄裳,元吉。'黄,中之色也。裳,下之饰也。元,善之长也。中不忠,不得其色。下不共,不得其饰。事不善,不得其极。外内倡和为忠。率事以信为共。供养三德为善。非此三者弗当。且夫《易》不可以占险,将何事也?且可饰乎?中美能黄,上美为元,下美则裳。参成可筮,犹有阙也,筮虽吉,未也。"惠伯用"三德""三美"来解释"黄裳元吉"。

上六:龙战于野,其血玄黄。

【新译】坤卦上六:龙在郊外战斗,斗得难分难解,两败俱伤,鲜血淋漓,其血色又黑又黄。

【新注】龙战于野:龙斗于郊外。龙,神物。传说能兴云布雨。野,牧外。"邑外谓之郊,郊外谓之牧,牧外谓之野。"　其血玄(xuán)黄:其血玄而且黄。《山海经·海内经》:"有木青叶紫茎,玄花黄实,名曰建木。"则以玄黄为两种不同颜色。玄,赤黑色。《说文解字》:"玄,幽远也。黑而有赤色者为玄。象幽而入覆之也。"盖像宇宙黑洞之颜色也。古人以"玄"为天的颜色颇具现代宇宙学的慧眼。黄，像丝瓜花或向日葵花一样的颜色。《说文解字》认为是地的颜色。《说文解字》："黄，地之色也。从田，从光。光亦声。"乾坤大战，天玄地黄。《文言传》："夫玄黄者，天地之杂也。天玄而地黄。"孔颖达《疏》："庄氏云：上六之爻兼有天地杂气，所以上六被伤其血玄黄也。天色玄，地色黄，故血有天地之色。今辅嗣注云：'犹与阳战而相伤。'是言阴阳俱伤也。恐庄氏之言非王之本意，今所不取也。"

【新解】追梦造福必须和平合作，友好相处，千万不能兵戎相见。告诫人们战争乃是追梦造福的死敌。《坤》上六积累了六个阴爻，是阴极盛的爻。阴极必与阳抗争，阴阳相争，两败俱伤。孔颖达说："（此）即《说卦》云'战乎《乾》'是也。战于卦外，故曰'于野'。阴阳相伤，故'其血玄黄'。"

用六：利永贞。

【新译】坤卦用六：处阴极盛之际仍能施行柔顺地道，必然利于永久（贞固正义）贞固公正。

【新注】用六：使用施行柔顺地道。用，卜中了可施行也。六，阴爻爻名，象征柔顺地道。　利永贞：利于永久贞固正义。永，久。贞，贞固正义。乾吉无首自强不息，坤利永贞厚德载物。

【新解】追梦造福需要柔顺贞固公正，柔顺贞固公正就能"利永贞"。坤卦用六的道理是极为深刻的。它告诫人们如何安贫乐道，如何处理人与人之间的关系，如何阴阳互补以利永正，尤其是如何处理下级对上级的关系。居下位、处劣势还能用柔道，则是长久相安无事的绝计。干宝说："阴体其顺，臣守其柔。所以秉义之和、履贞之干，唯有推变，终归于正。是周公始于负扆南面，以光王道，卒于复子明辟，以终臣节，故曰'利永贞'也。"《文言传》对坤卦卦爻辞的解读富有新意，颇为经典。《文言传》云："《坤》，至柔而动也刚，至静而德方，后得主而有常，含万物而化光。坤道其顺乎！承天而时行。积善之家，必有余庆；积不善之家，必有余殃。臣弑其君，子弑其父，非一朝一夕之故，其所由来者渐矣，由辨之不早辨也。《易》曰：'履霜坚冰至。'盖言顺也。直其正也，方其义也。君子敬以直内，义以方外，敬义立而德不孤。直、方、大，不习无不利。则不疑其所行也。阴虽有美，含之，以从王事，弗敢成也。地道也，妻道也，臣道也。地道无成而代有终也。天地变化，草木蕃。天地闭，贤人隐。《易》曰：'括囊，无咎，无誉。'盖言谨也。君子黄中通理，正位居体，美在其中，而畅于四支，发于事业，美之至也。阴疑于阳必战。为其嫌于无阳也，故称龙焉。犹未离其类也，故称血焉。夫玄黄者，天地之杂也，天玄而地黄。"这就是说：坤卦的本性是最柔弱的，但只要一动就变成了阳刚之爻；它的特点是极为安静，但是它的品德却很端庄方正。卦辞中"后得主"表明它的行为非常有规矩。爻辞的"含章"说明它能够包容万物并且使万物生长光大。坤卦的原则就是很柔顺地承受天道的施化，按照宇宙规定的时间顺序运行。一个行善积德的家庭，必然能给子孙后代留下福庆；一个行恶积怨的家庭，必然要给子孙后代留下祸殃。臣子杀君主，儿子杀父亲，都不是一朝一夕的原因，这产生于逐渐积下的怨恨，都是没有趁早防范所酿成的后果。所以《易》坤卦初六爻辞说"履霜坚冰至"。这大概是讲谨慎从事吧。人们一定要心地善良、仁慈友爱、守望相助，和谐、和睦、和平、和气、和合、和敬相处，以礼相待，合作共赢。六二爻辞中的"直"表示正直、"方"表示道义。君子主敬用正直修养内心，用道义指导行为，敬义一旦确立于心中，施行于行为，他的品德自然就高尚了。所以只有达到"直、方、大，不习无不利"的境界，他的行为才能随心所欲，不逾越道德行为的规范。阴柔虽然是美好的品德，但要含藏不要显露，用这种美好的品德去从事君王的事业，不能居功自傲。这是大地的品德，这是妻子的品德，这是忠臣的品德。大地的品德，生长万物而不归功于己，因此在时序的交替运行过程中总是终而复始，始而又终。

在天地的阴阳变化之中，草木茂盛生长。假如天地闭塞，那么贤人就都要隐遁避世。六四爻辞"括囊，无咎，无誉"，大概是说要谨慎小心，不随便说三道四。君子应该尚崇黄色，居于中央，通达事理，正当位置，以仁义为本体，美好、善良、仁慈、柔顺的品德就是在这样一种内外均美好的环境下熏陶出来的，这种美好品德表现在四肢的一举一动之中，发扬光大于美好的事业上，这才是真正的最美好的品德啊！阴爻达到与阳爻势均力敌的程度时，必然发生战斗。这是因为阴爻极盛，错误地认为阳爻已经真正地被消灭了，自以为自己便能代替阳的地位，所以自称为"龙"。而实质上它仍然无法改变自己是阴的本质属性，所以称"血"。那种玄黄的颜色，是天地颜色混合杂交的颜色，天的颜色是"玄"，地的颜色是"黄"。

3. 屯 坎（水）上
震（雷）下

屯：元，亨，利，贞。勿用有攸往，利建侯。

【新译】屯卦卦辞：秉承乾坤天地"元亨利贞"（四种美德）核心价值观，迎来了一派生机、万物复苏的春天。不用东奔西跑，安定下来，利于封侯建国造福天下。

【新注】屯（zhūn）：卦名。屯，像草木初生之情状。屯之言登也、升也、春也。草木萌生于春天。故"春天"的"春"字古文从屯从日，或从草从屯从日。冬去春来，阳气萌动，万物复苏，百果草木破土破甲而出，生机盎然。旧解：屯为困难，谓刚柔始交而难生、阴阳始交而难生，物始生而未通之时困难重重之意也。　勿用有攸往：不用东奔西跑。勿用，不用。有攸往，有所往。攸，所。　利建侯：利于建国封侯。

【新解】屯卦卦辞告诫人们追梦造福需要秉承乾坤天地"元亨利贞"（四种美德）核心价值观，不用东奔西跑，安定下来，利于封侯建国造福天下。《屯》下卦为《震》，上卦为《坎》，《震》的卦象是一阳爻动于两阴爻之下，故其卦德为动，其卦象为雷。《坎》一阳爻陷于二阴爻之间，因而它的卦德为陷、为险，它的卦象为云、为雨、为水。从下上两象来看，雷和云的出现，是阴

阳开始相交之象。从下上两体来看，《震》是《乾》的下爻交于《坤》的下爻的结果；《坎》是《乾》的中爻交于《坤》的中爻的结果。阴阳相交才形成云雷，但阴阳开始相交虽有云雷相应却没有形成湖泽，所以形成屯难之象。将《屯》六爻一律阴爻换成阳爻，阳爻换成阴爻，便得到一个新卦——《鼎》。这样形成的一对卦，称作对卦，或者叫错卦，也叫类卦，还叫旁通卦。将《屯》的卦图旋转一百八十度则得到《蒙》的卦图。这样得到的一对卦叫综卦。"错综"一词见于《系辞》"参伍以变，错综其数。通其变，遂成天地之文；极其数，遂定天下之象"。错卦、综卦之说，完善于明朝的来知德。来知德《易经字义》："错者，阴与阳相对也，父与母错，长男与长女错，中男与中女错，少男与少女错，八卦相错。六十四卦皆不外此错也。""综字之义，即织布帛之综，或上或下、颠之倒之者也。如：《乾》《坤》《坎》《离》四正之卦，则或上或下；《巽》《兑》《艮》《震》四隅之卦，则《巽》即为《兑》《艮》即为《震》，其卦名则不同。如：《屯》《蒙》相综，在《屯》则为雷，在《蒙》则为山，是也。"然其于《易学六十四卦启蒙》中所列错综表，《乾》《坤》《坎》《离》《颐》《大过》《中孚》《小过》有错而无综，于《乾》之综表下标明"文王序卦（亦错）"。程颐说："《序卦》曰：'有天地然后万物生焉。盈天地之间者惟万物，故受之以《屯》。屯者，盈也；屯者，物之始生也。'万物始生，郁结未通，故为盈塞于天地之间，至通畅茂盛，则塞意亡矣，天地生万物。屯，物之始生，故继《乾》《坤》之后，以二象言之，云雷之兴，阴阳始交也。以二体言之，《震》始交于下，《坎》始交于中，阴阳相交，乃成云雷。阴阳始交，云雷相应而未成泽，故为《屯》。"《说卦》："《乾》，天也，故称乎父。《坤》，地也，故称乎母。《震》，一索而得男，故谓之长男。《巽》，一索而得女，故谓之长女。《坎》，再索而得男，故谓之中男。《离》，再索而得女，故谓之中女。《艮》，三索而得男，故谓之少男。《兑》，三索而得女，故谓之少女。"《屯》，下卦为长男《震》，上卦为中男《坎》。

初九：磐桓，利居。贞，利建侯。

【新译】屯卦初九：与其徘徊不安患得患失，不如利义和谐安居乐业。贞固公正，利于建邦封侯。

【新注】磐（pán）：大石头。假借为"盘"。磐桓，犹盘桓，徘徊，难于前进徘徊不安的样子。朱熹说："磐桓，难进之貌。"

【新解】屯卦初九爻辞告诫人们追梦造福不能患得患失徘徊不前，应当秉持义利和谐贞固公正的原则勇往直前。前人将"贞"上属，标点为"利居贞，利建侯"。释为："得正得民，'利居贞'，谓君子居其室，慎密而不出也。"《屯》初九阳爻居于阴爻之下，而为成卦之主，象征君主以贤明贞正而居众人之下便可以得民心君天下。得民心者得天下。六十四卦每一卦都有一爻，或者两爻、三爻、四爻在卦中起主导作用，这起主导作用的爻就叫作卦主。卦主分为成卦之主和主卦之主两类。《周易折中·义例》："凡所谓卦主者，有成卦之主焉，有主卦之主焉。成卦之主，则卦之所由以成者，无论位之高下，德之善恶，若卦义因之而起，则皆得为卦主也。主卦之主，必皆德之善，而得时得位者为之，故取于五位者为多，而他爻亦间取焉。其成卦之主即为主卦之主者，必其德之善，而兼得时位者也。其成卦之主不得为主卦之主者，必其德与时位参错而不相当者也。"其说源于《彖传》。汉宋人说卦多论卦主。如京房曰："《泰》成卦之义在于六五。《旅》六五为卦之主。"王弼《周易略例》："凡《彖》者，统论一卦之体者也。《象》者，各辩一爻之义者也。故履卦六三为《兑》之主，以应于《乾》，成卦之体，在斯一爻。故《彖》叙其应，虽危而亨也。""凡《彖》者，通论一卦之体者也。一卦之体必由一爻为主，则指明一爻之美以统一卦之义，《大有》之类是也。卦体不由乎一爻，则全以二体之义明之，丰卦之类是也。""夫《彖》者，何也？统论一卦之体，明其所由之主者也。"《周易折中》："若其卦成卦之主即主卦之主，则是一主也。若其卦有成卦之主又有主卦之主，则两爻皆为卦主矣。或其成卦兼取两爻，则两爻又皆为卦主矣。或其成卦者兼取两象，则两象之两

45

卷一 ◇ 上经新得

爻，又皆为卦主矣。"《乾》以九五爻为卦主。《坤》以六二爻为卦主。《屯》以初九、九五两爻为卦主。《蒙》以九二、六五两爻为卦主。《需》《讼》皆以九五爻为卦主。《师》以九二、六五两爻为卦主。《比》以九五爻为卦主。《小畜》以六四爻为成卦之主，九五爻为主卦之主。《履》以六三爻为成卦之主，九五爻为主卦之主。《泰》以九二、六五两爻为卦主。《否》以六二、九五两爻为卦主。《同人》以六二、九五两爻为卦主。《大有》以六五爻为卦主。《谦》以九三爻为卦主。《豫》以九四爻为卦主。《随》以初九、九五两爻为卦主。《蛊》以六五爻为卦主。《临》以初九、九二两爻为卦主。《观》以九五、上九两爻为卦主。《噬嗑》以六五爻为卦主。《贲》以六二、上九两爻为卦主。《剥》以上九爻为卦主。《复》以初九爻为卦主。《无妄》以初九、九五两爻为卦主。《大畜》以六五、上九两爻为卦主。《颐》之卦主与《大畜》相同。《大过》以九二、九四两爻为卦主。《坎》以九二、九五两阳爻为卦主。《离》以六二、六五两阴爻为卦主。《咸》以九四、九五两爻为卦主。《恒》以九二爻为卦主。《遁》之第一爻、第二爻为成卦之主，九五爻又为主卦之主。《大壮》以九四爻为卦主。《晋》以六五爻为卦主。《明夷》之上六爻为成卦之主，六二、六五两爻为主卦之主。《家人》以九五、六二两爻为卦主。《睽》以六五、九二两爻为卦主。《蹇》以九五爻为卦主。《解》以九二、六五两爻为卦主。《损》之六三、上九两爻是成卦之主，六五爻为主卦之主。《益》之六四、初九两爻乃成卦之主，九五、六二两爻为主卦之主。《夬》之上六爻为成卦之主，九五爻为主卦之主。《姤》之初六爻为成卦之主，九五、九二两爻为主卦之主。《萃》以九五爻为卦主。《升》以六五爻为卦主，初六爻也是成卦之主。《困》以九二、九五两爻为卦主，两爻既是成卦之主，又是主卦之主。《井》以九五爻为卦主。《革》以九五爻为卦主。《鼎》以六五、上九两爻为卦主。《渐》以六二、九五两爻为卦主。《归妹》以六三、上六两爻为成卦之主，六五爻为主卦之主。《丰》以六五爻为卦主。《旅》以六五爻为卦主。《巽》的两个阴爻为成卦之主，九五爻为主卦之主。《兑》的两个阴爻为成卦之主，又为主卦之主。《涣》以九五爻为卦主。《节》以九五爻为卦主。《中孚》以六三、六四两爻为成卦之主，九二、九五两爻为主卦之主。《小过》以第二爻和第五爻为卦主。《既济》以六二爻为卦主。《未济》以六五爻为卦主。

六二：屯如邅如，乘马班如，匪寇婚媾，女子贞不字，十年乃字。

【新译】屯卦六二：屯邅难走，人们便乘马前往，不是去抢婚，而是为了求子，预测女子近期内不会有生育，十年以后方能生育。

【新注】屯（tún）如邅如：屯邅难走。屯，排列，陈也，聚集。《离骚》："屯余车其千乘兮。"《注》云："屯，陈也。"甲骨文"屯"字正像陈列祭品之形。邅，难走。　乘马班如：乘马列队前进。如，语尾词。爻辞"乘马班如"三现，此求子，六四求婚，上六致哀。　匪寇婚媾（gòu）：不是去抢婚。寇，侵犯，掠夺，抢。媾，结成婚姻。　女子贞不字：预测女子近期内不会有生育。女子贞，贞女子。预测女子。贞，问，预测。不字，不育。字，妊娠。《说文解字》："字，乳也。""乳，人及鸟生子曰乳。兽曰产。"　十年乃字：十年以后方能生育。

【新解】《屯》六二是阴爻居于阴位，称作得位，阴柔中正，有应于上体之九五，是刚柔相应之象。然而却为初爻阳刚所逼，故有难进之象，有不生育的预测。程颐说："二守中正，不苟合于初，所以'不字'。苟贞固不易，至于十年，屯极必通，乃获正应而字育矣。以女子阴柔，苟能守其志节，久必获通，况君子守道不回乎？"

六三：即鹿无虞，惟入于林中，君子几不如舍，往吝。

【新译】屯卦六三：打猎到了山脚下，山林茂密，又没有猎户作向导，考虑要不要进入树林中去，君子很机智，认为不如不去，进去是困难的——不但得不到猎物，还会有危险。

【新注】鹿：假借为"麓"，山脚。　虞（yú）：掌管山林的官员，引申为熟悉山林的人，如老猎户。　　惟：考虑。　　几：假借为"机"，机智。　　吝：《说文》释为"恨惜"，引申为困难。

【新解】屯卦六三爻辞告诫人们追梦造福必须见机行事，具体情况具体分析，实事求是，英勇机智，坚定果断，方能梦想成真。

六四：乘马班如，求婚媾。往，吉，无不利。

【新译】屯卦六四：乘马列队去求婚。前往问筮得吉善、无不利的占断。

【新注】求婚媾：求婚配。

【新解】六四爻以柔顺之性居于近君之位，而其才能却不足以济渡屯难，因而借助脚力（马匹）以济时艰。比喻人们追梦造福、做人做事、进德修业都应该求助贤能以自辅，便能美梦成真、事业有成、德业日进。胡炳文说："凡爻例，上为往，下为来。六四下而从初，亦谓之往者，据我适人，于文当言往，不可言来。如《需》上六'三人来'，据人适我，可谓之来，不可谓往也。"

九五：屯其膏。小贞，吉。大贞，凶。

【新译】屯卦九五：陈列求婚媾用的肥肉。小（人）问筮得吉占。大（人）问筮得凶占。

【新注】屯其膏：陈列肥肉准备祭祀。屯，陈列。其，求婚媾。膏，肥肉。

【新解】魏了翁说："《周礼》有'大贞'，谓大卜，如迁国、立君之事。五处险中，不利有所作为，但可小事，不可大事。曰'小贞吉，大贞凶'，犹《书》所谓'作内吉，作外凶''用静吉，用作凶'者。"梁寅说："小正者，以渐而正之也。小正则吉者，以在于其位而为所可为也。大正则凶者，以时势既失，而不可以强为也。为可为于可为之时则从，为不可为于不可为之时则凶，可无慎哉！"具备了具体情况具体分析的思想。"屯其膏"又可以翻译为：春天食肥肉很不容易。春生、夏长、秋收、冬藏。春天只食冬藏之瘦肉。《鼎》九三："雉膏不食。"盖谓春天不食佳肴美味，不杀生也，让其长得更大。

上六：乘马班如，泣血涟如。

　　【新译】屯卦上六：乘马列队的人，泣不成声。

　　【新注】泣血：谓因亲丧而哀伤之极。后用为居父母丧之辞。《礼记·檀弓（上）》："高子皋之执亲之丧也，泣血三年。"郑玄《注》："言泣无声如血出。"　　涟如：眼泪不断地往下掉的样子。焦赣《易林·坤之井》："不见复关，泣涕涟如。"

　　【新解】《周易折中》案："卦者时也，爻者位也。此圣经之明文，而历代诸儒所据以说者，不可易也。然沿袭之久，每局于见之拘，遂流为说之误。何则？其所目为时者，一时也。其所指为位者，一时之位也。如《屯》则定为多难之世，而凡卦之六位，皆处于斯世而有事于屯者也。夫是以二为初所阻，五为初所逼，遂使一卦六爻止为一时之用。而其说亦多驳杂而不概于理。此谈经之敝也。盖《易》卦之所谓时者，人人有之。如《屯》，则士有士之屯，穷居未达者是也；君臣有君臣之屯，志未就功未成者是也；甚而庶民商贾之贱，其不逢年而钝于市者皆屯也。圣人系辞，可以包天下万世之无穷，岂为一时一事设哉？苟达此义，则初自为初之屯，德可以有为而时未至也；二自为二之屯，道可以有合而时宜待也；五自为五之屯，泽未可以远施，则为之宜以渐也。其余之爻，义皆仿是。盖同在屯卦，则皆有屯象，异其所处之位，则各有处屯之理，中间以承、乘、比、应取义者，亦虚象尔。故二之乘刚，但取多难之象，初不指初之为侯也。五之屯膏，但取未通之象，亦不因初之为侯也。今曰二为初阻，五为初逼，则初乃卦之大梗。而《易》为衰世之书，岂圣人意哉？六十四卦之理，皆当以此例观之，庶乎辞无窒碍而义可得矣。"

49

卷一 ◇ 上经新得

4. 蒙 ䷃ 艮（山）上
坎（水）下

蒙：亨。匪我求童蒙，童蒙求我。初筮告，再三渎，渎则不告。利，贞。

【新译】蒙卦卦辞：美善通达。不是我（教育者）求助蒙昧的儿童，而是蒙昧的儿童求助于我。为此事问筮，筮人第一次演卦的结果很好，第二次、第三次演卦的结果不好。告诫儿童坚持义利和谐、公平贞固的美善原则。

【新注】蒙：卦名。本义为草名，引申有幼稚、蒙蔽、蒙昧、无知等义。这里指童蒙。　匪我求童蒙，童蒙求我：不是我（教育者）求助于蒙昧的儿童，而是蒙昧的儿童求助于我（教育者）。童蒙，蒙昧的儿童。　初筮告：帛书作"初筮吉"。初筮吉，开始筮得吉占。初，始也。《尔雅·释诂》："初，始也。"筮，演卦。　再三渎，渎则不告：第二次、第三次演卦的结果不好。再，第二次。三，第三次。则，本作"即"，就。告，本作"吉"。不告，不吉。

【新解】古人在追梦造福的过程中确立了老师和学生的关系及筮卦问占的原则。师生关系是："匪我求童蒙，童蒙求我。"筮卦问占的原则是："初筮告，再三渎，渎则不告。"程颐说："屯者物之始生，物始生稚小，蒙昧未发。《蒙》所以次《屯》也。"朱熹说："《艮》，亦三画卦之名。一阳止于二阴之上，故其德为止，其象为山。蒙，昧也。物生之初，蒙昧未明也。其卦以《坎》遇《艮》。山下有险，蒙之地也。内险外止，蒙之意也。故其名为'蒙'。'亨'以下，占辞也。九二，内卦之主，以刚居中，能发人之蒙者，而与六五阴阳相应，故遇此卦者有亨道也。'我'，二也。'童蒙'，幼稚而蒙昧，谓五也。筮者明，则人当求我而其亨在人。筮者暗，则我当求人而亨在我。人求我者，当视其可否而应之。我求人者，当致其精一而扣之。而明者之养蒙，与蒙者之自养，又皆利于以正也。"

初六：发蒙，利用刑人，用说桎梏。以往吝。

【新译】蒙卦初六：启发教育童蒙，利于使用典型人物，用典型人物说服教育童蒙脱离桎梏。离开典型教育，启发童蒙一定吝难。

【新注】发蒙：启发童蒙。　刑人：典型人物。刑，读为"型"。　用说桎梏：用典型人物教育童蒙脱离学习困境。说，通"脱"。脱离。桎梏，木枷。戴在手上的枷锁叫作梏，戴在脚上的枷锁叫作桎。引申为困境，瓶颈。　以往吝：离开典型教育就困难。

卷
一
◇
上经
新得

【新解】习近平总书记谆谆告诫人们：少年儿童是祖国的未来，是中华民族的希望。这就是《少年中国说》中所说的：少年智则国智，少年富则国富，少年强则国强，少年进步则国进步。新陈代谢是不可抗拒的历史规律，未来总是由今天的少年儿童开创的。可见教育童蒙的重要性。教育童蒙，任重道远。童蒙强则国强，童蒙智则国智。榜样的力量是无穷的。启发童蒙离不开典型引路。南怀瑾、徐芹庭说："本爻的爻辞，是以理来说象，作为教育精神与方法的象征……便由它而引出教育方法上的观念，用作启发并防止童蒙犯过的比喻。"俞琰说："渎，与《少仪》'毋渎神'之'渎'同。不告，与《诗·小旻》'我龟既厌，不我告犹'之义同。初筮则其志专一，故告。再三则烦渎，故不告。盖童蒙之求师，与人之求神，其道一也。"

九二：包蒙，吉。纳妇，吉。子克家。

【新译】蒙卦九二：保护包容童蒙，则吉善。保护包容妇女，则吉善。儿子则能建立起美好的家庭。

【新注】包蒙：保护包容童蒙。与"发蒙"相继。　纳妇：保护包容妇女。纳，接纳，接受。引申为保护包容。妇，妇女。《尔雅·释亲》："子之妻为妇。"　子克家：子能成家。克，能也。

【新解】在古人看来既要保护包容童蒙，又要保护包容妇女。只有这样才能建立起美好和谐的家庭，只有和谐美好的家庭才能教育培养出优秀的儿女来。保护妇女儿童的观念在《易经》卦爻辞中出现，特别宝贵，值得我们深入研究探讨。胡炳文说："初爻统说治蒙之理，余三、四、五皆是蒙者，治蒙只在阳爻，而九二为治蒙之主。"

六三：勿用取女，见金夫，不有躬，无攸利。

【新译】蒙卦六三：发现武夫没有礼貌，便取消娶女，因为这样的婚姻没有好处。

【新注】勿用取女：不用娶女。《周易音义》："取，本又作娶。"《象》曰："勿用娶女，行不顺也。"《说文解字》："娶，取妇也。" 金夫：武夫。 不有躬：没有礼貌。躬，弯下身子，鞠躬。 无攸利：无所利。攸，所也。《尔雅·释言》："攸，所也。"

【新解】蒙卦六三爻辞体现了古人的婚姻观。什么样的婚姻是美满的婚姻，什么样的婚姻是不美满的婚姻。在古人看来，彬彬有礼的婚姻是美满的婚姻，粗暴无礼的婚姻是不美满的婚姻。不美满的婚姻是无攸利的婚姻，这样的婚姻就必须取消。王弼说："童蒙之时，阴求于阳，晦求于明。六三在下卦之上，上九在上卦之上，男女之义也。上不求三，而三求上，女先求男者也。女之为体，正行以待命者也。见刚夫而求之，行在不顺，故勿用取女，而无攸利。"一说"见金夫……"于金字后断句作"见金，夫不有躬"，言出现兵器，丈夫丧了性命。

六四：困蒙，吝。

【新译】蒙卦六四：束缚童蒙，要收到良好的教育效果是很困难的。

【新注】困：借为"捆"，引申为束缚。

【新解】《易经》提倡启发童蒙，反对束缚童蒙。胡炳文说："初与三比二之阳，五比上之阳，初、三、五，皆阳位，而三、五又皆与阳应，惟六四所比、所应、所居皆阴，困于蒙者也。蒙岂有不可教者，不能亲师取友，其困而吝也，自取之也。"

六五：童蒙，吉。

【新译】蒙卦六五：居六五柔中之尊位，而能以童蒙自处，

易经新得

纯一诚信，谦虚谨慎，民主决策，吉莫大焉。

【新注】童蒙：像童蒙那样纯洁真诚的大臣。《象》曰："'童蒙'之吉，顺以巽也。"荀爽说："顺于上，巽于二。有似成王任用周、召也。"

【新解】蒙卦六五爻辞告诫人们，追梦造福一定要像童蒙那样纯洁真诚，谦虚谨慎，民主决策，才能实现梦想，大吉大善。陆绩说："六五阴爻，又体《艮》少男，故曰'童蒙'。"胡炳文说："《屯》所主在初，卦曰'利建侯'，而爻于初言之。《蒙》所主在二，卦曰'童蒙求我'，而爻于五应之。五，应二者也。童蒙纯一未发以听于人。居尊位而能以童蒙自处，其吉可知。"

上九：击蒙，不利为寇，利御寇。

【新译】蒙卦上九：打击童蒙，既不利于为寇，亦不利于抵御盗寇。

【新注】击蒙：打击童蒙。

【新解】追梦造福需要永葆童心。追梦造福需要一代又一代的人接力前行，因而培养和教育青少年特别重要。保护包容童蒙义不容辞。道亦有道，连盗寇也不能击打童蒙。旧说上九以刚居上，治蒙过刚，故为"击蒙"之象。吴澄说："二刚皆治蒙者。九二附而得中，其于蒙也能包之、治之以宽者也；上九刚极不中，其于蒙也乃击之、治之以猛者也。"

5. 需 ䷄ 坎（水）上
乾（天）下

需：有孚，光亨，贞，吉，利涉大川。

【新译】需卦卦辞：需要有诚信，光大美善通达，贞固正义，才能吉善祥和，利于横渡大河。

【新注】需：需要。前人释"需"为"等待""忍耐"。认为"有孚，光亨，贞，吉"是"需之道"，"利涉大川"是"需之效"。 有孚：有诚信，守诚信。孚，诚信。《说文解字》："孚，卵孚也。从爪，从子。一曰：信也。"卵孚，孚卵，孵化。母鸡

孵小鸡，母鸟孵小鸟，恒以脚爪伏卵，竭尽全力，使尽全身热能确保按时孵出小鸡、小鸟来。人类亦然，善良的人们千方百计尽心尽力守护诚信、紧紧抓住诚信，决不失信失诚于世人。徐锴《系传》："鸟之孚卵，皆如其期，不失信也。鸟褒，恒以爪反覆其卵也。"《尔雅·释诂上》："孚，信也。"邢昺《疏》："谓诚实不欺也。"《说文解字》："信，诚也。从人，从言。会意。"《说文解字》："诚，信也。从言，成声。"卦爻辞中"孚"字出现四十二次，都训为"诚信"。这充分反映了古人的价值观。守诚信是中华民族的美德，守诚信是华夏儿女世代传承立身处世的命脉，守诚信是中华民族巍然屹立于世界先进民族之林的法宝。　光亨：光大美善通达。光，明也。《说文解字》："光，明也。"《诗·齐风·南山有台》："邦家之光。"毛《传》："光，明也。"《释名·释天》："光，晃也，晃晃然也。亦言广也，所照广远也。"引申为光大。　贞：贞固公正，公平正义。　吉：吉善祥和。吉善祥和是古人追梦造福的目标之一。　涉大川：横渡大河。这是古人的梦想。

【新解】为了更好地追梦造福，我们的祖先要求自己必须守诚信，需要光大美善通达，需要贞固正义。只有这样才能实现梦想，才能吉善祥和，才能利于横渡大河。为了实现伟大的中国梦，我们必须深入挖掘和阐发《易经》倡导的"需有孚"——守诚信的时代价值，以提高我们诚信友善的自觉性。《朱子语类》："需者，宁耐之意。以刚遇险，时节如此，只得宁耐以待之。且如涉川者，多以不能宁耐致覆溺之祸。故需卦首言利涉大川。"项安世说："《需》非终不进也，抱实而遇险，有待而后进也。凡待者，皆以其中有可待之实也。我实有之，但能少待，必有光亨之理；若其无之，何待之有？故曰'《需》有孚光亨'。光亨者不可以盈，必敬慎以终之。故曰'贞吉'。信能行此，则其待不虚，其进不溺。故曰'利涉大川'。'有孚光亨贞吉'者，需之道也；'利涉大川'者，需之效也。"程颐说："夫物之幼稚，必待养而成，养物之所需者饮食也。""云上于天，有蒸润之象。饮食所以润益于物，故《需》为饮食之道，所以次《蒙》也。"程颐在《序卦》的基础上阐明了人们生存需要的第一需要是饮食需要。历代易学家对需卦的诠释汇集起来可称得上中国需要理论大全。而需卦卦辞特别强调了需要具备核心价值观，这就是需要有诚信。

初九：需于郊，利用恒，无咎。

【新译】需卦初九：需要将核心价值观推向郊外更加广泛的范围，才能利于长治久安，才能平安吉祥没有灾咎。

【新注】郊：旷远之地。引申为更加广泛的范围。 利用恒：利于长治久安。用，用以。恒，长治久安。 无咎：平安吉祥没有灾咎。

【新解】需卦初九爻辞体现了将诚信这一核心价值观推向社会。孔颖达说："难在于《坎》，初九去难既远，故待于郊。郊者，境上之地，去水远也。'利用恒，无咎'者，恒，常也。远难待时，以避其害，故宜利保守其常，所以无咎。"梁寅说："《需》下三爻，以去险远近为吉凶，初以阳处下，最远于险，故为需于郊之象。郊，荒远之地也，而君子安处焉，故云'利用恒'。"

九二：需于沙，小有言，终吉。

【新译】需卦九二：需要将诚信推广到边远的海岸沙洲地区，即便说得少，只要做得好（固守诚信），必然吉善祥和。

【新注】沙：沙洲。 小有言：说得少。小，通"少"。 终吉：必然吉善祥和。终，终归，终究，必然。

【新解】古人意识到了推广诚信这一核心价值观不在于说得好，而在于自觉践行，只要自觉践行核心价值观，就能终归吉善祥和。孔颖达说："沙是水旁之地，去水渐近，待时于沙，故难稍近而'小有言'，但履健居中，以待要会，终得其吉也。"胡炳文说："'初'最远《坎》，'利用恒'乃'无咎'；'九二'渐近《坎》，'小有言'矣。而曰'终吉'者，'初九'以刚居刚，恐其躁急，故虽远险，犹有戒辞；'九二'以刚居柔，宽而得中，故

虽近险，而不害其为吉。"

九三：需于泥，致寇至。

【新译】需卦九三：需要将诚信推广到渔民，感召海上强盗归顺。

【新注】致寇至：感召海上强盗归顺。致，导致。引申为感召。至，到。引申为归顺。《象传》诠释"需于泥"为"灾在外也"，"致寇至"为"自我致寇，敬慎不败也"。

【新解】追梦造福需要守诚信。守诚信能够感天地、动鬼神、致寇至。《中庸》："唯天下至诚，为能尽其性。""唯天下至诚为能化。""至诚如神。"程颐说："泥，逼于水也。既进逼于险，当致寇难之至也。三，刚而不中，又居健体之上，有进动之象，故致寇也，苟非敬慎，则致丧败矣。"

六四：需于血，出自穴。

【新译】需卦六四：需要将诚信推广到半坡居住区，乃至洞穴居住处。

【新注】血：借为"洫"。洫，大水沟。半坡遗址有一条长达三百米，宽、深各五六米的大围沟环绕着居住区。是为了防御野兽的袭扰，用以保护居住区的安全而挖筑的。 出自穴：让诚信出自洞穴中的人们。穴，古人居住的洞。从考古发掘的半坡村文化遗址中可以看到，仰韶文化前期，黄河中下游的房屋以半地穴为主。

【新解】让诚信遍布于每一个居住区域，只有人人守诚信、家家户户守诚信，社会才能安全、安宁、稳定、友善、和谐。杨启新说："刚者能需，柔亦能需。何也？刚柔皆有善恶。刚之需，犹《乾》之健而知险也。柔之需，犹《坤》之简而知阻也。"

九五：需于酒食，贞，吉。

【新译】需卦九五：需要将诚信贯彻于餐桌上，喝酒吃饭都要践行诚信这一核心价值观，酒食诚信，贞固公正，就能吉祥。

【新注】于：往。郑玄笺《诗》："于以，犹言往以。"

【新解】让诚信、贞固公正等核心价值观贯彻落实于日常生活之中。程颐说："五以阳刚居中得正，位乎天位，克尽其道矣。以此而需，何需不获？故宴安酒食以俟之，所须必得也。既得贞正，而所需必遂，可谓吉矣。"

上六：入于穴，有不速之客三人来，敬之，终吉。

【新译】需卦上六：诚信深入人心，进入洞穴居民心中，即便突然出现了不请自来的三位客人，人们以诚信相待，相敬如宾，最后终于吉祥美善。

【新注】不速之客：不请自来的客人。不速，不请。速，聘请。

【新解】需卦上六爻辞告诫人们无论何时何地何种情况之下都要自觉践行诚信友善等核心价值观。只要自觉践行诚信友善等核心价值观，就能吉祥美善。胡炳文说："'入于穴'，险极而陷之象。'速'者，主召客之辞。三人，《乾》三阳之象。下三阳非皆与上应也，有'不速'之象。上柔顺，有'敬之'之象。上独不言需，险之极无复有需也，外卦险体，二阴皆有穴象。四'出自穴'，而上则'入于穴'，何哉？'六四'柔正能需，犹可出于险，故曰'出'者，许其将然也。上六柔而当险之终，无复能需，惟入于险而已，故曰'入'者，言其已然也。然虽已入于险，非意之来，'敬之终吉'。君子未尝无处险之道也。"

6. 讼  乾（天）上
坎（水）下

讼：有孚窒，惕中吉，终凶。利见大人，不利涉大川。

【新译】讼卦卦辞：争辩不亲，是因为本有的诚信被塞止（诚信丧失），虽然能够惕惧而得中获吉祥，但终归凶险。（在诚信丧失的恶劣环境中）只利于谒见大人聆听教诲，不利于横渡大河（干大事）。

【新注】讼：卦名。讼，争辩，争吵，争讼，听讼。 有孚窒（zhì）：本有的诚信被塞止（诚信丧失）。窒，塞止。 惕：惧怕。惧怕诚信丢失。 中吉：得中获吉祥。帛书作"克吉"。

克吉，能吉。克，能也。　　不利涉大川：不利于渡大河。川，水道，河流。《释名·释水》："川，穿也。穿地而流也。"《考工记·匠人》："两山之间，必有川焉。"

【新解】 讼卦卦辞告诫人们诚信不能丢失，诚信丢失就会发生不和谐的争辩。王弼说："凡不和而讼，无施而可，涉难特甚焉。惟有信而见塞惧者，乃可以得吉也。犹复不可以终，中乃吉也。不闭其源，使讼不至，虽每不枉，而讼至终竟，此亦凶矣。故虽复有信，而见塞惧，犹不可以为终。故曰'讼：有孚窒，惕中吉，终凶'也。无善听者，虽有其实，何由得明。而令有信塞惧者，乃得其中吉，必有善听之主焉。其在二乎？以刚而来，正夫群小，断不失中，应其任矣。"程颐说："《讼》，《序卦》：'饮食必有讼，故受之以《讼》。'人之所需者饮食，既有所需，争讼所由起也。《讼》所以次《需》也。"讨论了社会矛盾产生的原因，并就解决社会矛盾的方法——诉讼产生的必然性进行了讨论。孔颖达说："窒，塞也。惕，惧也。凡讼之体，不可妄兴，必有信实。被物阻塞而能惕惧，中道而止，乃得吉也。'终凶'者，讼不可长，若终竟讼事，虽复窒惕，亦有凶也。物既有讼，须大人决之，故'利见大人'。若以讼而往涉危难，必有祸患，故'不利涉大川'。"

初六：不永所事，小有言，终吉。

【新译】 讼卦初六：不为争讼之事纠缠不休，少说几句话，终归吉善祥和。

【新注】 不永所事：不恒其事。永，恒也，常也，长也，久也。《尔雅·释诂》："永，长也。"《说文解字》："长，久远也。"所：其也，斯也，此也。事：争讼事。　　小有言：不多说话。小，帛书作"少"。

【新解】 追梦造福必须克服矛盾，消除隔阂，解决麻烦，停止争讼，恪守诚信，团结一致，才能美梦成真。王弼说："处《讼》之始，讼不可终，故'不永所事'，然后乃吉。凡阳唱而阴和，阴非先唱者也。处《讼》之始，不为讼先，虽不能讼，而必辨明也。"

九二：不克讼，归而逋，其邑人三百户无眚。

【新译】讼卦九二：（此人）输了官司，回到家中便逃跑了，他所居住的那座城中三百户居民却无一人发现他逃走。

【新注】不克讼：打输了官司。 归而逋：归而逃。逋，逃也。 无眚：帛书作"无省"。省、眚，古音同。无省，没有发现。省，察也。《尔雅·释诂》："省，察也。"《礼记·礼器》："礼，不可不省也。"郑玄《注》："省，察也。"

【新解】荀爽说："二者下体之君。君不争，则百姓无害也。"《周易折中》案："'三百户无眚'，《传》《义》皆用王氏说，荀氏、项氏、俞氏则以为所居之邑，托以安居，义亦可从。"王弼说："以刚处讼，不能下物，自下讼上，宜其不克。若能以惧，归窜其邑，乃可以免灾。邑过三百，窜而据强，灾未免也。"

六三：食旧德，贞，厉，终吉。或从王事无成。

【新译】讼卦六三：修养功垂千古之吉德，贞固公正，虽处危厉，但终归吉善祥和。如果跟随君主，能够服从命令、忠心耿耿、诚诚实实、忠君爱国，则王事就一定大成功。

【新注】食旧德：修养功垂千古之吉德。食，养也。《左传·文公十八年》："周公制周礼曰：则以观德，德以处事，事以度功，功以食民。"杜预《注》："食，养也。"旧德，久德，功垂千古之德。《左传·文公十八年》："孝敬忠信为吉德，盗贼藏奸为凶德。"孔颖达《疏》："欲知善恶，以法观之，合法则为吉德，不合法则为凶德。"旧，久也。《小尔雅·广诂》："旧，久也。"侯果认为"旧德"就是"旧恩"。他解释《象传》"食旧德，从上吉也"说："虽失其位，专心应上，故能保全旧恩，'食旧德'者也。" 厉：危险。 或从王事无成：如果跟随君主，能够服从命令、忠心耿耿、诚诚实实、忠君爱国，则王事就一定大成功。或，如果。无，大。无成，大成功。

【新解】追梦造福需要忠诚。追梦造福需要上下一心、团结和谐。追梦造福不需要争讼。追梦造福更不需要内部争讼消耗。

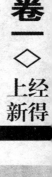

程颐说："三虽居刚而应上，然质本阴柔，处险而介二刚之间，危惧非为讼者也。禄者，称德而受。'食旧德'，谓处其素分。'贞'，谓坚固自守。'厉终吉'，谓虽处危地，能知危惧，则终必获吉也。守素分而无求，则不讼矣。"朱熹说："'食'，犹食邑之食，言所享也。六三阴柔，非能讼者，故守旧居正，则虽危而终吉。然或出而从上之事，则亦必无成功。占者守常而不出，则善也。"杨启新说："'食旧德'，安其分之所当得，是不与人竞利也。'或从王事'者，分之所不得越，是不与人竞功也。"不与人争利、不与人争功，诉讼无从起也。

九四：不克讼，复即命，渝，安贞，吉。

【新译】讼卦九四：不克争讼，复就正命，改变讼心，而安于贞固公正，就能吉善祥和。

【新注】复即命：复就正命。即，就。命，正命。　　渝：改变。

【新解】程颐说："四以阳刚而居健体，不得中正，本为讼者也。承五、履三而应初。五，君也，义不克讼。三居下而柔，不与之讼。初正应而顺从，非与讼者也。四虽刚健欲讼，无与对敌，其讼无由而兴，故'不克讼'也。"杨简说："九刚、四柔，有始讼终退之象，人惟不安于命，故以人力争讼。今不讼而即于命，变而安于贞，吉之道也。"

九五：讼，元吉。

【新译】讼卦九五：讼事结束，特别吉善祥和。

【新注】元吉：大吉。特别吉善祥和。

【新解】程颐说："以中正居尊位，治讼者也。治讼得其中正，所以元吉也。元吉，大吉而尽善也。吉大而不尽善者有矣。"

上九：或锡之鞶带，终朝三褫之。

【新译】讼卦上九：国君赐给公平正义的听讼法官大般带，他视若珍宝，一个早晨的时间内就藏了三个地方。

【新注】或：国也，借指国君。　　锡：假借为"赐"。　　鞶带：皮革制成的大带子。帛书作"般带"。般带，大带。般，大。

《方言》："般，大也。"《广雅·释诂》："般，大也。" 终朝：旦至食时，即早晨。 三褫（chǐ）之：藏之又藏，视若珍宝。褫，放置。引申为收藏。

【新解】朱熹说："鞶带，命服之饰。褫，夺也。以刚居《讼》极，终讼而能胜之，故有锡命受服之象。然以讼得之，岂能安久？故又有'终朝三褫'之象。其占为终讼无理，而或取胜，然其所得终必失之。圣人为戒之意深矣。"

7. 师 ䷆ 坤（地）上
坎（水）下

师：贞，丈人吉，无咎。

【新译】师卦卦辞：行师打仗，部队贞固公正，首长（将帅）吉善祥和老成稳重，便没有灾害。

【新注】师：古代军队的编制单位之一，二千五百人为师。《彖》："师，众也。" 丈人：大人。帛书作"大人"。大人，德高望重有地位的人。此盖为率领部队的军事首长。

【新解】行军打仗，部队需要贞固公正（军纪严明），首长（将帅）需要吉善祥和老成稳重，才能打胜仗，才能免除灾害。朱熹说："师，兵众也。下坎上坤，坎险坤顺，坎水坤地。古者寓兵于农，伏至险于大顺，藏不测于至静之中．又卦惟九二一阳居下卦之中，为将之象；上下五阴顺而从之，为众之象。九二以刚居下而用事，六五以柔居上而任之，为人君命将出师之象。故其卦之名曰师。丈人，长老之称。用师之道，利于得正，而任老成之人，乃得吉而无咎。戒占者亦必如是也。"

初六：师出以律，否臧凶。

【新译】师卦初六：出兵作战，部队必须步伐整齐、纪律严明，如果军纪涣散，就不能打胜仗，就会有凶险。

【新注】师出：出师。 律：纪律。师出以律，出兵作战，军纪必须严明。 否臧：不善。失律，军纪涣散。臧，善。凶，凶险。《象》："师出以律，失律凶也。"

【新解】严格的军纪是克敌制胜的法宝。古人深刻认识到了严守军纪的重要性。李鼎祚说："初六以阴居阳，履失其位。位既匪正，虽令不从。以斯行师，失律者也。凡首率师，出必以律，若不以律，虽臧亦凶。故曰'师出以律，失律凶也'。"程颐说："初，师之始也。故言出师之义及行师之道。在邦国兴师而言，合义理则是以律法也，谓以禁乱诛暴而动，苟动不以义，则虽善亦凶道也。善，谓克胜。凶，谓殃民害义也。在行师而言，律，谓号令节制。行师之道，以号令节制为本，所以统制于众。不以律则虽善亦凶，虽使胜捷，犹凶道也。制师无法，幸而不败且胜者，时有之矣。圣人之所戒也。"

九二：在师中，吉，无咎。王三锡命。

【新译】师卦九二：在军中必须纪律严明，只有纪律严明的军队，才能吉善祥和没有灾咎。王三次下达命令要求"师出以律"。

【新注】在师中：在军中。　锡：读作"赐"。《音义》："锡，星历反。徐音赐。郑本作赐。"

【新解】师卦六爻，五阴一阳，一阳爻居于下卦之中，九二阳刚上应于六五。从卦象上说，"在师中"谓九二爻在师卦下体之中。从战争的角度来解读，"九二：在师中，吉，无咎。王三锡命"谓九二居于坎险之中，由于主帅刚强血性骁勇善战，吉善祥和，虽处危厉境地，却没有灾咎。因而受到君王的再三嘉奖。如1942年斯大林格勒保卫战中，指挥城区防御战的第六十二集团军司令朱可夫将军。《象》："在师中吉，承天宠也。王三锡命，怀万邦也。"《九家易》："虽当为王，尚在师中，为天所宠，事克功成，故'吉，无咎'。二非其位，盖谓武王受命而未即位也。受命为王，定天下以师，故曰'在师中，吉'。"荀爽说："王谓二也。三者，阳德盛也。德纯道盛，故能上居王位，而行锡命，群阴归之，故曰'王三锡命，怀万邦也'。"李鼎祚案："二互体《震》，《震》木数三，'王三锡命'之象。《周礼》云：'一命受职，再命受服，三命受位。'是其义也。"程颐说："居下而专制其事，惟在师则可。自古命将，阃（kǔn，门坎）外之事得专制之。在师专制而得中道，故吉而无咎。盖恃专则失为下之道，不专则无成功之理，故得中为吉。凡师之道，威和并至则吉也。既处之尽其善，则能成功而安天下，故王锡宠命至于三也。凡事至于三者，极也。六五在上，既专倚任，复厚其宠数。盖礼不称，则威不重而下不信也。他卦九二为六五所任者有矣，惟《师》专主其事，而为众阴所归，故其义最大。人臣之道，于事无所敢专，唯阃外之事则专制之，虽制之在己，然因师之力而能致者，皆君所与而职当为也。"朱熹说："九二在下，为众阴所归，而有刚中之德。上应于五，而为所宠任，故其象占如此。"孔颖达说："承上之宠，为师之主，任大役重，无功则凶，故'吉'乃'无咎'。'王三锡命'者，以其有功，故王三加锡命。"

六三：师或舆尸，凶。

【新译】师卦六三：战车载着死难军士的尸体，军队打了败仗。

【新注】尸：古代祭祀时代表死者受祭的活人。（在古代，除了对自然现象崇拜外，还相信人死灵魂在。传说三代祭祀鬼神都立"尸"。"尸"用生人上坐，认为死者依附"尸"来享受供品。《诗经·楚茨》："神具醉止，皇尸载起，鼓钟送尸，神保聿归。"就是送尸的歌辞。）《礼记》："在床曰尸，在棺曰柩。"此爻"尸"指尸体。

【新解】军纪丧失的部队只能吃败仗，落得"舆尸"凶险结局。王申子说："三不中不正，以柔居刚，是小人之才弱志刚者，而居二之上，是二为主将，三躐而尸之也。凡任将不专，偏裨擅命，权不出一者，皆舆尸也。军旅何所听命乎？其取败必矣。"

六四：师左次。无咎。

【新译】师卦六四：军队在左边扎营。问筮得到了没有灾害的占断。

【新注】左次：在左边扎营驻军。

【新解】朱熹说："左次，谓退舍也。阴柔不中，而居阴得正，故其象如此。全师以退，贤于'六三'远矣，故其占如此。"程颐说："师之进，以强勇也。四以柔居阴，非能进而克捷者也。知不能进而退，故'左次'。左次，退舍也，量宜进退，乃所当也，故'无咎'。见可而进，知难而退，师之常也。"吴澄说："按兵家尚右，右为前，左为后。故《八阵图》天前冲、地前冲在右，天后冲、地后冲在左。"

六五：田有禽，利执言，无咎。长子帅师，弟子舆尸。贞，凶。

【新译】师卦六五：田猎（战争）有所收获，利于执善，执善则无灾咎。在战争中长官指挥打仗，副官负责送尸。问筮得凶占。

【新注】田：猎，战争。古代田猎与军事的关系十分密切。从甲骨文中发现，商代后期的田猎和军事活动确是密切不可分的。有时也可以说田猎就是征战，征战也即是田猎。 利执言：利于执善行善。言，善。盖谓善待俘虏。 长子：犹言长官，系指挥作战的主帅。 弟子：有如副官。此盖谓军队负责运尸体的人。

【新解】战争非常悲惨，非常残酷；和平十分宝贵，十分幸福。师卦告诫人们珍惜和平，避免战争。师卦六五爻辞提示人们要善待俘虏。程颐说："五，君位，兴师之主也。故言兴师任将之道。师之兴，必以蛮夷猾夏，寇贼奸宄，为生民之害，不可怀来，然后奉辞以诛之，若禽兽入于田中，侵害稼穑，于义宜猎取则猎取之。如此而动，乃得无咎。若轻动以毒天下，其咎大矣。"

上六：大君有命，开国承家，小人勿用。

【新译】师卦上六：大君有命令，建国立家不能用小人。

【新注】开国承家：建国立家。周王把奴隶和土地分封给诸侯，叫作"建国"；诸侯也把奴隶和土地赐给卿大夫，叫作"立家"。 小人勿用：开国承家需要德才兼备的君子，而不用无才无德的小人。

【新解】师卦上六爻辞中的大君指的是天子。这条爻辞记录了战争结束之后，天子颁布命令论功行赏，功劳最大的封其为诸

易经新得

侯（开国），功劳大的赏之为卿大夫（承家），小人有功劳则赏之以金帛而不用开国承家。

师卦六爻爻辞所说的各种含义，都从阴阳爻变的变易而立论。例如初六爻所说："师出以律，否臧凶。"据《九家易》所说："坎为法律也。"李鼎祚说："初六以阴居阳，履失其位。位既匪正，虽令不从。以斯行师，失律者也。凡首率师，出必以律，若不以律，虽臧亦凶。故曰：'师出以律，失律凶也。'"九二爻的象辞说："王三锡命，怀万邦也。"李鼎祚说："二互体《震》，《震》木数三，'王三锡命'之象。《周礼》云：'一命受职，再命受服，三命受位。'是其义也。"六三爻的"师或舆尸，凶"。虞翻说："坤为尸，坎为车，多眚。同人（师的错卦）离为戈，兵为折。首失位，乘刚无应，尸在车上。故舆尸凶矣。"六四爻的"师左次，无咎"。荀爽说："左谓二也。阳称左。次，舍也。二与四同功，四承五，五无阳，故呼二。舍于五，四得承之，故无咎。"六五爻的"田有禽，利执言，无咎"。虞翻说："田谓二，阳称禽。震为言，五失位变之正。艮为执，故'利执言，无咎'。"荀爽说："田，猎也。谓二帅师禽五，五利度二之命，执行其言，故无咎也。""长子帅师""弟子舆尸，贞凶"。据虞翻说："长子谓二，震为长子，在师中，故帅师也。"又说："弟子谓三，三体坎。坎，震之弟，而乾之子，失位乘阳，逆，故贞凶。"荀爽说："长子谓九二也。五处中应二，二受任帅师，当上升五。故曰：'长子帅师，以中行也。'"宋衷说："弟子谓六三也。失位乘阳，处非所据，众不听从。师人分北，或败绩死亡，舆尸而还，故曰：'弟子舆尸。'谓使不当其职也。"上六爻的"大君有命""开国承家"。虞翻说："同人乾为大君，巽为有命。"又说："承，受也，坤为国。二称家。谓变乾为坤，欲令二上居五为比，故开国承家。"荀爽说："大君谓二，师旅已息，既上居五，当封赏有功，立国命家也。开国封诸侯，承家立大夫也。""小人勿用，必乱邦也。"虞翻说："坤反君道，故乱邦也。"这些关于本卦六爻演变的说法，属于象数易理的见解，可以帮助

我们从象数易理的角度理解师卦卦爻辞。

8. 比 ䷇ 坎（水）上 坤（地）下

比：吉。原筮，元永贞，无咎。不宁方来后，夫凶。

【新译】比卦卦辞：君民亲善和睦就吉善祥和。初筮得"元永贞、无咎"之占。"不宁方来后"则是不亲善相从的表现，这就要受到惩罚。

【新注】比：卦名。比，亲密，亲近。《说文解字》："比，密也。二人为从，反从为比。" 比吉：谓筮与民亲密相处之事，故吉善祥和。 原筮：初筮、本筮。原，始也，本也。古者占筮，初筮吉则不再三筮，初筮吉则不更筮。卦辞下文的"元永贞，无咎"是这一卦中原筮所得贞兆记录。 不宁方来后：不宁方迟到。宁，安也。不宁即不安、不庭。据高亨、李镜池二人考证，不宁方为不安宁的邦国，即不愿臣服的侯国。也叫不廷方或不宁侯。方，邦国。来后，后来，即迟到。迟到则为慢君，是不亲比相从于上的表现。

【新解】比卦告诫人们追梦造福必须上下远近亲密和谐快乐相处，才能达到吉善祥和幸福快乐的目标。师卦揭示了战争规律。比卦揭示了亲密和谐快乐相处吉利幸福的追梦造福规律。《说文解字》："比，密也。二人为从，反从为比。"《子夏传》："地得水而柔，水得地而流，故曰比。"谓地与水合作互利共赢，亲密无间，相得益彰。王弼说："处《比》之时，将'原筮'以求'无咎'，其惟'元永贞'乎？夫群党相比而不以'元永贞'则凶邪之道也。君不遇其主则虽'永贞'而犹未足免于'咎'也。使'永贞'而'无咎'者，其惟九五乎？"程颐说："比，吉道也。人相亲比，自为吉道。故《杂卦》云'《比》乐《师》忧'。人相亲比，必有其道。苟非其道，则有悔咎。故必推原占决其可比者而比之。""凡生天地之间者，未有不相亲比而能自存者也。虽刚强之至，未有能独立者也。比之道，由两志相求。两志不相求则睽矣。君怀抚其下，下亲辅于上，亲戚朋友乡党皆然，故当上下合志以相从。苟无相求之意，则离而凶矣。大抵人情相求则合，相持则睽。相持，相待莫先也。人之相亲固有道，然而欲比之志不可缓也。"郭雍说："一阳之卦得位者《师》《比》而已，得君位者为《比》，得臣位者为《师》。"干宝说："《比》者，《坤》归魂也。""原，卜也。《周礼》三卜，一曰原兆。《坤》德变化，反归其所，四方既同，万国既亲，故曰'比吉'。"

初六：有孚比之，无咎。有孚盈缶，终来有它，吉。

【新译】比卦初六：有诚信，亲密和谐快乐相处，便没有灾咎。将诚信贯彻到饮酒方面，斗上满满的一杯一饮而尽，终于迎来了上司的嘉奖，结果吉善祥和。

【新注】有孚比之：有诚信，亲密和谐快乐相处。孚，诚信。有孚盈缶：老老实实喝酒。承述上文"有孚比之"之意。盈，满。缶，盛酒的器皿，酒杯。《周易音义》："缶，瓦器也。郑云：汲器也。《尔雅》云：盎谓之缶。"终来有它：终于迎来了上司的嘉奖。有它，有嘉奖。

【新解】在古人看来，诚信是追梦造福的根本保证。荀爽说："初应在外，以喻殊俗，圣王之信，光被四表，绝域殊俗，皆来亲比，故'无咎'也。"程颐说："初六，比之始也。相比之道以诚信为本。中心不信而亲人，人谁与之。故比之始，必有孚诚乃无咎也。孚，信之在中也。诚信充实于内，若物之盈满于缶中也。缶，质素之器。言若缶之盈实其中，外不加文饰，则终能来有它吉也。它，非此也，外也。若诚实充于内，物无不信，岂用饰外以求比乎？诚信中实，虽它外皆当感而来从。孚信，比之本也。"郑汝谐说："五为比之主，初最远而非其应，何以有吉义？盖几生于应物之先，而诚出于志之未变，故以信求比，何咎之有？"

六二：比之自内，贞，吉。

【新译】比卦六二：内部亲密无间，团结一致，贞固公正，就能吉善祥和。

【新注】比之自内：亲密无间，团结一致，要从内部做起。自，从。"比之自内"与六四"外比之"相对，知其乃"自内比之"的倒装语。

【新解】和谐亲密，团结统一，比之自内，中正柔顺，乃吉善祥和之道也。朱熹说："柔顺中正，上应九五，自内比外，而得其正，吉之道也。占者如是，则正而吉矣。"六二爻辞"比之自内，贞，吉"尚可以作一种新的解读：将诚信亲密团结原则内化于心，贞固公正，就能吉善祥和。

六三：比之匪人。

【新译】比卦六三：无人亲比，孤独一人。

【新注】比之匪人：既不与国内人亲近，亦不与国外人结成同盟，谓无人亲比也。"比之匪人"即"匪人比之"之倒装语。

【新解】王弼说："四自外比，二为五应，近不相得，远则无应，所与比者，皆非己亲，故曰'比之匪人'。"谓所亲密相处的人都不是自己亲密的人。

六四：外比之，贞，吉。

【新译】比卦六四：与外国结成亲比和善关系有利于国家的建设事业，贞固公正，就能吉善祥和。

【新注】外比之：与外国联盟，彼此亲比和善。

【新解】虞翻说："在外体，故称外。得位比贤，故贞吉也。"李过说："二与四皆比于五。二应五，在卦之内，故言'比之自内'。四承五，在卦之外，故言'外比之'。外内虽异，而得其所比，其义一也，故皆言'贞吉'。"六四爻辞"外比之，贞，吉"可以作一种新的解读：将诚信亲密团结原则外化于行，贞固公正，就能吉善祥和。

九五：显比，王用三驱，失前禽，邑人不诫，吉。

【新译】比卦九五：王在田猎时三驱猎禽均未如愿，不仅不杀邑中随从的人，反而同从人更加亲善，君主胸怀宽容大度的美德，赢得普天下的吉善祥和。

【新注】显比：大比，特别亲善。显，大也。　王用三驱，失前禽：王失去了三次逮住禽兽的机会。照说当恼羞成怒杀人以解其忿。（如《魏书·苏则传》："则从行猎，搓桎拔失鹿，上大怒，收督吏将斩之，则谏乃已。"）此则不然，故下文云"邑人不诫，吉"。不杀邑人，不生气，更加与从人相亲善，是谓显比。

诫：唐石经、帛书均作"戒"。戒，警，杀。

【新解】虞翻说："五贵多功，得位正中，初三以变体重明，故'显比'。谓'显诸仁'也。《坎》五称王。三驱，谓驱下三阴，不及于初，故'失前禽'。谓初已变成《震》，《震》为鹿，为惊走，鹿之斯奔，则'失前禽'也。《坤》为邑师，《震》为人师。时《坤》虚无君，使《师》二上居五中，故'不诫吉'也。"

上六：比之无首。凶。

【新译】比卦上六：众人跟随君王田猎而突然不见了君王，大家惊惧忧恐，乱成一团。问筮得凶占。

【新注】无首：没有元首（君王）。乾卦用九见群龙无首则吉，比卦上六比之无首乃凶。旧释"比之无首"的"首"为"始"。虞翻说："首，始也。阴道无成，而代有终，'无首，凶'。"

【新解】"比之无首"亦可解读为"比之无道"。比之必须有道，比之有道则吉，比之无道则凶。《象传》："比之无首，无所终也。"虞翻说："迷失道，故无所终也。"朱熹说："阴柔居上，无以比下，凶之道也。故为无首之象，而其占则凶也。"

卷一 ◇ 上经新得

9. 小畜

巽（风）上
乾（天）下

小畜：亨。密云不雨，自我西郊。

【新译】小畜卦辞：虽然只是稍微修养品行，依然也能美善通达。为天旱禾苗长得不好而祀天祈雨以保丰年，从我西郊一带的上空聚集着密云，然而仍然没有下雨。

【新注】小畜：卦名。小，表示程度，稍微，略微。畜，种植，培养，修养。《说文解字》："畜，田畜也。《淮南子》曰：

'玄田为畜。'蓄，《鲁郊礼》畜从田，从兹。兹，益也。"小畜，稍稍重视品行修养。畜，本又作"蓄"，其义为积也、聚也、养也。《同易音义》："畜，本又作蓄，同，敕六反，积也、聚也。卦内皆同。郑：许六反，养也。"　郊：邑外曰郊。

【新解】追梦造福必须重视品行修养。哪怕只是稍微注意修养品行，力求阴唱阳和、阴感阳应，上下团结，齐心合力，就能美善通达。胡瑗说："阴阳交则雨泽乃施，若阳气上升，而阴气不能固蔽，则不雨，若阴气虽能固蔽，而阳气不交亦当不雨。"《周易折中》案："此卦须明取象之意，则卦义自明。象言'密云不雨'者，地气上腾而天气未应，以其云之来'自我西郊'。阴倡而阳未和故也。盖以上下之阴阳言之，则地气阴也，天气阳也；以四方之阴阳言之，则西方阴也，东方阳也。阴感而阳未应，乃卦所以为'小畜'之义。"

初九：复自道，何其咎？吉。

【新译】小畜卦初九：复归于自我仁爱之道，有什么害处？必然吉善祥和。

【新注】复自道：复归于自我仁爱之道。孟子说："学问之道无他，求其放心而已矣。"　何其咎：其何咎，这哪里有灾咎。

【新解】追梦造福必须从复归于自我仁爱之道开始。仁爱是人的本心，仁义是人的正路。恢复人的本性，恢复人的正路，梦想成真，吉善祥和。龚焕说："'复自道'此'复'字，与'无往不复''不远复'之义同。谓复于在下之位而不进也。"王申子说："复，反也。初以阳刚居健体，志欲上行而为四得时、得位者所畜，故复。"程颐说："初九阳爻而乾体，阳在上之物，又刚健之才足以上进，而复与在上同志，其进复于上，乃其道也。"朱熹谓初九"有进复自道之象"。《周易折中》案："《传》《义》皆以复为上进，沿王弼旧说也。以《大畜》初、二爻比例观之，则王氏、龚氏诸说为长。"《易经》中"复"字尚可理解为"免除徭役赋税"，读为《史记》中《秦始皇本纪》"皆复不事十岁"、《平准书》"乃募民能入奴婢得终身复"之"复"。反映了我国古代的经济制度、赋税政策。

九二：牵复，吉。

【新译】小畜卦九二：牵引着他人复归于仁爱之道，也必然达到吉善祥和的境界。

【新注】牵：本义为拉着牛往前走。《说文解字》："牵，引前也。"引申为帮助他人。《广雅·释言》："牵，挽也。"《书·酒诰》："肇牵车牛，远服贾。"

【新解】追梦造福必须大家相互牵引、挽扶、帮助，共同前进，方能吉善祥和。崔憬说："四柔得位，群刚所应，二以中和牵复自守，不失于行也。"孔颖达说："牵，谓牵连；复，谓反复。"

九三：舆说辐，夫妻反目。

【新译】小畜卦九三：车下缚脱掉了，因此夫妻俩产生了矛盾。

【新注】舆：帛书作"车"。 说：同"脱"，解脱之谓也。《周易音义》："说，吐活反。下文并注同。《说文》：解也。"辐：车轮上连接车轴和车圈的木条或钢条。 夫妻反目：夫妻不和睦。反目，不和睦。

【新解】虞翻说："《豫》：《坤》为车，为辐，至三成《乾》，坤象不见，故'车说（脱）辐'。《豫》：《震》为夫，为反；《巽》为妻，《离》为目。今夫妻共在四，《离》火动上，目象不正，《巽》多白眼，夫妻反目。妻当在内，夫当在外，今妻乘夫而出在外，《象》曰'不能正室'。三体《离》《需》，饮食之道。饮食有讼，故争而反目也。"

六四：有孚，血去惕出，无咎。

【新译】小畜卦六四：有诚信，夫妻又复归于和睦，忧愁和恐惧心理都已消失。问筮得到了没有灾咎的占断。

【新注】孚：诚信。 血：当作"恤"，忧也。 惕：恐惧忧惕心理。

【新解】朱熹说："以一阴畜众阳，本有伤害忧惧，以其柔顺得正，虚中《巽》体，二阳助之，是'有孚而血去惕出'之象也。无咎宜矣。故戒占者亦有其德则无咎也。"

九五：有孚挛如，富以其邻。

【新译】小畜卦九五：夫妻恪守诚信，重修旧好有如初恋之情人，家和万事兴，和气生财，家庭富有，是因为有诚信友好善良的邻居鼎力帮助。

【新注】挛：假借为"恋"。《周易音义》："挛，力专反。马云：连也。徐又力转反。《子夏传》作恋，云：思也。" 富：财物多。

【新解】追梦造福既需要自己诚信友善，也需要邻居的诚信友善和帮助。出入相守，邻里相助。《周易折中》案："此爻之义，从来未明。今以卦意推之，则六四者近君之位也，所谓'小畜'者也；九五者君位也，能畜其德以受臣下之畜者也。四曰'有孚'，是积诚以格其君；五亦曰'有孚'，是推诚以待其下。上下相孚而后畜道成矣。故四曰'上合志'者，指五也；五曰'以其邻'者，指四也。四与五相近，故曰邻。又邻即臣也。《书》曰'臣哉邻哉'是也。（案：此出《书·益稷》：'帝曰：吁！臣哉邻哉！邻哉臣哉！'）孔氏传：'邻，近也。言君臣道近，相须而成。'富者，积诚之满也。积诚之满，至于能用其邻，则其邻亦以诚应之矣。故《象传》曰'不独富也'。以诚感诚之谓也。大抵上下之间，不实心则不能相交，故曰'富以其邻'；不虚心则亦不能相交，故曰'不富以其邻'。所取象者本于阳实阴虚，而其义一也。"

上九：既雨既处，尚德载。妇贞，厉。月几望，君子征，凶。

【新译】小畜卦上九：既沐浴美德又践行美德，崇尚道德满载美誉。妇女贞固公正遇到了危厉。月近望之日，夫君在征伐敌国的战场遇到了凶险。

【新注】尚德载：崇尚道德满载美誉。 月几望：月近望。几，近。望，农历每月十五日。

【新解】畜养美德重视道德是小畜卦的中心思想。小畜卦上九爻辞倡导既沐浴美德又践行美德，赞美崇尚道德满载美誉，告诫人们追梦造福必须重视道德修养。王应麟说："《小畜》上九'月几望'则'凶'，阴疑阳也。《归妹》六五'月几望'则'吉'，阴应阳也。《中孚》六四'月几望'则'无咎'，阴从阳也。"《小畜》爻辞中出现了两个重要的概念：道、德。在《说文解字》中"道"训为道路，"德"训为升高。帛书《德行》说："善，人道也。德，天道也。"自然"道"就是地道了。"尚德"在帛书中作"尚得"。《说文解字》："得，行有所得。"得是品德外化为行为的收获。

卷一 ◇ 上经新得

10. 履 ䷉ 乾（天）上
兑（泽）下

履：虎尾，不咥人，亨。

【新译】履卦卦辞：踩踏了老虎尾巴，老虎不咬人，美善通达。

【新注】履：卦名。卦辞脱一"履"字。履，踩踏。引申为道德践履。　虎尾：老虎尾巴。虎乃百兽之王，其威吓人，故虎尾不能踩踏。　不咥人：不咬人。咥，咬。　亨：美善通达。

【新解】人与自然和谐，人与动物和谐，人与老虎亲密友善。这既是现代人的观念，也是我国古代人的理想。追梦造福离不开人与自然和谐相处、人与动物和谐相处。履卦卦辞反映了古人对人与自然和谐相处、人与动物和谐相处、人与老虎和谐相处的美好愿望。

虞翻说："谓变《讼》初为《兑》也，与《谦》旁通，以《坤》履《乾》，以柔履刚。《谦》：《坤》为虎，《艮》为尾。《乾》为人，《乾》《兑》乘《谦》，《震》足蹈《艮》，故'履虎尾'。《兑》悦而应虎口，与上绝，故'不咥人'。刚当位，故通。"

初九：素履，往，无咎。

【新译】履卦初九：迈着朴素纯粹坚定的步伐前进，没有灾咎。

【新注】素履：朴素的步伐。素，朴素，纯洁。荀爽说："素履者，谓布衣之士，未得居位。"

【新解】追梦造福需要朴素坚定稳健的步伐。虞翻说："应在《巽》，为白，故'素'。《履》四失位，变往得正，故'往无咎'。初已得正，使四独变，在外称往。《象》曰：'独行愿也。'"

九二：履道坦坦，幽人贞吉。

【新译】履卦九二：前进的道路坦荡宽广，虽然是被幽禁的人，只要贞固公正就能吉善祥和。

【新注】履道坦坦：前进的道路坦荡宽广。　幽人：囚徒，幽闭禁锢之人。《荀子·王霸》："公侯失礼则幽。"朱骏声说："幽人，幽囚之人。"

【新解】追梦造福不可能一帆风顺，坦荡宽广的道路上依然存在艰难险阻，甚至于被关押拘禁，但是即使被关押拘禁也要坚守贞固公正的道德原则，只有这样才能吉善祥和。梁寅说："行于道路者，由中则平坦，从旁则崎险。九二以刚居中，是履道而得其平坦者也。持身如是，不轻自售，故为幽人贞吉。"

六三：眇能视，跛能履，履虎尾咥人，凶，武人为于大君。

【新译】履卦六三：眼睛有毛病而观察力却特别强，腿脚不方便却还能走路，踩到了真正的老虎尾巴，老虎咬伤了人，情况危急，卫兵迅速前去向大君报告。

【新注】眇：一目小。　跛能履：腿脚不方便却还能走路。跛，腿脚不方便。能，而也。　咥人：老虎咬伤了人。　武人为于大君：卫兵急急忙忙去向大君报告。武人，武夫，卫兵。

【新解】耿南仲说："视欲正，视而不正，则眇者也。行欲中，行而不中，则跛者也。故《归妹》初九不中则为跛，九二不正则为眇。《履》六三不中又不正，故跛眇兼焉。《归妹》《履》皆《兑》下也。"

九四：履虎尾，愬愬，终吉。

【新译】履卦九四：踩到了老虎尾巴，恐惧警惕而头脑清醒，终归吉善祥和。

【新注】愬愬（sù）：恐惧警惕。帛书作"朔朔"，清醒貌。《说文解字》："朔，月一日始苏也。"月晦尽而复明谓之朔，人惊慌而复醒谓之苏。朔之为言明也，清也。人遇难而不惧，历险而不惊，头脑清醒谓之朔朔。

【新解】履卦九四爻辞告诫人们遇到危难的时候必须高度警惕，头脑清醒，小心翼翼，沉着应对，就能化险为夷，终归吉善祥和。告诫人们无论处在何种环境之中都要高度警惕头脑清醒。王弼说："逼近至尊，以阳承阳，处多惧之地，故曰'履虎尾愬愬'也。然以阳居阴，以谦为本，虽处危惧，终获其志，故'终吉'也。"

九五：夬履贞，厉。

【新译】履卦九五：破坏其履行贞固公正的美好行为，必然危险。

【新注】夬（guài）履贞：破坏其履行贞固公正的美好行为。夬，决也。《释名·释言语》："夬，决也。有所破坏决裂之于终始也。"毕沅说："案：下四字不可晓，疑误下文，言始则对文当言终，其训释不可考矣。"毕说欠妥。夬之本义当为剖竹。其字小篆作。《说文解字》："夬，分决也。"徐锴曰："ㄱ，物也；∣，所以决之。"徐说误矣。殊不知ㄱ乃刀也，∣乃竹棍（竹竿），一手握刀一手持竹棍，以刀剖竹，仅些许破裂则其竹棍即刻决裂之于始终也。

【新解】追梦造福必须自觉践履"元亨利贞"等核心价值观，绝不能割断抛弃（夬，即不自觉践行）"元亨利贞"等核心价值观。割断抛弃"元亨利贞"等核心价值观就很危险。《象传》："夬履贞厉，位正当也。"《象传》的作者不明此义，故从赞美的角度予以解读。因而干宝说："夬，决也。居中履正为'履'。贵主万方，所履一决于前，恐决失正，恒惧危厉，故曰'夬履贞厉，位正当也'。"《周易折中》案："凡《象传》所赞美，则其爻辞无'凶''厉'者，何独此爻不然。盖履道贵柔。九五以刚居刚，是决于履也，然以其有中正之德，故能常有危厉之心，则虽

卷一 ◇ 上经新得

决于履，而动可无过举矣。《书》云：'心之忧危，若蹈虎尾。'此其所以履帝位而不疾也与？凡《易》中'贞厉''有厉'，有以常存危惧之心为义者，如《噬嗑》之'贞厉''无咎'，《夬》之'其危乃光'是也。然则此之'贞厉'、《兑》五之'有厉'，当从此例也。"

上九：视履，考祥其旋，元吉。

【新译】履卦上九：考察审视自己所走过的路，能自始至终善良、祥和，则能大吉。

【新注】视履：考察审视自己所走过的路。 考：巧也，善也。 祥：祥和、吉祥、安祥。 旋：自始至终。

【新解】追梦造福必须善于总结自己所走过的路，汲取教训总结经验，使自己永远保持善良祥和的心态，才能大吉大利，实现梦想。王弼说："祸福之祥，生乎所履。处《履》之极，履道成矣。故可'视履'而'考祥'也。居极应说，高而不危，是其旋也。履道大成，故'元吉'。"项安世说："一阴一阳之卦，在下者为《复》《姤》，在上者为《夬》《剥》，其义主于消长也。在二、五者，阳在二为《师》之将，在五为《比》之主；阴在二为《同人》之君子，在五为《大有》之君子，其义主于得位也。在三、四者，阳在三，则以刚行柔为'劳谦'，在四则以刚制柔为'由豫'；阴在三，则以柔行刚为《履》，在四则以柔制刚为《小畜》，其义主于用事也。大抵用事之爻，在下者为行己之事，在上者为制人之事。""行己以刚为贵，故行刚者曰《谦》。制人者柔易悦而刚难制，故制柔者曰《豫》，制刚者曰《畜》。""《履》之六爻，皆以履柔为吉。故九二为'坦坦'，九四为'愬愬终吉'，上九为'其旋元吉'，皆履柔也。六三卦辞本善，终以履刚为凶。初九、九五所履皆正，然初仅能无咎，五不免于厉，皆履刚也。是故初则惧其失初心之正，而教之以保其素；五则惧其恃势位之正，而教之以谨其决。盖刚者，喜动而好决，任刚而行者，后多可悔之事也。"

11. 泰 ䷊ 坤（地）上
乾（天）下

卷一 ◇ 上经新得

泰：小往大来，吉，亨。

【新译】泰卦卦辞：泰卦由否卦的《坤》地阴小往上、《乾》天阳大下来构成，天地交换而万物通泰，上下交心则志同道合，因而吉善祥和、美善亨通。

【新注】泰：卦名。泰，通达，通畅，美好。《周易音义》："泰，如字，大通也。郑云：通也。马云：大也。"

【新解】追梦造福讲究的是最佳效应，要达到通畅美好的结果。泰卦的卦象和卦辞告诫人们，追梦造福必须天地交通、上下交通、阴阳交通、内外交通、刚柔交通，只有这样才能吉善祥和、美善亨通。程颐说："小，谓阴。大，谓阳。往，往之于外也。来，来居于内也。阳气下降，阴气上交也。阴阳和畅，则万物生遂，天地之泰也。以人事言之，大则君上，小则臣下，君推诚以任下，臣尽诚以事君，上下之志通，朝廷之泰也。阳为君子，阴为小人，君子来取于内，小人往处于外，是君子得位，小人在下，天下之泰也。泰之道，吉而且亨也。"刘牧说："往来者，以内外卦言之，由内而之外为往，由外而复内为来。"

初九：拔茅茹以其汇。征，吉。

【新译】泰卦初九：用茅草编织相连成屋盖（茅屋顶），是因为不编织而盖在屋上的茅草容易被风吹走。如今编织好了茅屋，征行外出无后顾之忧，因而吉善祥和。

【新注】茅茹：用茅草编织相牵连成的草舍。茅，草。《诗·豳风·七月》："昼尔于茅，宵尔索绹。"茹，用索绹将茅相牵连的样子。王弼《注》："茹，相牵引之貌也。"尚存古义。 以其汇：因为茅屋盖的茅草不用索绹编织牵连起来，就要被风吹得茅草倒竖。以，因为。其，代词，指茅草。汇，屋顶茅草齐竖之状。《尔雅·释兽》："汇，毛刺。"毛刺今谓之"刺猬"。"猬"亦书作"蝟"。帛书作"胃"，盖同音通假。猬毛齐竖。《汉书·贾

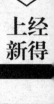

谊传》："反者如猬毛而起。"草舍茅棚，如不以索绹将茅草牵引系于木架之上，则茅草被风刮得纷纷而起有如刺猬之毛齐竖。防范于未然，故吉。茅屋草舍的建设，在我国，无论南方还是北方都有非常丰富的经验。考古学上发现我国在母系氏族社会就已经出现了房屋，半坡遗址中，方形房屋复原图反映出来的那些房屋均为茅草相牵引而成。茅屋如不将其茅以绳牵引系住则易被风吹散，故杜甫有《茅屋为秋风所破歌》。古人释"汇"为"类"。征：出门远行，走远路。

【新解】泰卦初九爻辞告诫人们，追梦造福需要解除后顾之忧。刘向说："贤人在上位，则引其类而聚之于朝；在下位，则思与其类俱进。在上则引其类，在下则推其类。故汤用伊尹，不仁者远而众贤至，类相致也。"程颐说："初以阳爻居下，是有刚明之才而在下者也。时之否，则君子退而穷处；时既泰，则志在上进也。君子之进必与其朋类相牵援，如茅之根然，拔其一则牵连而起矣。茹，根之相牵连者，故以为象。汇，类也。贤者以其类进，同志以行其道，是以吉也。君子之进，必以其类，不惟志在相先，乐于与善，实乃相赖以济。故君子、小人，未有能独立不赖朋类之助者也。自古君子得位，则天下之贤，萃于朝廷，同志协力，以成天下之泰；小人在位，则不肖者并进，然后其党胜而天下否矣。盖各从其类也。"

九二：包荒，用冯河，不遐遗，朋亡得尚于中行。

【新译】泰卦九二：没有渡河工具，因而趟水涉河，没有遗失宝马，（这是因为）没有忘记渡河前得赏于中军。

【新注】包荒：没有渡河用的工具——匏。包，借为"匏"。荒，帛书作"妄"。妄，无。《集韵》："妄，无也。" 用冯河：用徒涉的方式渡河。《尔雅·释训》："冯河，徒涉也。"《诗·小雅·小旻》："不敢暴虎，不敢冯河。"毛《传》："冯，陵也。徒涉曰冯河，徒搏曰暴虎。"《音义》："冯，音凭。" 不遐遗：不遗遐。宾语前置。如《论语·宪问》："子曰：'莫我知也夫！'子贡曰：'何为其莫知子也？'子曰：'不怨天，不尤人，下学而上达。知我者其天乎！'"騉，帛书作"騩"。騩，赤白色的杂毛马。　　朋亡：帛书作"弗忘"。弗忘，不忘。弗，不也。　　尚：通"赏"。尚、赏古通用。　　中行：中军，商代军队建制单位。一行盖为一百人。有左行、中行、右行之分。《怀特氏等收藏甲骨文集》："戊戌卜，扶：缶中行征方？九日丙午莽……"寒峰云："师，马，射是三百为一整体，内分右、中、左三个行列，一行列即为一百，这应是基本的行列单位。"

 卷一 ◇ 上经新得

【新解】追梦造福行为必须符合通泰之道。作战勇敢，不畏艰难险阻，牵着宝马趟水渡河作战，英勇向前，没有忘记渡河前得赏于中军。这就是我们祖先追梦造福通泰成功的典型模范，值得发扬光大。荀爽认为泰卦九二爻辞的"中行"是"行中和"，谓践行中和之道。朱熹认为是"中行之道"。朱熹说："九二以刚居柔，在下之中，上有六五之应，主乎泰而得中道者也。占者能包容荒秽而果断刚决，不遗遐远而不昵朋比，则合乎此爻中行之道矣。"或以为践行中庸之道。《易经》中有五条爻辞有"中行"二字：《泰》九二"得尚于中行"、《复》六四"中行独复"、《益》六三"有孚中行"、《益》六四"中行告公"、《夬》九五"中行。无咎"。有解释为荀林父的，有解释为中军的，也有解释为行中（路中间）的。《论语·子路》："子曰：'不得中行而与之，必也狂狷乎！狂者进取，狷者有所不为也。'"盖叹言行完全符合道德规范的人少而有所偏倚的人多。孟子说："孔子岂不欲中道哉？不可必得，故思其次也。"这些古代文献也可以作为《易经》"中行"的注释。

九三：无平不陂，无往不复。艰贞，无咎，勿恤其孚，于食有福。

【新译】泰卦九三：没有平静的水面就无法反映波浪，没有往去就不会有来复。艰难困苦时刻依然能够恪守贞固公正的道德原则，自然没有灾害，努力珍惜恤忧自己宝贵的诚信之心，一定于食有福。

【新注】无平不陂：陂，帛书作"波"。无平不波，没有平静的水面就反映不出波浪来。说明波浪是相对于平静的水面而言的，也就是说水平面是波浪的参照系统。《说文解字》："波，水涌流也。从水皮声。"　　无往不复：没有去往，就不会有来复。

艰贞：艰难时刻依然能够恪守贞固公正的道德原则。　　勿恤其孚：努力珍惜恤忧自己宝贵的诚信之心。勿，勿勿。殷切貌。此译为努力珍惜。恤，忧。《说文解字》："恤，忧也。"孚，诚信。

于食有福：有口福。

【新解】泰卦九三爻辞告诫人们，追梦造福必须迎难而上，越是艰险越向前，越是艰险时刻越是要恪守贞固公正的道德原则、珍惜恤忧自己宝贵的诚信善心。程颐说："三居《泰》之中，在诸阳之上，泰之盛也。物理如循环，在下者必升，居上者必降，泰久而必否，故于泰之盛与阳之将进，而为之戒曰：无常平安而不险陂者，谓无常泰也；无常往而不返者，谓阴当复也。平者陂，往者复，则为否矣。当知天理之必然，方泰之时，不敢安逸，常艰危其思虑，正固其施为，如是则可以无咎。"徐直方说："小人所以胜君子者，非乘其怠，则攻其隙。艰则无怠之可乘，贞则无隙之可攻。如此则可以无咎，可以勿忧其孚矣。"

六四：翩翩，不富以其邻，不戒以孚。

【新译】泰卦六四：往来不停地追梦造福，自己却不富有，邻居也不富有，原因是没有严格恪守诚信道德底线。

【新注】翩翩（piān）：往来不息貌。《诗·小雅·巷伯》："缉缉翩翩，谋欲谮人。"　　不富：没有发财。富，财物多。与"贫"相对。　　不戒以孚：没有严格恪守诚信道德底线。孚，诚信。

【新解】追梦造福必须恪守诚信道德底线。否则，一切努力都要落空。李简说："阴气上升，阳气下降，乃天地之交泰也。上以谦虚接乎下，下以刚直事乎上，上下相孚，乃君臣之交泰也。君臣交泰，则天下泰矣。故下三爻皆以刚直事其上，上三爻皆以谦虚接乎下。四当二卦之交，故发此义。"

六五：帝乙归妹以祉。元吉。

【新译】泰卦六五：帝乙嫁女以年龄大小为次序。筮得大吉

易经新得

之占。

【新注】帝乙：商代国王，纣王的父亲。在位时国势已衰落。

归妹：嫁女。归，嫁。妹，少女。帝乙曾把女儿嫁给周文王，《诗·大明》歌咏其事。《九家易》："妇人谓嫁曰归。故言'帝乙归妹'。" 以祉：以齿。祉，帛书作"齿"。以齿，以年龄序齿为原则。一说以祉，以福祉为原则。祉，幸福，福祉。 元吉：大吉。《象传》则以"以祉元吉"句读，谓"以祉元吉，中以行愿也"。认为六五下居于九二，以中和相承而得行中正之道，以获福祉元吉。

【新解】爻辞易"齿"为"祉"，反映了古人对幸福的向往和追求。向往幸福，追求和平，渴望大吉，《易经》作者将其体现在政治、经济、战争、社会、生活、家庭、婚姻的方方面面。程颐说："史称汤为天乙。厥后有帝祖乙，亦贤王也。后又有帝乙。《多士》曰：自成汤至于帝乙，罔不明德恤祀。称帝乙者，未知谁是。以爻义观之，帝乙制王姬下嫁之礼法者也。自古帝女虽皆下嫁，至帝乙然后制为礼法，使降其尊贵，以顺从其夫也。"

上六：城复于隍，勿用师。自邑告命：贞。吝。

【新译】泰卦上六：城墙被攻破，崩倒在城壕里，乃是急切用师惹的祸。从邑里传来了命令：必须严格践行贞固公正。筮卦得吝难之占。

【新注】复：覆也，倾覆，倒塌。 隍：没有水的城壕（护城河）。城墙脚下的沟，有水的称为池，没有水的称为隍。

【新解】"勿用师"一般解释为"不要用兵打仗"。体现了古人反对战争追求和平的宝贵思想。朱熹说："泰极而否，'城复于隍'之象。戒占者不可力争，但可自守，虽得其贞，亦不免于羞吝也。"吴慎说："初、四以气类，言二体之始也。三、上以时运，言二体之终也。二、五以主泰，言二体之中也。"

81

卷一 ◇ 上经新得

12. 否  乾（天）上
坤（地）下

否：之匪人，不利君子贞。大往小来。

【新译】否卦卦辞：否卦由泰卦的《乾》天阳大往上、《坤》地阴小下来构成，天地不交换则万物不通泰，上下不交心则志不同道不合，因而闭塞不通，以至于使人不成其为人，不利于君子达到贞固公正的境界。

【新注】否：卦名。否，闭塞，不通。 之匪人：由于闭塞不通以至于使人不成其为人。匪人，不成其为人，是败类。 大往小来：《泰》的乾卦往上，坤卦下来。

【新解】沟通、交流、交心、交往、交换，换位思考，推己及人，将心比心，推心置腹，是合作共赢的前提和条件。人与人相处是这样，邻里与邻里相处是这样，家与家相处是这样，国家与国家相处也是这样。追梦造福需要同心协力，否则便闭塞不通，弄出许多麻烦来。孔颖达说："'否之匪人'者，言否闭之世，非是人道交通之时，故云'匪人'。'不利君子贞'者，由小人道长、君子道消，故不利君子为正也。阳气往而阴气来，故云'大往小来'。阳主生息，故称'大'；阴主消耗，故称'小'。"程颐说："天地交而万物生于中，然后三才备，人为最灵，故为万物之首。凡生天地之中者，皆人道也。天地不交，则不生万物，是无人道，故曰'匪人'，谓非人道也。消长阖辟，相因而不息，泰极则复，否终则倾，无常而不变之理。人道岂能无也？既否则泰矣。夫上下交通，刚柔和会，君子之道也。否则反是，故'不利君子贞'。君子正道否塞不行也。'大往小来'，阳往而阴来也，'小人道长，君子道消'之象，故为《否》也。"朱熹说："否，闭塞也。七月之卦也，正与《泰》反，故曰'匪人'，谓非人道也。其占不利于君子之正道。盖《乾》往居外，《坤》来居内，又自《渐》卦而来，则九往居四，六来居三也。或疑'之匪人'三字衍文，由《比》六三而误也。《传》不特解其义，

亦可见。"吕大临说:"否,闭塞而不交也。'否之匪人,不利君子贞',言否闭之世,非其人者,恶直丑正,不利乎君子之守正。"乔中和说:"君子以正自居,隐见随时,无入而不自得,何不利之有,亦小人不利于君子之贞耳。于是而君子往小人来而天地否矣。由否而之泰焉,天也;由泰而之否焉,人也。"

初六:拔茅茹以其汇。贞,吉,亨。

【新译】否卦初九:用茅草编织相连成屋盖(茅屋顶),是因为不编织的茅草盖在屋顶上容易被风所吹走。如今住在编织好加固了的茅屋里(有了安全保障),因而能够贞固公正、吉善祥和、美善亨通。

【新注】"拔茅茹以其汇",同《泰》卦初九爻辞。荀爽说:"汇者,类也。合体同胞,谓《坤》三爻同类相连,欲在下也。"

【新解】追梦造福需要美好的环境和安全安定的生活保障。程颐说:"《泰》与《否》皆取茅为象者,以群阳、群阴同在下,有牵连之象也。《泰》之时,则以同征为吉;《否》之时,则以同贞为亨。始以内小人外君子为否之义,复以初六否而在下为君子之道。《易》随时取义,变动无常。《否》之时,在下者君子也,《否》之三阴,上皆有应;在否隔之时,隔绝不相通,故无应义。初六能与其类贞固其节,则处否之吉,而其道之亨也。当否而能进者,小人也。君子则伸道免祸而已。君子进退,未尝不与其类同也。"王应麟说:"《泰》之'征吉',引其类以有为,《否》之'贞吉',洁其身以有待。"

六二:包承,小人吉,大人否亨。

【新译】否卦六二:用完整的牛做牺牲去祭祀,小人物这样做就吉善祥和,大人物这样做就否塞不通。

【新注】包承:包,帛书作"枹"。枹,借为"抱",引申为用。《帛书老子乙本卷前古佚书》:"夫唯一不失,一以知化,少以知多。夫达望四海,困极上下,四乡(向)相枹,各以其道。"相枹,即相抱。承,借为"脀"。脀,完整的牛祭品。翟均廉说:"承,吴澄,朱升云:当作骨。吴云:脀承古字通用。脀,牲之

卷一 ◇ 上经新得

正体也。"朱骏声说："承，一曰脀，牛牲也。"《说文解字》："牲，牛完全也。"包承，用完全的牛牲进行祭祀。

【新解】朱熹说："阴柔而中正，小人而能包容承顺乎君子之象，小人之吉道也。故占者小人如是则吉。大人则当安守其否，而后道亨。盖不可以彼包承于我，而自失其守也。"程颐说："六二，其质则阴柔，其居则中正。以阴柔小人而言，则方否于下，志所包畜者，在承顺乎上，以求济其否，为身之利，小人之吉也。大人当否，则以道自处，岂肯枉己屈道，承顺于上？惟自守其否而已。身之否，乃其道之亨也。或曰：上下不交，何所承乎？曰：正则否矣。小人顺上之心，未尝无也。"

六三：包羞。

【新译】否卦六三：抱着从容不迫的态度。

【新注】包羞：帛书作"枹忧"。忧，从容行走，引申为从容从事。《说文解字》："忧，和之行也。从夕惪声。《诗》曰：'布政忧忧。'"

【新解】或以为否卦六三爻辞"包羞"是掩盖丑恶。掩盖丑恶必然否塞不通。朱熹说："以阴居阳而不中正，小人志于伤善而未能也，故为'包羞'之象。然以其未发，故无凶咎之戒。"郭雍说："尸禄素餐，所谓'包羞'者也。孔子曰：'邦无道，谷，耻也。'其六三之谓与？"杨简说："六三德不如六二，而位益高，舍正从邪，有愧于中，故曰'包羞'。是谓君子中之小人，自古此类良多。"

九四：有命，无咎。畴，离祉。

【新译】否卦九四：拥有天命，没有灾咎。畴类阴爻皆附之，以获得福祉。

【新注】有命：拥有天命。　畴：类。　离：附着。　祉：福祉。

【新解】朱熹以为畴类三阳，《九家易》以为畴类三阴。新译据《九家易》。项安世说："《泰》九三于'无咎'之下言'有福'，《否》九四于'无咎'之下言'畴离祉'者，二爻当天命之变，正君子补过之时也。《泰》之三，知其将变，能修人事以胜之，使在我者无可咎之事，然后可以勿恤小人之孚，而自食君子之福也。《否》之四，因其当变，能修人事以乘之，有可行之时，而无可咎之事，则不独为一己之利，又足为众贤之祉也。是二者苟有咎焉，其祸可胜言哉。"

九五：休否，大人吉。其亡其亡，系于苞桑。

【新译】否卦九五：休止闭塞不通，大人吉善祥和。反之，不休止闭塞不通，就会危险加危险，因此治理国家就必须要像恭守父亲所植之桑梓一样尽心尽职方能化险为夷。

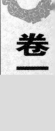

【新注】休否：休止闭塞不通。休，停止。　其亡其亡：将亡将亡。危险加危险。其，几，差不多，将。李鼎祚《周易集解》："案：'其亡其亡'，近死之嗟也。'其'与'几'同。几者，近也。九五居《否》之时，下包六二，二互《坤》《艮》，《艮》山《坤》地，地上即田也。五互《巽》木，田上有木，莫过于桑，故曰'其亡其亡，系于包桑'。言五二包系，根深蒂固，若山之坚，如地之厚也。虽遭危乱，物莫能害也。"王引之《经传释词》："其，犹将也。《易·否》九五曰：'其亡其亡。'"　系于苞桑：帛书作"击于枹桑"。击于枹桑，用对待父亲所树之桑梓的恭敬态度去治理国家，用恭敬父母的孝心去忠敬君王治理国家，就是说治国理政如同孝敬父母一样。击，治也。通行本《周易·蒙》之"击蒙"。《周易音义》云："击，治也。"于，通"如"，象也。通行本《豫》六二："介于石。"《系辞》引而释之曰："介如石焉。"以"如"释"于"。《白虎通·谏诤》引"介于石"作"介如石"。枹桑，抱桑，守桑。桑，桑梓。《诗·小雅·小弁》："维桑与梓，必恭敬止。"郑玄《笺》："父之所树，己尚不敢不恭敬。"苞桑，一本作"包桑"。解读为《乾》《坤》相包（包），上玄下黄之象（桑）。一说："言五二包系，根深蒂固，若山之坚，如地之厚者也。虽遭危乱，物莫能害矣。"京房说："桑有衣食人之功，圣人亦有天覆地载之德，故以喻。"陆绩说："包，本也。"

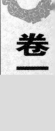

【新解】否卦九五爻辞告诫人们，追梦造福必须扫除障碍，打通道路，常怀恭敬戒惧危亡之心，如履薄冰，如临深渊，战战兢兢，虽处"其亡其亡"危险境地，却能系于苞桑，吉善祥和。《系辞传》："子曰：危者安其位者也，亡者保其存者也，乱者有其治者也。是故君子安而不忘危，存而不忘亡，治而不忘乱。是以身安而国家可保也。《易》曰：'其亡其亡，系于苞桑。'"《朱子语类》："问：九五'其亡其亡，系于苞桑'如何？曰：有戒惧危亡之心，则便有苞桑系固之象。盖能戒惧危亡，则如'系于苞桑'，坚固不拔矣。如此说，则象占乃有收杀，非是'其亡其亡'而又'系于苞桑'也。"

上九：倾否，先否后喜。

【新译】否卦上九：彻底清除否塞障碍，先不通而后通泰，后通泰自然高兴。

【新注】倾否：彻底清除否塞障碍。倾，覆。侯果说："倾，为覆也。否穷则倾矣。倾犹否，故'先否'也。倾毕则通，故'后喜'也。"

【新解】否极泰来，否卦上九"倾否，先否后喜"之谓也。告诫人们无论遇到任何艰难险阻，只要坚持不懈，努力克服困难，扫除障碍，打通道路，常怀恭敬戒惧危亡之心，如履薄冰，如临深渊，战战兢兢，就能取得最后的顺利，实现梦想。孔颖达说："处《否》之极，否道已终，能倾毁其否，故曰'倾否'也。否道未倾之时，是'先否'；已倾之后，其事得通，故曰'后有喜'也。"

13. 同人 ䷌ 乾（天）上 离（火）下

同人：于野，亨。利涉大川，利君子贞。

【新译】同人卦卦辞：团结聚集众人于牧外，美善通达，利于涉大川，利于君子恪守贞固公正道德原则。

【新注】同人：卦名。同人，团结聚集众人。同人必须以仁心、爱心、善心、真心、美心、惠心、良心去感召人、团结人、聚集人。同人需要心灵契合。只有同心，才能同德同行。只有同心同德同行才堪称为同人。《九家易》："（《同人》）谓《乾》舍于《离》，同而为日。天日同明，以照于下。君子则之，上下同心，故曰'同人'。" 野：牧外。《尔雅·释地》："邑外谓之郊，郊外谓之牧，牧外谓之野。"

卷一 ◇ 上经新得

【新解】追梦造福必须团结聚集众人齐心合力、同心同德同行实现梦想。《彖传》："同人，柔得位得中而应乎乾，曰同人。同人曰：同人于野，亨，利涉大川。乾行也。文明以健，中正而应，君子正也。唯君子为能通天下之志。"认为只有君子能够通达民心、了解民意、懂得民志。孔颖达说："同人，谓和同于人。野，是广远之处，借其野名，喻其广远，言和同于人，必须宽广无所不同，用心无私，乃得亨通，故云'同人于野亨'。与人同心，足以涉难，故曰'利涉大川'。与人和同，易涉邪僻，故'利君子贞'也。"郑玄说："《乾》为天，《离》为火。卦体有《巽》，《巽》为风。天在上，火炎上而从之，是其性同于天也。火得风然后益炽，是犹人君在上施政教使天下之人和同而事之。以是为人和同者，君之所为也，故谓之'同人'。风行无所不遍，遍则会通之德大行，故曰'同人于野，亨'。"崔憬说："以《离》文明，而合《乾》健，九五中正，同人于二，为能通天下之志，故能'利涉大川，利君子之贞'。"

初九：同人于门，无咎。

【新译】同人卦初九：团结聚集众人于庙门，没有灾咎。

【新注】门：庙门。

【新解】王弼说："居《同人》之始，为《同人》之首者也。无应于上，心无系吝，通夫大同。出门皆同，故曰'同人于门'也。出门同人，谁与为咎？"王应麟说："《同人》之初曰出门，《随》之初曰出门，谨于出门之初，则不苟同，不诡随。"

六二：同人于宗，吝。

【新译】同人卦六二：团结聚集众人于祖庙之中，尚有吝难。

【新注】宗：祖庙。《说文解字》："宗，尊（也），祖庙也。"

吝：难也，不吉。六十四卦，'吝'字二十个，上经十个，下经十个。虞翻训吝为"疵"。"疵"，王弼训为"鄙"，崔憬训为"穷"，许慎训为"恨惜"，近人说为"行难"，要之皆为"不吉"。

【新解】冯当可说："以卦体言之，则有大同之义；以爻义言之，则示阿党之戒。"蔡清说："柔得位、得中，而应乎《乾》，曰《同人》。今乃谓'同人于宗吝'者，盖卦是就全体上取其有相同之义。然同人之道贵乎广，今二、五相同，虽曰两相与则专，然其道则狭矣。曰'于宗吝'，以见其利于野。"

九三：伏戎于莽，升其高陵，三岁不兴。

【新译】同人卦九三：穿着莽苍色的容服，登上高大的丘陵，（发誓）三年不动（干戈）。

【新注】伏戎于莽：容服如莽苍草野的颜色。伏戎，帛书作"服容"。服容，容服，伏、服，古音同。戎、容，旁纽，叠韵。

升其高陵：登上大陵。升，帛书作"登"。登、升，古通用。《尔雅·释诂》："登，升也。" 三岁不兴：三年不起（干戈）。三岁，三年。岁，夏历纪年单位。《尔雅·释天》："夏曰岁，商曰祀，周曰年，唐、虞曰载。"卦爻辞中"岁"字五现，是研究夏文化的珍贵资料。

【新解】追梦造福需要安定团结的局面，不需要战争。胡炳文说："卦惟三、四不言'同人'，三、四有争夺之象，非同者也。"

九四：乘其墉，弗克攻，吉。

【新译】同人卦九四：登上了城墙，但是不能进攻，避免战争，因而吉善祥和。

【新注】乘：登也。《史记·高帝纪》："淮阴侯复乘之。"《史记正义》："乘，犹登也、进也。" 墉：城墙。

【新解】《周易折中》案："卦名'同人'，而三、四两爻所以有乖争之象者，盖人情同极必异，异极乃复于同，正如治极则乱，乱极乃复于治，此人事分合之端，《易》道循环之理也。卦之内体，自同而异，故'于门''于宗'，同也，至三而有'伏戎'之象，则不胜其异矣。外体自异而同，故'乘墉'而'弗克攻'，'大师'而'克相遇'，渐反其异也。至上而有于郊之象，则复归于同矣。三、四两爻，正当同而异、异而同之际，故圣人因其爻位、爻德以取象。三之所谓敌刚者，敌上也。四之所谓乘墉者，攻初也。盖既非应则不同，不同则有相敌、相攻之象矣，以为争六二之应，而与九五相敌、相攻，似非卦意也。"

九五：同人先号咷而后笑，大师克相遇。

【新译】同人卦九五：团结统一的部队先虽哭泣而后欢笑，大部队能够相遇。

【新注】号咷：哭泣，号叫大哭。

【新解】《系辞传》："'同人先号咷而后笑。'子曰：君子之道，或出或处，或默或语。二人同心，其利断金。同心之言，其臭如兰。"告诫人们同人、同心、同道、同言、同志、同德，力量无穷。胡炳文说："《同人》九五刚中正而有应，故'先号咷而后笑'。《旅》上九刚不中正而无应，故'先笑后号咷'。"

上九：同人于郊，无悔。

【新译】同人卦上九：团结聚集众人于邑外，大家同心同德无怨无悔。

【新注】郊：邑外。 无悔：没有悔恨的心。《说文解字》："悔，悔恨也。"

【新解】追梦造福必须团结一切可以团结的人，大家紧密团结在一起同心同德无怨无悔，方能圆梦。杨时说："'同人于野亨'，上九'同人于郊'止于'无悔'而已。何也？盖以一卦言之，则于野无昵比之私焉，故'亨'。上九居卦之外而无应，不同乎人，人亦无同之者，则静而不通乎物也，故'无悔'而已。"杨文焕说："'同人于野'则'亨'，'于门'则'无咎'，'于宗'则'吝'，'于郊'则'无悔'。'于宗'不若'于门'，'于门'不若'于郊'，'于郊'不若'于野'。六爻有不能尽卦义者，《同人》是也。"

14. 大有 离（火）上
乾（天）下

大有：元，亨。

【新译】大有卦卦辞：丰收之年大富有，美善开始，美善通达。

【新注】大有：卦名。大有，大富有，包容丰富。有，古代称丰年为有，大丰年为大有年。《周易音义》："大有，包容丰富之象。" 元：美善开始。其字本义为人头。人之出生，头先面世。因而引申为开始。人之初，性本善。这是我国古代先人的价值观。初生婴儿，头大于体，因而"元"字又训为大。六十四卦有十三卦的卦辞中有"元"字。 亨：美善通达。

【新解】《易经》的作者认为只有团结一心的同人才能创造出源源不断的财富来，因而将象征非常富有的《大有》置于《同人》之后。《序卦传》："与人同者，物必归焉，故受之以《大有》。"《彖传》："大有，柔得尊位，大中，而上下应之，曰大有。其德刚健而文明，应乎天而时行，是以元亨。"程颐说："卦之才可以'元亨'也。凡卦德，有卦名自有其义者，如《比》吉、《谦》亨，是也；有因其卦义便为训戒者，如《师》'贞丈人吉'、《同人》'于野亨'，是也；有以其卦才而言者，《大有》'元亨'是也。由刚健文明应天时行，故能'元亨'也。"

初九：无交害，匪咎艰，则无咎。

【新译】大有卦初九：没有战争的祸害，断绝一切祸害灾难的根源，这样一来就没有灾咎祸害了。

【新注】无交害：没有战争的祸害。 匪咎艰：没有灾祸的根源。匪，非。艰，帛书作"根"。根，根源。艰，难。 则无咎：这样就没有灾咎祸害了。

【新解】战争是彼此交相为害。要想团结一心为美好明天而奋斗，就必须割断战争交害的根源。《大有》"初九：无交害，匪咎根，则无咎"揭示了这一和平发展的道理。朱熹说："虽当

《大有》之时，然以阳居下，上无系应，而在事初，未涉乎害者也，何咎之有？然亦必艰以处之则无咎，戒占者宜如是也。"

九二：大车以载，有攸往。无咎。

【新译】大有卦九二：大车子载着人们向预定的地点驰驱，一路上浩浩荡荡。没有灾咎祸害。

【新注】大车：帛书作"泰车"，蜀才作"大舆"。大、泰，古通用。车、舆，义同。

【新解】没有战争，没有交害，人们团结一心共谋发展，同奔大有康庄路。程颐说："九以阳刚居二，为六五之君所倚任，刚健则才胜，居柔则谦顺，得中则无过，其才如此，所以能胜《大有》之任，如大车之材强壮，能胜载重物也，可以任重行远，故'有攸往'而'无咎'也。《大有》丰盛之时，有而未极，故以二之才，可往而无咎，至于盛极，则不可以往矣。"

九三：公用亨于天子，小人弗克。

【新译】大有卦九三：公侯施行给天子献宴的礼仪，而小人则不能给天子献宴，甚至连接近天子的权利和机会都没有。

【新注】亨：读为"享"。享，飨也。《周易音义》："亨，许庚反，通也。下同。众家并香两反。京云：献也。干云：亨，宴也。"

【新解】朱熹说："亨，《春秋传》作'享'，谓朝献也。古者亨通之亨、享献之享、烹饪之烹皆作'亨'字。九三居下之上，公侯之象，刚而得正，上有六五之君，虚中下贤，故为享于天子之象。占者有其德，则其占如是。小人无刚正之德，则虽得此爻，不能当也。"

九四：匪其彭。无咎。

【新译】大有卦九四：仪式并不隆重。没有灾咎祸害。

【新注】匪其彭：非其彭，不隆重。彭，盛大貌。朱骏声说："《诗》'四牡彭彭''出车彭彭''行人彭彭''驷騵彭彭'，皆言车马威仪之盛。"

【新解】《大有》九四爻辞告诫人们追梦造福不注重形式。沈

卷一 ◇ 上经新得

该说："以刚处柔，谦以自居，而惧以戒其盛，得明哲保身之义，故无咎也。"

六五：厥孚，交如，威如，吉。

【新译】大有卦六五：领导人的诚信美德能通天人之交，天人与万物感其诚信美德，便更加敬重景仰，因而吉善祥和。

【新注】厥孚：领导人的诚信美德。厥，其。代指居于《大有》六五柔顺之中的领导人。孚，诚信。 交如：与天人相交通的样子。

【新解】榜样的力量是无穷的。《大有》六五爻辞告诫人们，只有具备了诚信美德的人们才能交通天人、威震四海，才能吉善祥和。《象传》："厥孚交如，信以发志也。威如之吉，易而无备也。"孔颖达说："'信以发志者'，释'厥孚交如'之义，由己诚信发起其志，故上下应之，与之交接也。'易而无备'者，释'威如之吉'之义，所以威如者，以己不私于物，惟行简易，无所防备，物自畏之，故云'易而无备'。"俞琰说："既有诚信以接下而人信之，又有威严以自重而人畏之，为大有之君，而刚柔得宜如此，故吉。"侯果说："其体文明，其德中顺。信发乎志，以覃于物。物怀其德，以信应君。君物交信，'厥孚交如'也。为卦之主，有威不用，惟行简易，无所防备，物感其德，翻更畏威，'威如之吉'也。"

上九：自天佑之，吉，无不利。

【新译】大有卦上九：唯有具备了诚信美德的人们才能获得天神的帮助，才能吉善祥和，才能无往不胜、无往不利。

【新注】佑：天神的帮助。《系辞传》："子曰：佑者，助也。天之所助者顺也，人之所助者信也，履信思乎顺，又以尚贤也。是以自天佑之，吉无不利也。"

【新解】大有卦上九爻辞承六五爻辞而发，告诫人们唯有"厥孚、交如、威如，吉"方能"自天佑之，吉，无不利"。追梦造福需要天时、地利、人和。天佑、地助、人顺、人信、人敬、人爱、人同，而又更加履信、思顺、尚贤、崇善，满而不溢，

"自天佑之，吉，无不利"也。程颐说："上九在卦之终，居无位之地，是《大有》之极，而不居其有者也。处《离》之上，明之极也。惟至明所以不居其有，不至于过极也。有极而不处，则无盈满之灾，能顺乎理者也。五之孚信而履其上，为蹈履诚信之义。五有文明之德，上能降志以应之，为尚贤崇善之义。其处如此，合道之至也，自当享其福庆。'自天佑之'，行顺乎天而获天佑，故所往皆吉，无所不利也。"《说文解字》："佑，助也。"

卷一 ◇ 上经新得

15. 谦 ䷎ 坤（地）上 艮（山）下

谦：亨，君子有终。

【新译】谦卦卦辞：谦虚就能美善通达，君子具备谦虚的美德，故能美善通达而有美好的结局和归宿。

【新注】谦：卦名。谦，谦敬，谦虚，谦让，不自满。《说文解字》："谦，敬也。"《玉篇》："谦，轻也，让也。"《字汇》："谦，不自满也。"《尚书·大禹谟》："满招损，谦受益。" 亨：美善通达。 君子：具备谦虚美德品行高尚的人。 有终：有好结果，有好结局。按照《象传》的说法，乃是"天道下济而光明，地道卑而上行，天道亏盈而益谦，地道变盈而流谦，鬼神害盈而福谦，人道恶盈而好谦。谦，尊而光，卑而不可逾，君子之终也"。或以为"始终"之"终"。《诗》曰："靡不有初，鲜克有终。"

【新解】追梦造福必须恪守谦虚美德，处处、时时、事事谦虚谨慎。谦虚谨慎的人，自我贬损以下人，自我贬损以益人，自我贬损以让人，自我贬损以助人，自我贬损以养人，自我贬损以为人，自我贬损以爱人，自我贬损以成人。《尚书·大禹谟》："益赞于禹曰：惟德动天，无远弗届。满招损，谦受益。时乃天道。"自满者，人损之。自谦者，人益之。《韩诗外传》卷八："孔子曰：《易》先《同人》，后《大有》，承之以《谦》，不亦可乎？故天道亏盈而益谦，地道变盈而流谦，鬼神害盈而福谦，人

道恶盈而好谦。谦者，抑事而损者也。持盈之道，抑而损之。此谦德之于行也，顺之者吉，逆之者凶。五帝既没，三王既衰，能行谦德者，其惟周公乎！文王之子，武王之弟，成王之叔父，假天子之尊位七年；所执贽而师见者十人，所还质而友见者十三人，穷巷白屋之士所见者四十九人，时进善者百人，宫朝者千人，谏臣五人，辅臣五人，拂臣六人，载干戈以至于封侯而同姓之士百人。孔子曰：犹以周公为天下赏，则以同族为众而异族为寡也。故德行宽容而守之以恭者荣，土地广大而守之以俭者安，位尊禄重而守之以卑者贵，人众马强而守之以畏者胜，聪明睿智而守之以愚者哲，博闻强记而守之以浅者不溢。此六者，皆谦德也。《易》曰：'《谦》：亨，君子有终，吉。'能以此终吉者，君子之道也。贵为天子，富有四海，而德不谦以亡其身者，桀、纣是也。而况众庶乎？夫《易》有一道焉，大足以治天下，中足以安家国，近足以守其身者，其惟谦德乎！"谦虚谨慎是卓越领导人诚意、正心、修身、齐家、治邦、安国、平天下的重要品德素质。

初六：谦谦君子，用涉大川，吉。

【新译】谦卦初六：谦而又谦的君子，用非常谦虚的态度横渡大河，自然吉善祥和。

【新注】谦谦：谦而又谦，卑以自牧。

【新解】程颐说："初六以柔顺处《谦》，又居一卦之下，为自处卑下之至，谦而又谦也。"胡一桂说："涉川贵于迟重，不贵于急速。用谦谦之道涉川，只是谦退居后而不争先，自然万无一失，故吉。"

六二：鸣谦，贞，吉。

【新译】谦卦六二：倡导谦虚美德，贞固公正，吉善祥和。

【新注】鸣：鸟叫。引申为宣讲、倡导。《玉篇》："鸣，声出也。"

【新解】九三是谦卦的卦主。六二之"鸣谦"上承九三卦主。上六之"鸣谦"下应九三卦主。九三体《震》，《震》动善鸣，六二亲承九三，故曰"鸣谦"。六二得正处中，故断以"贞吉"之占。"鸣谦"，前人以声名广远之谦释之、以阴阳唱和之谦释之，近人以明智之谦释之。苏轼说："雄鸣则雌应，故《易》以阴阳唱和寄之于鸣。《谦》之所以为《谦》者三，六二其邻也，上九其配也，故皆和之而鸣于《谦》。"《象传》解"鸣谦贞吉"为"中心得也"。崔憬说："言中正，心与谦相得也。"虞翻说："中正谓二，《坎》为心也。"程颐说："二以柔顺居中，是为谦德积于中。谦德充积于中，故发于外，见于声音颜色，故曰'鸣谦'。居中得正，有中正之德也，故云'贞吉'。凡'贞吉'，有为贞且吉者，有为得贞则吉者，六二之'贞吉'，所自有也。《象》曰'鸣谦贞吉，中心得也'。二之谦德，由至诚积于中，所以发于声音，中心所自得也，非勉强为之也。"我们认为以倡导宣传宣讲谦虚美德释之更为贴切。

九三：劳谦，君子有终，吉。

【新译】谦卦九三：劳苦功高而又能谦虚仁让、礼让、退让、谦让，这样的君子必然会有美好的结局，肯定吉善祥和。

【新注】劳（láo）：劳苦功高。

【新解】本卦第二爻、第三爻、第四爻之互卦为 坎卦。《坎》为劳卦。有功劳而又能谦虚，则被称为"劳谦"。劳谦君子，万民敬仰佩服。

六四：无不利，㧑谦。

【新译】谦卦六四：在无不利的顺境面前，更要发挥谦虚谨慎美德。

【新注】㧑谦：发挥谦虚谨慎美德。㧑，通"挥"。发挥。《音训》："㧑，陆氏曰：毁皮反，指㧑也。义与麾同。马云：㧑，犹离也。郑作宣。晁氏曰：京作挥。"荀爽说："㧑，犹举也。"

【新解】追梦造福需要发挥谦虚谨慎美德。无论顺境还是逆境都需要发挥谦虚谨慎美德，尤其是顺境更加需要发挥谦虚谨慎美德。满招损，谦受益。程颐说："四居上体，切近君位，六五之君，又以谦柔自处，九三又有大功德，为上所任，众所宗，而己居其上，当恭畏以奉谦德之君，卑巽以让劳谦之臣，动作施为，无所不利于㧖谦也。㧖，施布之象，如人手之㧖也，动息进退，必施其谦，盖居多惧之地，又在贤臣之上故也。"

六五：不富以其邻，利用侵伐，无不利。

【新译】谦卦六五：因为邻国捣乱而不富裕，要扭转这种局面，只有施用战争的手段将对方吃掉，边境就安宁了。

【新注】不富以其邻：以其邻而不富。边境多事，耗费民力财力物力，故"不富"。 利用侵伐：解决边境纠纷，在没有好办法的前提下只好用战争来消灭战争，解决矛盾诉诸实力。 无不利：没有什么不利的。

【新解】习近平主席2014年8月22日在蒙古国国家大呼拉尔发表重要讲话强调互尊互信、聚同化异、守望相助、合作共赢，共创中蒙关系发展新时代，共促亚洲稳定和繁荣。彰显了正确的义利观，阐述了互尊互信、聚同化异、守望相助、合作共赢的邻国和谐相处之道，为我们解读谦卦提供了最好的指导思想。中华民族爱好和平、崇尚和谐，和平与发展仍然是当今时代的主题。但我们也坚决捍卫国家主权和领土完整，不惧怕任何不义的战争。谦卦六爻只有六五这一爻没有出现"谦"。前人对此作了一些探讨。胡炳文说："谦之一字，自禹征有苗而伯益发之。六五一爻不言谦，而曰'利用侵伐'，何也？盖'不富'者，六五虚中而能谦也；'以其邻'者，众莫不服五之谦也；如此而犹有不服者，则征之固宜。"

上六：鸣谦，利用行师征邑国。

【新译】谦卦上六：为了利于兴师征伐敌国，就要宣传谦虚美德，以赢得多方的理解和支持，以利于孤立敌人，打击敌人。

【新注】鸣谦：鸣，鸟叫。《说文解字》训"鸣"为"鸟声"。引申为表达、发表、宣传、宣讲、倡导。宣传谦虚美德，以求得外界的理解呼应。《九家易》："阴阳相应，故'鸣谦'也。"谓上六阴柔与九三阳刚相应。前人大都以为上六之鸣谦为虚名声闻之谦。其理由是上六处于卦的最外头，不能参与内政，不能务实而谦，只有虚名声闻之谦，所以就叫作"鸣谦"。

【新解】大力提倡宣传谦虚美德，让谦虚美德深入人心，人人都谦虚忍让，家家都谦虚忍让，国国都谦虚忍让，青春梦，中国梦，世界梦，和平梦，梦想成真，人人幸福，家家快乐，国国安宁，天下和谐，世界太平。唯有谦虚才能感人。《易经》以地山为《谦》、泽山为《咸》。《彖》："咸，感也。柔上而刚下，二气感应以相与。止而说，男下女。是以亨利贞，取女吉也。天地感而万物化生，圣人感人心而天下和平，观其所感而天地万物之情可见矣。"《象》："山上有泽，咸。君子以虚受人。"山高而降，泽深而升，山泽通气，谦虚感化。

16. 豫 ䷏ 震（雷）上 坤（地）下

豫：利建侯、行师。

【新译】豫卦卦辞：喜逸悦乐的精神风貌，愉快的心情，有利于建侯封国，有利于行师打仗。

【新注】豫：愉快喜悦的心情。

【新解】追梦造福一定要精神愉快。孔颖达说："谓之'豫'者，取逸豫之义。以和顺而动，动不违众，众皆悦豫，故谓之'豫'也；动而众悦，故'利建侯'；以顺而动，故可以'行师'也。"郑玄说："《坤》，顺也；《震》，动也。顺其性而动者，莫不得，得其所，故谓之'豫'。豫，喜逸悦乐之貌也。《震》又为雷，诸侯之象也。《坤》又为众，师役之象。故'利建侯、行师'矣。"

初六：鸣豫，凶。

【新译】豫卦初六：倡导宣传享乐奢靡，必然凶险。

【新注】鸣豫：倡导宣传行乐奢靡。

【新解】追梦造福一定要精神愉快，但不能一味追求享乐奢靡，一味追求享乐奢靡则凶险至矣。龚焕说："《豫》之初六，即《谦》上六之反对，故《谦》上六曰'鸣谦'，《豫》初六曰'鸣

豫'。《谦》之上六应九三，故'鸣其谦'，《豫》之初六应九四，故不胜其豫以自鸣，《谦》而鸣则吉，《豫》而鸣则凶。"倡导宣传谦虚美德则吉，倡导宣传娱乐奢靡则凶。

六二：介于石，不终日。贞，吉。

【新译】豫卦六二：在很短的时间内（不俟终日）就坚定了意志，耿介中正坚定如同磐石。贞固公正，吉善祥和。

【新注】介于石：耿介中正坚定如同磐石。介，画也。《说文解字》："介，画也。"引申为耿介中正坚定。

【新解】有限制的娱乐，有益于人们身心健康。既要有限制地娱乐，又要坚定意志，努力践行贞固公正原则，就能吉善祥和。《系辞》："君子见几而作，不俟终日。《易》曰：'介于石，不终日，贞吉。'介如石焉，宁用终日，断可识矣。君子知微知章、知柔知刚，万夫之望。"斯与《困》六三之"困于石"相反。程颐说："逸豫之道，放则失正，故《豫》之诸爻，多不得正，才与时合也。惟六二一爻处中正，又无应，为自守之象。当豫之时，独能以中正自守，可谓特立之操，是其节介如石之坚也。"

六三：盱豫，悔；迟，有悔。

【新译】豫卦六三：当欢乐的时候又没有来得及去欢乐（行动太缓慢），心中悔恨；等待了很长时间还没有等到下一次欢乐的机会，心中又悔恨。

【新注】盱（xū）：假借为"纡"。纡，纡回，迟缓，缓慢。

【新解】程颐说："六三阴而居阳，不中不正之人也。以不中正而处《豫》，动皆有悔。"

九四：由豫，大有得，勿疑朋盍簪。

【新译】豫卦九四：适当的豫乐（娱乐）是很有好处的，不要怀疑朋友们在说自己的坏话。

【新注】由豫：适当的娱乐。由，帛书作"允"。允，得当，合适。 朋盍簪：帛书作"朋甲谗"。朋甲，亲朋戚友。甲，借为狎。狎，亲近。

【新解】程颐说："《豫》之所以为《豫》者，由九四也，为动之主；动而众阴悦顺，为豫之义。四，大臣之位，六五之君顺从之。以阳刚而任上之事，豫之所由也，故云'由豫'。'大有得'言得大行其志，以致天下之豫也。'勿疑朋盍簪'，四居大臣之位，承柔弱之君，而当天下之任，危疑之地也。独当上之倚任，而下无同德之助，所以疑也。惟当尽其至诚，勿有疑虑，则朋类自当盍聚。夫欲上下之信，惟至诚而已。苟尽其至诚，则何患乎其无助也。"

六五：贞，疾恒不死。

【新译】豫卦六五：贞固公正，虽病依然长寿不死。

【新注】疾：病。　恒：久。长寿。

【新解】王宗传说："当逸豫之时，恣骄侈之欲，宜其死于安乐有余也。然乘九四之刚，恃以拂弼于己，故得恒不死也。孟子曰：'入则无法家拂士，出则无敌国外患者，国恒亡。然后知生于忧患，而死于安乐也。'"

上六：冥豫，成有渝。无咎。

【新译】豫卦上六：晚上娱乐，是早就有的训示。问筮得到了没有灾害的占断。

【新注】冥豫：沉湎于欢乐之中。冥，夜晚，昏暗，沉湎。渝：帛书作"谕"。谕，告示，训示。

【新解】《说文解字》训"豫"为"象之大者"。大象性缓，故引申为犹豫。大象特别讨人喜欢，故又引申为欢豫、豫悦、欢乐。《国语·晋语四》："《坤》，母也。《震》，长男也。母老子强，故曰《豫》。"韦昭注："豫，乐也。"王应麟说："冥于豫而勉其有渝，开迁善之门也；冥于升而勉其不息，回进善之机也。"豫再引申为事先预谋。凡事预谋则成功的把握大，不预谋则成功的可能性少。凡事豫则立，不豫则废。《周易折中》案："'贞疾'与'成有渝'两爻之义，亦相为首尾。如人之耽于逸乐，而不能节其饮食起居者，是致死之道也。苟使纵其欲而无病，则将一病不支，而亡也无日矣。惟其常有疾也，故常能忧惧儆戒而得不死也。然所贵乎忧惧儆戒者，以其能改变尔。向也耽于逸乐，昏冥而不悟，殆将习与性成矣。今乃一变所为，而节饮食，慎起居，则可以复得其性命之理，岂独不死而已乎？故于五不言'无咎'而于上言之，所以终卦义而垂至戒也。"

17. 随  兑（泽）上
震（雷）下

随：元，亨，利，贞，无咎。

【新译】随卦卦辞：随从同行，大家都能恪守核心价值观"元，亨，利，贞"四种美德，因而没有灾咎。

【新注】随：卦名。随，从也。《周易音义》："随，从也。"《仪礼·聘礼》："使者入，众人随入。"

【新解】随卦卦象，下卦震卦居于内，震为动，上卦兑卦居于外，兑为悦。古人认为一个人如果能够将核心价值观"元亨利贞"内化于心，心动之以美善品德；外施于行，行悦之以美善言行，那么天下的人就都会仰慕他的美德、美心、美言、美行，而跟随他，所以卦名就叫作"随"。随卦从否卦变来。追梦造福难免艰难困苦否塞不通，遇到艰难困苦否塞不通时必须善于变通，但是无论如何变通都要恪守核心价值观践行"元亨利贞"，永远保持美好的善德、善心、善言、善行、善举、善措、善施、善政、善策。《彖》："随，刚来而下柔。动而说，随。大亨，贞，无咎。而天下随时。随时之义大矣哉！"《彖》的作者认为"天下随时"就能带来"大亨，贞，无咎"的美好境界，因而大力赞美"随时之义大矣哉"。"随时"就是遵循自然规律。"天下随时"就是天下人都遵循自然规律，与时偕行，与时俱进，按照客观规律办事，造福人类。韩康伯说："顺以动者，众之所随。"顺时而动、顺天而动、顺地而动、顺众而动、顺势而动、顺潮而动、顺民心而动，就一定能够得到广大人民的支持和拥护，就一定能够成功。郑玄说："《震》，动也。《兑》，说也。内动之以德，外说之以言，则天下之人咸慕其行而随从之，故谓随也。既见随从，能长之以善、通其嘉礼、和之以义、干之以正，则功成而有福。

易经新得

100

若无此四德，则有凶咎焉。"焦赣说："汉高帝与项籍，其明徵也。"《周易折中》案："以二体言之，《震》刚下《兑》柔；以卦画言之，刚爻下于柔爻，六十四卦中惟此一卦。此卦名为'随'之第一义也。其象则如以贵下贱，以多问于寡，乃尧、舜所谓舍己从人者，其义最大，故其辞曰'元亨'。又曰'利贞无咎'者，明所随必得其正，所以终元亨之义也。然则卦义所主，在以己随人，至于物来随己，则其效也。若以为物所随为卦名之本义，则非矣。"

卷一 ◇ 上经新得

初九：官有渝，贞，吉，出门交有功。

【新译】随卦初九：春官告谕大家问筮得占的结果，贞固公正，吉善祥和，出门都有功。

【新注】官：春官宗伯，掌邦礼、典礼，以事神为上。守祧属其所辖。《周易音义》："官有，蜀本作馆有。" 渝：帛书作"谕"。谕、渝，双声、叠韵，同源字，古通用。谕，旧时上告下的通称。 出门交有功：出庙门俱有功。出，出庙门。《祭法》："远庙为祧，去祧为坛。"交，俱也。《小尔雅·广言》："交，俱也。"

【新解】朱熹说："卦以物随为义，爻以随物为义。初九以阳居下，为《震》之主，卦之所以为《随》者也。既有所随，则有所偏主而变其常矣。惟得其正则吉。又当出门以交，不私其随则有功也。故其象占如此。亦因以戒之。"《周易折中》案："阳为阴主，故曰'官'。夫阳为主而阴随之者，正也。今以刚而下柔，是其变也。故曰'官有渝'，然当随而随，变而不失其正者也。故可以得吉，而出门交有功。"

六二：系小子，失丈夫。

【新译】随卦六二：捆住了小的，又跑了老的。

【新注】系小子：捆绑小孩。 失丈夫：跑走了一个年纪大的。丈夫，老夫。年纪大的人。

【新解】随卦六二爻辞既反映了奴隶对奴隶主的反抗精神，又反映了奴隶主的残暴。考古发掘殷墟王陵东区的祭坛分布的一排排祭祀坑内埋葬的人殉遗骨，有的骨架上肢骨或下肢骨被砍伤，有的手指被砍去，有的脚趾被砍去，还有的人被腰斩，有的双手背缚，有的双手上举脊椎扭转作挣扎状。据现有的资料分析：凡是成年者，可能皆为处死后拉进坑中，凡是少年或幼童大都是活埋的，有的还作捆绑状。这说明祭祀时要以人牲为祭品。

六三：系丈夫，失小子。随有求得。利居贞。

【新译】随卦六三：捉到了成年奴隶，又跑了少年奴隶。跟踪追捕抓回来了。利于践行贞固公正。

【新注】系丈夫，失小子：不仅成年奴隶逃亡，少年儿童也有逃亡的。　随有求得：跟踪追捕。　利居贞：利于践行贞固公正。居，践行。

【新解】程颐说："二应五而比初，随先于近，柔不能固守，故为之戒云：若系小子则失丈夫也。初阳在下，小子也。五正应在上，丈夫也。二若志系于初，则失九五之正应，是失丈夫也。系小子而失丈夫，舍正应而从不正，其咎大矣。二有中正之德，非必至如是也。在《随》之时，当为之戒也。"

九四：随有获贞。凶，有孚在，道以明，何咎？

【新译】随卦九四：随从有获得贞固公正之美德。遇到了凶险，有诚信在，前进的道路明确，何灾咎之有？

【新注】随有获贞：随从有人获得贞固公正美德。　有孚在：有诚信美德在。

【新解】只要恪守《易经》的核心价值观，就能"随有获贞"，无论遇到任何凶险，只要有诚信在心中，只要前进的道路明确，就能化险为夷，就不会有任何灾咎。前人不明白这个道理，因而对随卦九四辞做了种种误读。如《象传》："随有获，其义凶也。有孚在道，明功也。"龚焕说："随卦诸爻，皆以阴阳相随为义。三、四皆无正应，相比而相随者也。然六三上而从阳，理之正也。九四下为阴从，固守则凶。若心所孚信，在于道焉，以明自处，何咎之有？"读何为虚词，表示反问。

九五：孚于嘉。吉。

【新译】随卦九五：诚信至于有嘉国。吉善祥和。

易经新得

【新注】孚：诚信。　嘉：即有嘉国。有如《离》上九"有嘉"。王引之《经传释词》："有，语助也。一字不成词，则加'有'字以配之。若虞、夏、殷、周皆国名，而曰有虞、有夏、有殷、有周是也。推之他类，亦多有此。"

【新解】随卦九五爻辞也可以这样解读：诚信达到了嘉善的程度，就能造就吉善祥和的局面。王应麟说："信君子者，治之原，《随》之九五曰'孚于嘉吉'；信小人者，乱之机，《兑》之九五曰'孚于剥有厉'。"

上六：拘系之，乃从维之，王用亨于西山。

【新译】随卦上六：把小子和丈夫结结实实地捆绑好，严格地看管好，带到西山去，周文王把他们祭献给先公先王。

【新注】拘：扣押，捆绑。　西山：岐山。因周文王东迁于丰，岐山在丰以西，故名"西山"。

【新解】项安世说："《大有》九三'公用亨于天子'、《随》上六'王用亨于西山'、《益》六二'王用亨于帝'、《升》六四'王用亨于岐山'，四爻句法皆同，古文'亨'即'享'字。今独《益》作'享'读者，俗师不识古字，独于'享帝'不敢作'亨帝'。"

18. 蛊 艮（山）上
巽（风）下

蛊：元，亨，利涉大川。先甲三日，后甲三日。

【新译】蛊卦卦辞：儿子修圣道、行父事，能践行美善开始、美善通达等核心价值观，则有利于涉大川干大事。时间是从辛日到丁日这七天之内。

【新注】蛊：卦名。子行父事。《序卦传》："以喜随人者必有事，故受之以蛊。蛊者，事也。"《九家易》："子行父事，备物致用，而天下治也。备物致用，立成器以为天下利，莫大于圣人。子修圣道，行父之事，以临天下，无为而治也。"《周易音义》："蛊，音古，事也，惑也，乱也。《左传》云：'于文，皿虫为

卷一◇上经新得

103

蛊。'又云：'女惑男，风落山，谓之蛊。'徐又姬祖反。一音故。" 元：美善开始。 亨：美善通达。 利涉大川：利于横渡大河。 先甲三日：辛日。古代用甲、乙、丙、丁、戊、己、庚、辛、壬、癸十干支循环纪日。从辛日经过壬日癸日而达于甲日，辛日在甲日前三日，故曰先甲三日。或以为三日即三月，夏历十月历。《夏小正》即十月历。或以为先甲三日为甲日之前三日，即辛日、壬日、癸日。 后甲三日：丁日。甲日经过乙日、丙日而后丁日，丁日在甲日后三日，故曰后甲三日。或以为后甲三日为甲日后的三天，乙日、丙日、丁日。

【新解】苏轼说："器久不用而虫生之谓之蛊，人久宴溺而疾生之谓之蛊，天下久安无为而弊生之谓之蛊。蛊之灾，非一日之故也，必世而后见，故爻皆以父子言之。"《汉书·武帝纪》：诏曰："望见泰一，修天文礼。辛卯夜，若景光十有二明。《易》曰：'先甲三日，后甲三日。'朕甚念年岁未咸登，饬躬斋戒，丁酉，拜况于郊。"颜师古说："辛夜有光，是先甲三日也。丁日拜况，是后甲三日也，故诏引《易》文。"应劭说："先甲三日，辛也。后甲三日，丁也。"《象传》："山下有风，蛊。君子以振民育德。"山高而安静，风吹而迅疾。有如领导人居上位而安静，群众在下位而积极行动。

初六：干父之蛊，有子考，无咎，厉，终吉。

【新译】蛊卦初六：有聪明灵巧的儿子继承父亲的事业，自然没有灾咎，虽然经历危厉，终归吉善祥和美好。

【新注】干父之蛊：子继父业，儿子继承父亲的事业。 有子考：有子灵巧。考，借为"巧"。亦可借为"孝"。

【新解】《汉书·五行志》下之上：京房《易传》曰："'干父之蛊，有子考，亡咎。'子三年不改父道，思慕不皇，亦重见先人之非，不则为私。"胡炳文说："爻辞有以时位言者，有以才质言者，如《蛊》初六以阴在下，所应又柔，才不足以治蛊；以时言之，则为蛊之初，蛊犹未深，事犹易济，故其占为有子，则其考可无咎矣。然谓之蛊，则已危厉，不可以蛊未深而忽之也。故又戒占者知危而能戒，则终吉。"

九二：干母之蛊，不可。贞。

【新译】蛊卦九二：继承母亲的事业，要不得。一定要贞固公正。

【新注】干母之蛊：子继母业。子继母业而断以"不可"，说明是父系氏族社会的思维方式。

【新解】从这条爻辞我们看到，一方面尚存干母之蛊的现象；另一方面则不以"干母之蛊"为吉善，而以"干父之蛊"为无咎终吉。过渡时期母权、父权并存而母权已经开始丧失转让给男性，这一爻与前一爻反映的正是这样一种情况。蛊卦为什么九二这一爻的爻辞称母？虞翻说："应在五。《泰》《坤》为母，故干母之蛊。失位，故不可贞。变而得正，故贞而得中道也。"李鼎祚说："位阴居内，母之象也。"

九三：干父之蛊，小有悔，无大咎。

【新译】蛊卦九三：儿子继承父亲的事业，很少有怨恨，也没有大的灾咎。

【新注】小：帛书作"少"。

【新解】追梦造福，子继父业，无怨无悔，无有灾咎。朱熹说："过刚不中，故'小有悔'。《巽》体得正，故'无大咎'。"

六四：裕父之蛊，往见吝。

【新译】蛊卦六四：抛弃父业，处处碰壁遭遇吝难。

【新注】裕：帛书作"浴"。浴、裕，古音同。浴，洗澡，这里引申为冲洗，去掉。

【新解】《朱子语类》："此两爻说得悔吝二字最分明。九三有悔而无咎，由凶而趋吉也。六四虽目下无事，然却终吝，由吉而趋凶也。"凶兮吉之所倚，吉兮凶之所伏。缘凶以就吉，由吉以造善，因善以积德，积德则幸福。

六五：干父之蛊，用誉。

【新译】蛊卦六五：儿子继承父亲的事业，践行使用则有美誉。

【新注】用：践行，使用。　誉：美誉。

【新解】爻辞盛赞儿子继承父亲的事业。朱熹说："柔中居尊，而九二承之以德，以此干蛊，可致闻誉。故其象占如此。"

上九：不事王侯，高尚其事。

【新译】蛊卦上九：儿子继承了父亲的事业，但不事王侯，超然遨游以修其德高尚其事。

【新注】事：帛书作"德"。

【新解】蛊卦上九爻辞"不事王侯，高尚其事"，帛书作"不事王侯，高尚其德，凶"，有了价值判断，要求人们努力跟从王侯，为国为民，为王侯效力，而不应超然遨游于现实世界之外。帛书作者视"不事王侯，高尚其德"为"凶"，告诫人们忠于王侯。追梦造福需要上下一心团结向前。空谈误国，实干兴邦。苟利国家生死以，岂因祸福避趋之。程颐说："上九居《蛊》之终，无系应于下，处事之外，无所事之地也，以刚明之才，无应援而处无事之地，是贤人君子，不偶于时，而高洁自守，不累于世务者也。故云：'不事王侯，高尚其事。'古之人有行之者，伊尹、太公望之始，曾子、子思之徒是也。不屈道以徇时，既不得施设于天下，则自善其身，尊高敦尚其事，守其志节而已。士之自高尚亦非一道：有怀抱道德，不偶于时，而高洁自守者；有知止足之道，退而自保者；有量能度分，安于不求知者；有清介自守，不屑天下之事，独洁其身者。所处虽有得失小大之殊，皆自高尚其事者也。《象》所谓'志可则'者，进退合道者也。"

19. 临　☷☱　坤（地）上
兑（泽）下

临：元，亨，利，贞。至于八月有凶。

【新译】临卦卦辞：治国理政必须恪守"元，亨，利，贞"核心价值观。至于八月天旱缺雨，因而有凶。

【新注】临：卦名。临民，治国。引申为治国理政。《说文解字》："临，监临也。""监，临下也。"　元亨利贞：核心价值观的四种美德。美善开始，美善通达，义利统一，贞固公正。　至于八月有凶：八月多干旱，天不下雨故凶险。《礼记·玉藻》："至于八月，不雨，君不举。"《孟子·梁惠王》："七、八月之间旱。"《注》："周七、八月，夏之五、六月也。"卦辞中之八月盖为周历。

【新解】治国理政、追梦造福必须恪守"元亨利贞"核心价值观的四种美德。美德需要滋润修养，如果不认真践行、严格恪守"元亨利贞"核心价值观的四种美德，就像至于八月天旱缺雨（不能滋润修养）一样，就会有凶险，所以卦辞说"至于八月有凶"。临卦的卦图是下面的两阳爻逐渐上升。其卦体是下《兑》上《坤》。《兑》的卦德为喜悦，《坤》的卦德是柔顺，喜悦与柔顺构成《临》的卦德。其九二爻阳刚得中又有四阴爻柔顺相应。卦辞"元、亨、利、贞"就是治理天下的自然之道。卦辞"至于八月有凶"，是阴来之时阳消不久的结果。《象传》："临，刚浸而长，说而顺，刚中而应。大亨以正，天之道也。至于八月有凶，消不久也。"《临》的上卦《坤》地、下卦《兑》泽，构成《临》卦泽上有地包容、亲临之象。君子观亲临之象，用以教思无穷；观包容之象，用以仁慈博爱无限胸襟去宽容人民、保护人民、关爱人民、养育人民、仁慈人民。《象传》："泽上有地，临。君子以教思无穷，容保民无疆。"王应麟说："《临》所谓'八月'，其说有三。一云自丑至申为《否》，一云自子至未为《遁》，一云自寅至酉为《观》，《本义》兼取《遁》《观》二说。《复》所谓'七日'，其说有三。一谓卦气起《中孚》，六日七分之后为《复》；一谓过《坤》六位，至《复》为七日；一谓自五月《姤》一阴生，至十一月一阳生，《本义》取自《姤》至《复》之说。"朱熹说："《临》，进而凌逼于物也。二阳浸长以逼于阴，故为《临》。十二月之卦也。又其为卦，下《兑》说，上《坤》顺，九二以刚居中，上应六五。故占者大亨而利于正。然'至于八月'当有凶也。八月，谓自《复》卦一阳之月，至于《遁》卦二阴之月，阴长阳遁之时也。或曰：'八月'谓夏正八月，于卦为《观》，亦

《临》之反对也。又因占而戒之。"

初九：咸临，贞，吉。

【新译】临卦初九：人们感激治国理政取得的辉煌成就，上下团结统一恪守贞固公平道德原则，因而赢得了吉善祥和的局面。

【新注】咸临：感临，感恩。咸，读为"感"。

【新解】感临，感恩，这是中华民族的的传统美德，值得传承发扬。程颐说："咸，感也。阳长之时，感动于阴，四应于初，感之者也。比它卦相应尤重，四近君之位，初得正位，与四感应，是以正道为当位所信任，得行其志，获乎上而得行其正道，是以吉。它卦初、上爻不言得位失位。盖初、终之义为重也。《临》则以初得位居正为重。凡言'贞吉'，有既正且吉者，有得正则吉者，有贞固守之则吉者，各随其事。"

九二：咸临，吉，无不利。

【新译】临卦九二：感临，吉善祥和，无所不利。

【新注】咸临：感临。

【新解】临卦九二爻辞重复强调感临、感恩的特殊效果，告诫人们追梦造福必须学会"感临""感恩"，只有善于感临、感恩的人和家庭与民族，才能"吉，无不利"。蔡清说："初九以刚得正而吉，九二以刚中而吉，刚中则贞无待于言也。刚中最《易》之所善。"

六三：甘临，无攸利。既忧之，无咎。

【新译】临卦六三：无原则地美化临民治国，没有什么好处。既然已经发现并忧虑这个问题，那也就没有什么灾咎了。

【新注】甘：甜，美。 无攸利：无所利，没有什么利益。既忧之：已经忧虑这个问题。既，已。忧，考虑，忧虑。

【新解】《周易折中》案："临卦本取势之盛大为义，因其势之盛大，又欲其德业之盛大，是此卦象爻之意也。初、二以德感人，故曰'咸'，以德感人者，盖以盛大为忧，而未尝乐也。六三说主，德不中正，以势为乐，故曰'甘临'。夫恣情于势位，则何利之有哉？然说极则有忧之理，既忧则知势位之非乐，而咎不长矣。此爻与《节》三'不节之嗟'正相似，皆《兑》体也。"

六四：至临，无咎。

【新译】临卦六四：极为仁慈亲近地临民治国，必然没有灾咎。

【新注】至临：极为仁慈亲近地临民治国。至，极。

【新解】追梦造福需要最好的治国理政方略和理念，才能达到"至临，无咎"的效果。王宗传说："四以上临下，其与下体最相亲，故曰'至临'，以言上下二体，莫亲于此也。"

六五：知临，大君之宜，吉。

【新译】临卦六五：以娴熟的领导艺术临民治国，唯有德才兼备的大君才能够达到，才能获得吉善祥和。

【新注】知：读为"智"。智慧。引申为娴熟的领导艺术。

【新解】追梦造福需要德才兼备的领导人，需要智勇双全的领导人，需要领导艺术娴熟的领导人，"六五：知临，大君之宜，吉"，讲的就是这个道理。王申子说："《中庸》曰：'惟天下至圣，为能聪明睿知，足以有临也。'故知《临》为大君之宜。六五以柔中之德，任九二刚中之贤，不自用其知而兼众知，为知之大，是宜为君而获吉也。"

上六：敦临，吉，无咎。

【新译】临卦上六：以敦厚诚信的美德治国，国家和人民就会吉善祥和，没有灾咎。

【新注】敦：厚也。惠栋说："敦，厚也。"焦循说："敦，厚也。"此处引申为敦厚诚信。

【新解】追梦造福需要敦厚诚信的领导人。临卦上六爻辞强调了以敦厚诚信的美德治国理政的重要性。杨启新说："处《临》之终，有厚道焉，教思无穷，容保无疆者也。如是则德厚而物无不载，道久而化无不成。"李镜池说："统治者要淳厚诚实，才能得民心，吉而无咎。这是政治之卦。前半说的感化、诚和、忧宽，是指政策而言，后半说的躬亲、明智、淳厚，是指统治者的品质而言。前半说德治，后半说人治。在周公提出的德治的基础上加上'知'，这是作者的新见解，对后代影响很大。同时又反对钳制压迫，这都是针对当时黑暗的贵族统治提出来以企图挽救周室危机的。"

20. 观  巽（风）上
坤（地）下

观：盥而不荐，有孚颙若。

　　【新译】观卦卦辞：正确的看法是，既然以酒灌地祭神就不用再献牲了，有诚信就有高大的形象。

　　【新注】观：卦名。观，看法，观察审视。卦辞作"正确的看法"理解。　荐：献，献牲。　有孚：有诚信。　颙：大脑袋。颙，高大的样子。

　　【新解】《彖传》："大观在上，顺而巽，中正以观天下。观，盥而不荐，有孚颙若，下观而化也。观天之神道而四时不忒。圣人以神道设教而天下服矣。"《彖传》认为：观卦卦图九五阳刚之君居于四阴爻臣民之上，象征君王高高在上察视大众。而观卦卦体：下《坤》柔顺、上《巽》谦逊，其卦德兼有柔顺、谦逊等美德，又以九五得中得正、六二得中得正之位做出表率让天下人观看学习。卦辞"观，盥而不荐，有孚颙若"，便是臣下观察学习君王的美德后所取得的成效。仰观自然运行的神奇规律，便能懂得春夏秋冬交替不差的原因。圣人用自然运行规律设教以教化天下人民，天下人民纷纷拥护服从跟随。《象传》："风行地上，观。先王以省方观民设教。"龚焕说："《易》之名卦，以阳为主。在阳长之卦，固主于阳而言；在阴长之卦，亦主于阳而言。主于阳而言者，所以扶阳也。此四阴之卦，不曰《小壮》而曰《观》也。四阳之卦有曰《大过》，四阴之卦有曰《小过》者，何？阴可以言'过'而不可以言'壮'也。然《大过》之四阳，过而居中，《小过》之四阴，过而居外，亦崇阳抑阴之意。"李镜池说："卦辞举祭祀之例说明观察要从具体情况出发，不能什么都一律

看待。凡祭祀，都先灌酒，后献牲。但现在却灌酒降神而不献牲，这是因为用作祭牲的俘虏被打伤，伤得头青脸肿，不宜用于献神。古代祭神，必定用完好无缺的。春秋时用牛牲，牛角伤坏的就不用；周人早期用俘虏做人牲，战俘被打伤也就不用了。像祭祀这样的大事，因为牺牲不完好，不得不停荐，可见观察的重要性。"

初六：童观，小人无咎，君子吝。

【新译】观卦初六：幼稚的看法，对小人来说没有关系（无咎），大人有幼稚的看法就不好了（吝）。（这已经有了具体情况具体看待的思想萌芽。）

【新注】童观：蒙昧幼稚的看法。童，童蒙，幼稚。《周易音义》："童观，马云：童犹独也；郑云：稚也。"

【新解】追梦造福必须正确看待问题，必须具体情况具体看待，必须实事求是。王弼说："《观》之为义，以所见为美者也。故以近尊为尚，远之为吝。"

六二：窥观，利女贞。

【新译】观卦六二：细心地观察，利于女子恪守美德贞固公正。

【新注】窥观：偷看，引申为细心地观看。 利：利于。贞：贞固公正。

【新解】李鼎祚说："六二《离》爻，《离》为目，又为中女；外互体《艮》，《艮》为门阙。女目近门，窥观之象也。"胡炳文说："初位阳，故为童。二位阴，故为女。童观，是茫然无所见，小人日用而不知也。窥观，是所见者小，而不见全体也。占曰'利女贞'，则非丈夫之所为可知矣。"

六三：观我生，进退。

【新译】观卦六三：观察审视自己的行为得失，权衡利弊以定其进退之策。

【新注】观我生：观察审视自己的行为得失。观，观察审视。进退：进而入仕，退则隐居。

【新解】追梦造福必须清楚认识自己。要正确认识自己就必须仔细观察审视自己。观卦六三爻辞告诫人们"观我生"以决定自己的"进退"。朱熹说："我生，我之所行也。六三居下之上，可进可退，故不观九五，而独观己所行之通塞以为进退。占者宜自审也。"

六四：观国之光，利用宾于王。

【新译】观卦六四：观察审视分析国家的光明前景，有利于向王上提供情报，以便王上与他国联盟。

【新注】国之光：国家的光明美好前景。光，光明美好前景。宾：联盟。

【新解】追梦造福需要仔细观察大力歌颂祖国光明美好的前景，为祖国加油鼓劲。程颐说："观莫明于近，五以阳刚中正居尊位，圣贤之君也。四切近之，观见其道。故云：'观国之光。'观见国之盛德光辉也。不指君之身而云国者，在人君而言，岂止观其行一身乎？当观天下之政化，则人君之道德可见矣。四虽阴柔，而《巽》体居正，切近于五，观见而能顺从者也。'利用宾于王。'夫圣明在上，则怀抱才德之人，皆愿进于朝廷，辅戴之以匡济天下。四既观见人君之德，国家之治，光华盛美，所宜宾于王朝，效其智力，上辅于君，以施泽天下，故云'利用宾于王'也。古者有贤德之人，则人君宾礼之，故士之仕于王朝，则谓之'宾'。"

九五：观我生，君子，无咎。

【新译】观卦九五：观察审视我自己的一生，始终恪守"元亨利贞"核心价值观，其行为符合君子的道德规范，因而我一生平安没有灾咎。

【新注】君子：道德高尚的人。

【新解】追梦造福必须做一个道德高尚的人。一生道德高尚，才能无有灾咎。有了失德之行就必须迅速改正。人孰无过，过则勿惮改。孔颖达说："九五居尊，为《观》之主，四海之内，由我而化，我教化善，则天下有君子之风，教化不善，则天下著小人之俗。故观民以察我道，有君子之风者则无咎也。"

上九：观其生，君子，无咎。

【新译】观卦上九：观察分析他人的一生，始终恪守"元亨利贞"核心价值观，其行为符合君子的道德规范，因而他人一生平安没有灾咎。

【新注】其：他人。

【新解】观卦反映了古人提倡观察分析的思想，要求人们不仅要从宏观上观察社会总体、观察国君，而且还要从微观上观察自身一生之行为得失以决定自己的进退，同时还得观察他人以识别其是否君子。这是值得研究的观察分析方法，非常可贵。从某种意义上说，观卦的卦爻辞提出了以下宝贵思想因素：观察方式（童观、窥观），观察范围〔微观（观我生）、宏观（观国之光）〕，观察对象（国家、君王、我、他），观察内容（是否始终恪守"元亨利贞"核心价值观）。这些是研究西周时代人们的认识能力、思维方式、道德评判、道德践履等的重要材料。追梦造福必须借鉴古人的思想方法、认识方法和道德践履，以便提高自己的认识能力和道德践履能力。

卷一 ◇ 上经新得

21. 噬嗑 　　离（火）上 震（雷）下

噬嗑：亨，利用狱。

【新译】噬嗑卦卦辞：吃喝尚且都能美善亨通，因而利于用狱判断诉讼。

【新注】噬嗑（shì hé）：咬合，咀嚼，吃喝，用口咬食物的动作。《周易音义》："噬，市制反，啮也。""嗑，胡腊反，合也。"

【新解】追梦造福必须解决好诉讼问题。要解决好诉讼问题，既要有完善的法律，又要有品德高尚的司法人员，还要有遵纪守法的高素质的公民。尤其要有具备美善亨通高尚品德的司法人员才利用狱。品德高尚的司法人员不随便吃喝，美善亨通，所以利

于秉公办案、依法办案。俗话说"吃人家的嘴软、拿人家的手短"。《彖传》："颐（yí）中有物曰噬嗑。噬嗑而亨。刚柔分，动而明，雷电合而章。柔得中而上行，虽不当位，利用狱也。"口中咬着食物，所以称作"噬嗑"。噬嗑就是象征着吃喝的意思。由于上下咀嚼，食物则容易消化吸收，所以卦辞用"亨"。噬嗑卦阴爻三爻、阳爻三爻、阴阳分明、阴阳相等、刚柔相济。下卦《震》动而上卦《离》明，动与明便是《噬嗑》的卦德。震卦的卦象为雷，离卦的卦象为电（火），雷电交加奏出天的威严乐章，便形成了《噬嗑》的卦象。噬嗑卦的卦象由否卦变化而来：否卦的下卦坤卦的初六阴柔之爻上升到上卦乾卦九五阳爻之位便变成噬嗑卦的"六五"，否卦的上卦乾卦的九五阳爻下降到下卦坤卦初六阴爻之位便变成噬嗑卦的"初九"。虽然上行所得到的"六五"得中而失位，但却能文明以中，断制枉直，不失情理，这就是卦辞编写"利用狱"的原因。程颐说："刚爻与柔爻相间，刚柔分而不相杂，为明辨之象。明辨，察狱之本也。"朱熹说："噬，啮也。嗑，合也。物有间者，啮而合之也。为卦上下两阳而中虚，颐口之象。九四一阳，间于其中，必啮之而后合，故为噬嗑。其占当得亨通者，有间故不通，啮之而合，则亨通矣。又三阴三阳，刚柔中半，下动上明，下雷上电，本自益卦六四之柔上行以至于五而得其中，是知以阴居阳，虽不当位，而'利用狱'。盖治狱之道惟威与明，而得其中之为贵。故筮得之者，有其德则应其占也。"

初九：屦校灭趾。无咎。

【新译】噬嗑卦初九：被戴上的刑具（脚镣）遮盖了脚趾。问筮得到了没有灾害的占断。

【新注】屦（jù）：贯，戴上。　校：刑具。干宝说："屦校，贯械也。"　灭：遮盖。

【新解】朱熹说："初、上无位，受刑之象。中四爻为用刑之象，初在卦始，罪薄过小，又在卦下，故为'屦校灭趾'之象。止恶于初，故得无咎。占者小伤而无咎。"

六二：噬肤灭鼻。无咎。

【新译】噬嗑卦六二：吃着大块肥美的肉，连鼻子也被肉给遮住了。问筮得到了没有灾害的占断。

【新注】噬：食，吃。　肤：肥肉。

115

【新解】程颐说："二居中得正，是用刑得其中正也。""中正之道，易以服人，与严刑以待刚强，义不相妨。"

六三：噬腊肉遇毒。小吝，无咎。

【新译】噬嗑卦六三：因吃腊肉而中毒。问筮得到了"小吝"与"无咎"的占断。

卷一◇上经新得

【新注】腊肉：用烟火薰干的肉。《周易音义》："腊肉，音昔。马云：晞于阳而炀于日曰腊肉。郑注《周礼》云：小物全干曰腊。"

【新解】胡炳文说："肉因六柔取象，腊因三刚取象。六二柔居柔，故所噬象肤之柔。六三柔居刚，故所噬象腊肉，柔中有刚，比之二难矣。二、三皆无咎，而三小吝者，中正、不中正之分也。"

九四：噬干胏得金矢。利艰，贞，吉。

【新译】噬嗑卦九四：吃干肉时发现干肉里面有铜箭头。艰难困苦时刻坚守先义后利，恪守贞固公正，就能吉善祥和，渡过难关。

【新注】干胏（zǐ）：带骨头的干肉。胏，带骨头的干肉。金矢：铜箭头。　利艰：艰利，艰而能利。利，先义后利。

【新解】《象传》："'利艰贞吉'，未光也。"陆绩说："肉有骨，谓之胏。《离》为干肉，又为兵矢。失位用刑，物亦不服。若噬有骨之干胏也。金矢者，取其刚直也。噬胏虽复艰难，终得申其刚直。虽获正吉，未为光大也。"

六五：噬干肉得黄金。贞，厉，无咎。

【新译】噬嗑卦六五：吃干肉的时候发现干肉里面有铜箭镞。贞固公正，虽处危厉，但是没有灾咎。

【新注】黄金：黄色的金属，即铜镞。

【新解】谷家杰说:"四先难而后贞者,先以艰难存心,而后出入罔不得其正。此狱未成之前,详审之法,人臣以执法为道也。五先贞而后厉者,虽出入无不得正,而犹以危厉惕其心。此狱既成之后,钦恤之仁,人君以好生为德也。"

上九:何校灭耳。凶。

【新译】噬嗑卦上九:拿着刑具遮盖了耳朵。问筮得凶恶之占。

【新注】何:通"荷"。荷,拿着。

【新解】郭雍说:"初、上'灭'字,或以为刑,独孔氏训'没'。屦校,桎其足,桎大而灭趾。何校,械其首,械大而没耳也。"李过说:"以六爻之位言之。五,君位也,为治狱之主。四,大臣位也,为治狱之卿。三、二,又其下也,为治狱之吏。"

22. 贲 ䷕ 艮(山)上
离(火)下

贲:亨。小利有攸往。

【新译】贲卦卦辞:从小就修养美善亨通之品德,利于有所作为。

【新注】贲(bì):卦名,本义是装饰得很好看,文饰。此处引申为教育,修养。

【新解】贲卦涉及人类文明进化教育修养等多方面的问题,值得深入研究探讨。贲卦《彖传》不仅提出了天文、人文等重要概念,而且还提出了"观乎天文,以察时变;观乎人文,以化成天下"的重要命题。《彖传》:"贲,亨。柔来而文刚,故亨。分刚上而文柔,故小利有攸往,天文也;文明以止,人文也。观乎天文,以察时变;观乎人文,以化成天下。"《彖传》认为,《贲》为什么亨通呢?是从《泰》变化来。《泰》的卦体是《乾》下《坤》上,《贲》的卦体是《离》下《艮》上。《泰》"上六"下到"九二",阴柔之爻下来文饰阳刚之爻,形成了《贲》下卦的《离》,所以卦辞系以"亨"。而《泰》"九二"则被分离出来上到

"上六"的位置，便形成了《贲》上卦的《艮》，所以卦辞系以"小利有攸往"。《离》日是天文现象，《艮》山止是地文现象，天文《离》明与地文《艮》止配合形成了《贲》文饰的人类文明现象。观察天文现象，就能够察觉四时阴阳寒暑的变化；观察人文现象，就能将天下万民教化成为圣人。郑玄说："贲，文饰也。《离》为日，天文也。《艮》为石，地文也。天文在下，地文在上，天地二文，相饰成《贲》者也。犹人君以刚柔仁义之道饰成其德也。刚柔杂，仁义合，然后嘉会礼通，故'亨'也。"程颐说："天文，谓日月星辰之错列，寒暑阴阳之代变。观其运行以察四时之迁改也。人文，人理之伦序。观人文以教化天下，天下成其礼俗，乃圣人用《贲》之道也。"朱熹说："贲，饰也。卦自《损》来者，柔自三来而文二，刚自二上而文三。自《既济》而来者，柔自上来而文五，刚自五上而文上。又内《离》而外《艮》，有文明而各得其分之象，故为《贲》。"

初九：贲其趾，舍车而徒。

【新译】贲卦初九：穿好鞋装饰保护好脚趾，然后下车来徒步行走。

【新注】趾：脚趾。　舍：放弃。　徒：徒步行走。

【新解】朱熹说："刚德明体，自贲于下，为舍非道之车，而安于徒步之象。占者自处当如是也。"

六二：贲其须。

【新译】贲卦六二：把胡须刮干净。

【新注】须：胡子。

【新解】朱熹说："二以阴柔居中正，三以阳刚而得正，皆无应与，故二附三而动，有贲须之象。占者宜从上之阳刚而动也。"

九三：贲如濡如。永贞吉。

【新译】贲卦九三：人们汗流满面地奔跑。长期坚持贞固公正，必然吉善祥和。

【新注】贲如：奔跑的样子。旧注："有《离》之文以自饰，故曰'贲如'也。"　濡如：汗流满面的样子。旧注："有《坎》

之水以自润，故曰'濡如'也。" 永贞吉：长期坚持贞固公正，必然吉善祥和。旧注："体刚履正，故'永贞吉'。"

【新解】 追梦造福无论在任何艰难困苦的时候都必须长期坚持贞固公正的美德，这样就能吉善祥和。朱熹说："一阳居二阴之间，得其贲而润泽者也。然不可溺于所安，故有永贞之戒。"

六四：贲如皤如，白马翰如，匪寇婚媾。

【新译】 贲卦六四：人们骑着高头白马火热地飞驰奔跑，不是去掠夺而是去娶亲。

【新注】 皤（pó）：假借为"燔"。燔，焚烧，烤。 翰：长而硬的羽毛，引申为飞。

【新解】 朱熹说："皤，白也。马，人所乘，人白则马亦白矣。四与初相贲者，乃为九三所隔而不得遂，故'皤如'。而其往求之心，如飞翰之疾也。然九三刚正，非为寇者也。乃求婚媾耳。故其象如此。"

六五：贲于丘园，束帛戋戋。吝，终吉。

【新译】 贲卦六五：来到女家的丘园，送上束帛浅小薄礼。礼虽薄，仁义重。开始吝难，最终吉善祥和。

【新注】 丘园：女家的丘园。 束帛：薄礼。 戋戋：浅小的意思。

【新解】 追梦造福必须勤俭节约。六五爻辞倡导的就是节约办事的节俭思想。朱熹说："六五柔中，为《贲》之主，敦本尚实，得《贲》之道，故有'丘园'之象。然阴性吝啬，故有'束帛戋戋'之象。束帛，薄物。戋戋，浅小之意。人而如此，虽可羞吝，然礼奢宁俭，故得'终吉'。"

上九：白贲。无咎。

【新译】 贲卦上九：清清白白修养，干干净净做人。这样便没有灾咎。

【新注】 白贲：清清白白修养，干干净净做人。干宝说："白，素也。"

【新解】 追梦造福需要人们清清白白修养，干干净净做人，

认认真真干事。王弼说："以白为饰而无患忧。"程颐说："上九《贲》之极也。贲饰之极，则失于华伪，唯能质白其贲，则无过失之咎。白，素也。尚质素则不失其本真。所谓尚质素者，非无饰也，不使华没实耳。"

23. 剥  艮（山）上
坤（地）下

剥：不利有攸往。

【新译】剥卦卦辞：阳刚脱落，不利于有所举措往行。

【新注】剥：脱落，敲打，修治，分离。

【新解】若《剥》之卦图从《乾》之卦图变来，则群阴剥《乾》下五阳而成《剥》。故《彖》有"《剥》，剥也，柔变刚也"之说。朱熹说："剥，落也。五阴在下而方生，一阳在上而将尽，阴盛长而阳消薄。九月之卦也。阴盛阳衰，小人壮而君子病。又内《坤》外《艮》，有顺时而止之象。故占得之者，不可以有所往也。"

初六：剥床以足蔑。贞，凶。

【新译】剥卦初六：阴爻剥脱阳爻就像剥脱床一样从下面床足开始剥灭。问筮得到凶恶的占断。

【新注】蔑：灭。

【新解】虞翻认为《剥》的卦图是阴柔消亡取代《乾》的阳刚所致，《剥》与《夬》旁通。因而他说："以柔变刚，小人道长，子弑其父，臣弑其君，故'不利有攸往'也。"俞琰说："阴之消阳，自下而进，初在下，故为剥床而先以床足灭于下之象。当此'不利有攸往'之时，唯宜顺时而止耳。'贞凶'，戒占者固执而不知变则凶也。"

六二：剥床以辨蔑。贞，凶。

【新译】剥卦六二：阴爻剥脱阳爻剥到了第二爻，就像剥床剥到床板上一样。问筮得到凶恶的占断。

【新注】辨：床板（高亨说）。崔憬认为是"床桯（bì）"。

郑玄认为"足上称辨"。王引之认为"辨"是"骈"的假借字。骈（pián），膝头。

【新解】俞琰说："既灭初之足于下，又灭二之辨于中，则进而上矣。得此占者，若犹固执而不知变，则其凶必也。"

六三：**剥之。无咎。**

【新译】剥卦六三：阴爻剥脱阳爻到了第三爻。问筮得到没有灾害的占断。

【新注】之：到达。

【新解】胡炳文说："《剥》之三，即《复》之四。《复》六四不许以吉，《剥》六三许以无咎。何也？曰：《复》，君子之事，明道不计功，不以吉许之可也。《剥》，小人之事，小人中独知有君子，不以'无咎'许之，无以开其补过之门也。"

六四：**剥床以肤。凶。**

【新译】剥卦六四：阴爻剥脱阳爻到了第四爻，就像剥床剥到了床身的表面上一样。问筮得到凶恶的占断。

【新注】肤：身体表面，比喻床面。

【新解】程颐说："始剥于床足，渐至于肤。肤，身之外也。将灭其身矣。其凶可知。阴长已盛，阳剥已甚，贞道以消，故更不言蔑贞，直言凶也。"

六五：**贯鱼，以宫人宠，无不利。**

【新译】剥卦六五：阴爻剥脱阳爻到了第五爻，就像宫人射中鱼取宠一样顺利畅通，从第一爻直剥第五爻，没有受到阻碍。

【新注】贯鱼：射中了鱼；穿鱼。

【新解】程颐说："剥及君位，《剥》之极也。其凶可知，故更不言剥，而别设义以开小人迁善之门。五，群阴之主也。鱼，阴物，故以为象。五能使群阴顺序，如贯鱼然，反获宠爱于在上之阳，如宫人，则无所不利也。宫人，宫中之人，妻妾侍使也。以阴言，且取获宠爱之义，以一阳在上，众阴有顺从之道，故发此义。"

上九：**硕果不食，君子得舆，小人剥庐。**

【新译】剥卦上九：阴爻剥脱阳爻从第一爻剥脱到了第五爻，

到了第六爻便不剥脱了，君子得众人所拥戴，小人则连住房都被剥脱了。

【新注】 硕果不食：很大的果实却没有被吃掉，比喻《剥》卦下面五阴爻尽剥阳爻，只剩下上九一爻阳爻没有被剥掉。硕果，好种子，大果仁，大果核，大果实。比喻巨大的成绩。

【新解】 杨文焕说："贯鱼者，众阴在下之象也。硕果者，一阳在上之象也。"胡炳文说："《乾》为木果，众阳皆变而上独存，有'硕果不食'象，果中有仁，天地生生之心存焉。硕果专以象言。得舆、剥庐，兼占而言。"乔中和说："硕果不食，核也，仁也，生生之根。自古无不朽之株，有相传之果。此《剥》之所以《复》也。"

24. 复 ䷗ 坤（地）上
震（雷）下

复：亨，出入无疾，朋来，无咎。反复其道，七日来复。利有攸往。

【新译】 复卦卦辞：复归美善亨通之品德，无论出门在外，还是回到家中，都没有疾病，朋友来了，也没有灾咎。反复践行其道，来回花了七天时间。利于有所往。

【新注】 复：卦名。复，归，回，返，还。《周易音义》："复，音服，反也，还也。" 无疾：没有生病。 朋来：朋友来了。

【新解】 今从"元亨利贞"核心价值观层面出以新解。旧以卦气说复卦是阳气复生于下。阳气复生于下而得以亨通、无有灾咎、利有所往。何妥说："'复'者，归本之名。群阴剥阳，至于几尽，一阳来下，故称'反复'。阳气复反，而得交通，故云'复，亨'也。"虞翻说："谓出《震》成《乾》，入《巽》为《坤》。《坎》为疾，十二消息不见《坎》象，故'出入无疾'。《兑》为朋，在内称来，五阴从初，初阳正，息而成《兑》，故'朋来无咎'矣。"李鼎祚说："易轨：一岁十二月，三百六十五

日四分日之一。以《坎》《震》《离》《兑》四方正卦，卦别六爻，爻生一气。其余六十卦，三百六十爻，爻主一日，当周天之数。余五日四分日之一，以通闰余者也。剥卦阳气尽于九月之终，至十月末，纯《坤》用事，坤卦将尽，则《复》阳来，隔《坤》之一卦，六爻为六日，《复》来成《震》，一阳爻生，为七日，故言'反复其道，七日来复'，是其义也。天道玄邈，理绝希慕。先儒已论，虽各指于日月，后学寻讨，犹未测其端倪。今举约文，略陈梗概，以候来悊（哲），如积薪者也。"

初九：不远复，无祗悔。元吉。

【新译】复卦初九：不远离道德规范而复归美善则无悬持之悔。问筮得"元吉"之占。（这反映了父母在不远游的孝顺思想。）

【新注】不远复：不远离道德规范而复归美善。学问之道无他，求其放心而已。故《象传》曰"不远之复，以修身也"。祗（zhī）：恭敬。帛书作"提"。无提悔，意思是没有提心吊胆之悔。父母在不远游，远游则有悬持之悔。儿行千里母担忧。

【新解】程颐说："《复》者，阳反来复也。阳，君子之道。故'复'为反善之义。初，刚阳来复。处卦之初，复之最先者也。是不远而复也。失而后有复，不失则何复之有？惟失之不远而复，则不至于悔，大善而吉也。"

六二：休复。吉。

【新译】复卦六二：欢喜复归美善。问筮得吉善祥和之占。

【新注】休复：高兴欢喜复归美善。休，喜也。《尔雅·释诂》："休，喜也。"

【新解】《朱子语类》："学莫便于近乎仁，既得仁者而亲之，资其善以自益，则力不劳而学美矣。故曰：'休复。吉。'"

六三：频复。厉，无咎。

【新译】复卦六三：不断地复归美善。问筮得"厉"而"无咎"之占。

【新注】频：屡次，引申为不断。

【新解】郭忠孝说："唯君子能久于其道，其余则日月至焉而已。是以子夏之徒，出见纷华盛丽而悦，入闻夫子之道而乐，与夫回之为人，拳拳服膺而弗失之者，固有间矣。"

六四：中行独复。

【新译】复卦六四：只有完全符合道德行为规范的人才能完全复归于尽善尽美的君子之道。

【新注】中行：符合行为规范。中，符合。行，规范。近人释"中行"为"中途""半路""中军"等。

【新解】《象传》："中行独复，以从道也。"赞美六四居阴柔之爻阴柔之位能"中行独复"以从初九阳刚君子之善道。程颐说："此爻之义，最宜详玩。四行群阴之中，而独能复，自处于正，下应于阳刚，其志可谓善矣。不言吉凶者，盖四以柔居群阴之间，初方甚微，不足以相援，无可济之理，故圣人但称其能独复，而不欲言其独从道而必凶也。曰：然则不言'无咎'，何也？曰：以阴居阴，虽有从阳之志，终不克济，非无咎也。"朱熹说："四处群阴之中，而独与初应，为与众俱行，而独能从善之象。当此之时，阳气甚微，未足以有为，故不言'吉'。然理所当然，吉凶非所论也。董子曰：'仁人者，正其谊不谋其利，明其道不计其功。'于《剥》之六三及此爻见之。"虞翻则认为"中行独复"指初九一阳爻。他说："'中'谓初，《震》为'行'，初一阳爻故称'独'，四得正应初，故曰'中行独复，以从道也'。俗说以四位在五阴之中，而独应复。非也。四在外体，又非内象，不在二五，何得称'中行'耳？"可谓仁者见仁智者见智也。

六五：敦复。无悔。

【新译】复卦六五：敦厚复归于美善。问筮得"无悔"之占。

【新注】敦：厚。

【新解】项安世说："《临》以上六为'敦临'，《艮》以上九为'敦艮'，皆取积厚之极。《复》于五即言'敦复'者，《复》之上爻迷而不复，故《复》至五而极也。卦中'复'者五爻，初最在先，故为不远，五最在后，故为敦。"

卷一 ◇ 上经新得

上六：迷复，凶，有灾眚。用行师，终有大败。以其国君凶至，于十年不克征。

【新译】复卦上六：（迷途而不复则凶）军队不熟悉地形迷路而归，真是灾难深重，出师就不利。用这样的军队打仗是注定要失败的。这是国君所致，因此十年内不能用兵，必须训练好部队才能打仗。（这反映了编者的军事思想。）

【新注】用行师终有大败：以这样不熟悉地形的军队从事战争，是必定要打败仗的。 以其国君凶至：其以国君不善所至。国君溺于淫泆，而不思振兴，更不练兵，何以能克敌制胜呢？

【新解】徐几说："上六位高而无下仁之美，刚远而无迁善之机，厚极而有难开之蔽，柔终而无改过之勇，是昏迷而不知复者也。"何楷说："《坤》本先迷，今居其极，则迷之甚矣。言'迷复'，即昏迷而不知所复之谓。'行师'以下皆假象，以喻一心不能驭众动，徇物必至丧天君也。"胡炳文说："'迷复'与'不远复'相反。初不远而复，迷则远而不复。'敦复'与'频复'相反。敦无转易，频则屡易。'独复'与'休复'相似。休则比初，独则应初也。'十年不克征'亦'七日来复'之反。"

25. 无妄 ䷘ 乾（天）上
震（雷）下

无妄：元，亨，利，贞。其匪正有眚，不利有攸往。

【新译】无妄卦卦辞：没有轻举妄动的人才能自觉践行"元，亨，利，贞"这样的核心价值观。如果轻举妄动就达不到"元，亨，利，贞"境界，就会有灾难，就不利于有所往行。

【新注】无妄：卦名，没有轻举妄动，自然而然，循规蹈矩，按规律、规矩办事。 有眚：有灾难。眚，灾难。

【新解】朱熹说："无妄，实理自然之谓。《史记》作'无望'，谓无所期望而有得焉者。其义亦通。为卦自《讼》而变：九自二来而居于初，又为《震》主，动而不妄者也。故为'无妄'。又二体《震》动而《乾》健，九五刚中而应六二，故其占

易经新得

大亨而利于正。若其不正，则有眚而不利有所往也。"胡居仁说：
"无妄，诚也。诚，天理之实也。圣人只是循其实理之自然，无
一毫私意造为，故出乎实理无妄之外，则为过眚，循此实理无妄
而行之，则吉无不利。不幸而灾疾之来，亦守此无妄之实理而不
足忧。卦辞、爻辞皆此意。"

初九：无妄，往，吉。

【新译】无妄卦初九：不轻举妄动，谨慎从事，前进则吉善
祥和。

【新注】往：前进。《象》："无妄之往，得志也。"虞翻说：
"四变应初，夫妻体正，故'往，得志'矣。"

【新解】无妄卦的初九以阳刚之爻居阳刚之位为下卦震卦之
主。程颐说："九以阳刚为主于内，无妄之象。以刚实变柔而居
内，中诚不妄者也。以无妄而往，何所不吉。"

六二：不耕获，不菑畬。则利有攸往。

【新译】无妄卦六二：不播种而有收获，不插秧而有饱饭吃。
问筮得利有所往之占。

【新注】不耕获：不耕种而收获。不菑（zī）畬（yú）：不
插秧。疑是复生之禾。菑，开荒田。畬，耕种到第三年的熟田。
不菑畬，不菑而畬，不开荒便想要种熟地。

【新解】胡炳文说："'耕获'者，种而敛之也。'菑畬'者，
垦而熟之也。一岁之农，始于耕，终于获。三岁之田，始于菑，
终于畬。诸家以为'不耕而获，不菑而畬'，惟《本义》以为始
终无所作为之象，而必曰'因时顺理'者，理本自然，无所作
为，自始至终，绝无计功谋利之心。故其占曰'利有攸往'。"

六三：无妄之灾，或系之牛，行人之得，邑人之灾。

【新译】无妄卦六三：存在没有轻举妄动而出现的意外灾难，
如有人系牛于路边上，被过路人牵走了，邑人却遭受了失牛的
灾害。

【新注】或：有，例如。

【新解】无妄卦六三爻辞反映了古人看到了事物偶然性的一

面。卦爻辞的作者一方面强调人们主观上的努力可以避免灾难的这一必然规律，同时也看到了与主观努力没有关系的偶然灾害的出现，并且举例说明这一偶然性的存在。

九四：可贞，无咎。

【新译】无妄卦九四：担当贞固公平道德责任，没有灾咎。

【新注】可：何也。何，荷也，担当。朱熹释"可贞"为可以固守。

【新解】程颐说："四刚阳而居《乾》体，复无应与，无妄者也。刚而无私，岂有妄乎？可贞固守此，自无咎也。九居阴得为正乎？曰：以阳居《乾》体，若复处刚，则为过矣。过则妄也。居四，无尚刚之志也。'可贞'与'利贞'不同。可贞，谓其所处可贞固守之。利贞，谓利于贞也。"

九五：无妄之疾，勿药有喜。

【新译】无妄卦九五：不轻举妄动也会偶尔染上疾病，但这种疾病容易康复，不吃药也会好的。

【新注】药：吃药。

【新解】无妄卦九五阳刚中正而居尊位，其下六二柔顺中正因时顺理而应，上下和谐，虽有疾病，但心情舒畅，宁神静养，不吃药也必然自愈。《周易折中》案："勿者，禁止之辞，言无妄矣。而偶有疾，则亦顺其自然而气自复，勿复用药以生他候，如人有无妄之灾，则亦顺其自然而事自平，勿复用智以生他咎也。凡《易》中言勿者皆同义。此爻之疾，与六三之灾同。然此曰有喜者，刚中正而居尊位，德位固不同也。"

上九：无妄行，有眚，无攸利。

【新译】无妄卦上九：不轻举妄动的行为，也有意外带来灾难而无所利的。

【新注】无妄行：不轻举妄动的行为。帛书作"无孟之行"。意谓不努力的行为。

【新解】"无妄"之"妄"，帛书均作"孟"。孟：努力。《尔雅·释诂》："孟，勉也。"无孟：意思是不努力从事。那么，卦名"无孟"以及爻辞中的"无孟之灾""无孟之疾""无孟之行"则可以作出全新的解释："不努力的灾难""不努力的毛病""不努力的行为"。

26. 大畜

艮（山）上
乾（天）下

卷一◇上经新得

大畜：利，贞。不家食。吉，利涉大川。

【新译】大畜卦卦辞：大量积蓄"利，贞"美德。不在家中进餐。吉善祥和，适合横渡大河。

【新注】大畜：卦名，大量积蓄。畜，假借为"蓄"，帛书正作"蓄"。　不家食：不在室内进餐。家，室内。《尔雅·释宫》："宫谓之室，室谓之宫，牖户之间谓之扆，其内谓之家。"食，吃，食品。亦释为奉禄。《礼记·表记》："君子不以小言受大禄，不以大言受小禄。《易》曰'不家食吉'。"

【新解】追梦造福必须大蓄美德。朱熹说："大，阳也。以《艮》畜《乾》，又畜之大者也，又以内《乾》刚健，外《艮》笃实辉光，是以能日新其德，而为畜之大也。以卦变言，此卦自《需》而来，九自五而上。以卦体言，六五尊而尚之。以卦德言，又能止健，皆非大正不能。故其占为'利贞'，而'不家食吉'也。又六五下应于《乾》，为应乎天，故其占又为'利涉大川'也。'不家食'，谓食禄于朝，不食于家也。"

初九：有厉，利巳。

【新译】大畜卦初九：有所劳作，利于祭祀。

【新注】厉：劳作。前人释"厉"为"灾危"，则"有厉"为"有灾难危险"。　巳：祭祀。

【新解】程颐说："《大畜》，《艮》止畜《乾》也。故《乾》三爻皆取被止为义，《艮》三爻皆取止之为义。初以阳刚，又健体而居下，必上进者也。六四在上，畜止于巳，安能敌在上得位之势？若犯之而进，则有危厉，故利在巳而不进也。在他卦，则四与初为正应，相援者也；在《大畜》，则相应乃为相止畜。上

与三皆阳，则为合志。盖阳皆上进之物，故有同志之象，而无相止之义。"

九二：舆说輹。

【新译】大畜卦九二：缚车身与车轴相连接处的绳子松散了。（因此车子散了架。）

【新注】说：通"脱"。　輹：读为缚。缚，缚车身与车轴相连接处的绳子。又读为辐。辐，车轮中连接车毂和轮圈的一条条直棍或钢条。

【新解】程颐说："二为六五所畜止，势不可进也。五据在上之势，岂可犯也？二虽刚健之体，然其处得中道，故进止无失。虽志于进，度其势之不可，则止而不行，如车舆说去轮輹，谓不行也。"

九三：良马逐。利艰贞。曰：闲舆卫，利有攸往。

【新译】大畜卦九三：车子松了架，拉车的好马也丢失了，事不宜迟开始利用问筮。得到筮人的回答是，虽然用来防卫的战车坏了，陆战不利，但利于往返于水上作战。

【新注】良马逐：良马遂，良马丢失了。"逐"乃"遂"之讹。帛书作"遂"。遂，丢失。《说文解字》："遂，亡也。"　利艰贞：利根贞，开始利于问筮。艰，帛书作"根"。根，始也。《广雅·释诂》："根，始也。"　曰：朱熹作"日"。谓"日，当为日月之日"。　闲舆卫：防卫用的车子残缺了。闲，帛书作"阑"。阑，残也。

【新解】朱熹说："三以阳居健极，上以阳居畜极，极而通之时也。又皆阳爻，故不相畜而俱进。有'良马逐'之象焉。"

六四：童牛之牿。元吉。

【新译】大畜卦六四：小牛长出了角不久就可以套车拉犁了。为此问筮得到了大吉之占。

【新注】童牛：小牛。一曰公牛。童牛，《说文解字》引作"僮牛"，一作"犝牛"。　牿：通"梏"。梏，牛角上的木架。

【新解】朱熹说："童者，未角之称。牿，施横木于牛角以防其触。"

六五：豮豕之牙。吉。

【新译】大畜卦六五：看到去势的猪露出牙齿。问筮得吉占。

【新注】豮（fén）豕：去势的猪。

【新解】程颐说："六五居君位，止畜天下之邪恶，夫以亿兆之众，发其邪欲之心，人君欲力以制之，虽密法严刑不能胜也。夫物有总摄，事有机会，圣人操得其要，则视亿兆之心犹一心。道之斯行，止之则戢（jí，收敛），故不劳而治，其用若豮豕之牙也。豕，刚躁之物，而牙为猛利。若强制其牙，则用力劳而不能止其躁猛。虽絷之维之，不能使之变也。若豮去其势，则牙虽存而刚躁自止。其用如此，所以吉也。"

上九：何天之衢。亨。

【新译】大畜卦上九：手握天赐的兵器，所向披靡。美善亨通。

【新注】何：通"荷"。荷，拿着。 衢（qú）：帛书作"瞿"。瞿，兵器。衢，四通八达的道路。天之衢，天衢。喻通达无碍。

【新解】朱熹说："何天之衢，言何其通达之甚也。畜极而通，豁达无碍。故其象占如此。"《周易折中》案："何字，程《传》以为误加，《本义》以为发语，而诸家皆以'荷'字为解，义亦可从。盖刚上尚贤者，惟上九一爻当之，且为《艮》主，是卦之主也。故取尚贤之义，则是贤路大通。"

27. 颐 艮（山）上 震（雷）下

颐：贞，吉。观颐，自求口实。

【新译】颐卦卦辞：颐养之道在于贞固公平，吉善祥和。只观看别人颐养修行而自己却不践行，便是自讨苦吃。

【新注】颐：卦名。颐之本义指下巴，引申为颐养。《释名·释形体》："颐，养也。动于下，止于上，上下咀物以养人也。"

观颐：只观看别人颐养修行而自己却不践行。 自求口实：自
讨苦吃。口实，毁弄。《国语·楚语（下）》："使无以寡君为口
实。"韦昭《注》："口实，毁弄。"

【新解】《朱子语类》："养须是正则吉。观颐，是观其养德正
不正。自求口实，是观其养身正不正。未说到养人处。"林希元
说："人之所养有二：一是养性，一是养身。二者皆不可不正。
观其所养之道，如《大学》圣贤之道，正也；异端小道，则不正
矣。又必'自求口实'，如重道义而略口体，正也；急口体而轻
道义，则不正矣。皆正则吉，不正则凶。"

初九：舍尔灵龟，观我朵颐。凶。

【新译】颐卦初九：舍弃你自己的灵龟而不问，专门观看我
的修养行为。问筮得凶占。

【新注】舍尔灵龟：舍弃你自己的灵龟而不问卜。灵龟，神
龟。《庄子·秋水》："吾闻楚有神龟，死已三千岁矣，王巾笥而
藏之庙堂之上。"《尔雅》有灵龟。神龟、灵龟，即大龟也。

【新解】程颐说："《蒙》之初六，蒙者也，爻乃主发蒙而言。
《颐》之初九，亦假外而言。尔，谓初也。舍尔之灵龟，乃观我
而朵颐。我，对尔而设。初之所以朵颐者，四也。然非四谓之
也，假设之辞耳。九，阳体刚明，其才智足以养正者也。龟能咽
息不食。灵龟，喻其明智，而可以不求养于外也，才虽如是，然
以阳居动体，而在颐之时，求颐人所欲。上应于四，不能自
守，志在上行，说所欲而朵颐者也。心既动，则其自失必矣。"

六二：颠颐，拂经于丘。颐，征凶。

【新译】颐卦六二：下巴痉挛连及颈、背，拖着病体前往征
伐没有好处。

【新注】颠颐：下巴上下振荡。颠，颠播，上下振荡。 拂
经于丘：帛书作"拂经于北"。拂经于北，（下巴痉挛）连及颈与
背。经，借为"颈"。《周易述义》："经，颈也。"于，借为
"与"。《经传释词》："于，犹越也；与也；连及之词。"王季刚
说："此于即与之借，越亦与之借。"北，古背字。

【新解】项安世说："二、五，得位、得中，而不能自养，反由颐于无位之爻，与常经相悖，故皆为拂经。上体《艮》，故为于丘。"黄干说："《颐》之六爻，只是'颠拂'二字，求养于下则为'颠'，求养于上则为'拂'。六二比初而求上，故'颠颐'当为句，'拂经于丘颐'为句，'征凶'则其占辞也。六三'拂颐'虽与上为正应，然是求于上以养己，故凶。六四'颠颐'，固与初为正应，然是赖初之养以养人，故虽颠而吉。六五'拂经'，是比于上，然是赖上九之养以养人，所以居贞而亦吉。"

六三：拂颐。贞，凶，十年勿用，无攸利。

【新译】颐卦六三：病扩散到下巴。问筮得占为：不好，十年之内，不能打仗，因为战争带给人类的只是灾难，而不会带给人类任何好处。

【新注】贞：问筮。

【新解】朱熹说："阴柔不中正，似处动极，拂于颐矣。既拂于颐，虽正亦凶。故其象占如此。"

六四：颠颐。吉。虎视眈眈，其欲逐逐。无咎。

【新译】颐卦六四：下巴振荡。问筮得到吉善祥和之占。虎视深远，其动作迅疾。问筮得没有灾害之占。

【新注】虎视眈眈：帛书作"虎视沈沈"。虎视沈沈，虎视深远貌。沈沈，深远貌。《集韵》："沈沈，深远貌。" 其欲逐逐：帛书作"其容笛笛"。其容笛笛，虎的动作迅疾。容，借为"动"也。笛笛，迅疾貌。

【新解】林希元说："苟下贤之心不专，则贤者不乐告以善道；求益之心不继，则才有所得而遽自足。"

六五：拂经。居，贞，吉，不可涉大川。

【新译】颐卦六五：病情严重。居家贞固公平，吉善祥和。但不可外出渡大河。

【新注】拂经：当是"拂经于北"的省略，形容病情严重。

【新解】程颐说："六五颐之时居君位，养天下者也。然其阴柔之质，才不足以养天下，上有刚阳之贤，故顺从之，赖其养己以济天下。君者，养人者也，反赖人之养，是违拂于经常。既以己之不足，而顺从于贤师傅。上，师傅之位也。必居守贞固，笃于委信，则能辅翼其身，泽及天下，故吉也。"

上九：由颐。厉，吉，利涉大川。

【新译】颐卦上九：由于修养得好，虽然有些困难，终归吉善祥和，利于横渡大河。

【新注】由颐：由于修养得好。

【新解】追梦造福需要有美好的道德修养。自我修养必须持之以恒，长期坚持必然取得"吉，利涉大川"的效果。李舜臣说："《豫》九四曰'由豫'者，即'由颐'之谓也。'由豫'在四，犹下于五也。而已有可疑之迹。由颐在上，则过中而嫌于不安，故厉。"吴慎说："养之为道，以养人为公，养己为私。自养之道，以养德为大，养体为小。《艮》三爻皆养人者，《震》三爻皆养己者。初九、六二、六三，皆自养口体，私而小者也。六四、六五、上九，皆养其德以养人，公而大者也。公而大者，吉，得颐之正也；私而小者，凶，失颐之贞也。可不观颐而自求其正耶？"

28.大过 ䷛ 兑（泽）上
巽（风）下

大过：栋桡，利有攸往，亨。

【新译】大过卦卦辞：大大超过栋梁作用的人才，利于有所作为，美善亨通。

【新注】大过：卦名。大，太。过，超过。 栋桡：帛书作"栋牵"。牵，即"轵"字，轴头。栋轵，栋梁轴头，至关重要的部位。亦可借为"隆"。大过栋轵，比喻大大超过栋梁之才的人才。

【新解】追梦造福需要特殊人才。大过卦辞讲的就是特殊人才的重要性和特殊人才的作用。朱熹说："大，阳也。四阳居中过盛，故为'大过'，上下二阴不胜其重，故有栋桡之象。又以四阳虽过，而二、五得中，内《巽》外《兑》，有可行之道，故利有所往而得亨也。"

初六：藉用白茅。无咎。

【新译】大过卦初六：用白茅作为席地的祭荐，问筮得无咎之占。〔按照礼仪规定必须用禾稾（稿）去其皮，祭天以为席。而今用白茅作为祭祀垫地之席，而断以无咎，说明要求没有那么严格了。〕

【新注】藉：帛书作"籍"。籍，祭祀时用作席地的祭荐。《说文解字》："席，籍也。礼，天子诸侯席有黼绣纯饰。""籍，祭荐也。" 白茅：没有经过人工加工的自然纯洁的茅。用之以敬神，表示虔诚。《系辞》："初六藉用白茅无咎。子曰：苟错诸地而可矣。藉之用茅，何咎之有？慎之至也。夫茅之为物薄，而用可重也。慎斯术也以往，其无所失矣。"

【新解】按照礼仪规定必须用禾稾（稿）去其皮，祭天以为席。而今用白茅作为祭祀垫地之席，而断以无咎，说明要求没有那么严格了。同时亦反映了古人实事求是的思想火花。胡瑗说："为事之始，不可轻易，必须恭慎，然后可以免咎。况居大过之时，是其事至重，功业至大，尤不易于有为，必当过分而慎重，然后可也，苟于事始慎之如此，则可以立天下之大功，兴天下之大利，又何咎之有哉？"

九二：枯杨生稊，老夫得其女妻，无不利。

【新译】大过卦九二：枯萎的杨树长出了嫩芽，老人娶了一个年轻的媳妇，没有什么不利。

【新注】稊：嫩芽。

【新解】杨时说："闻之蜀僧云：四爻之刚，虽同为木，然或为杨，或为栋。栋负众橑，则木之强者也。杨为早凋，则木之弱者也。此卦本末皆弱。二近于本，五近于末，故均为木之弱也。"

九三：栋桡。凶。

【新译】大过卦九三：栋梁曲折。问筮得凶占。

【新注】桡：曲折，弯曲。

【新解】俞琰说："卦有四刚爻，而九三过刚特甚，故以卦之栋桡属之。"吴慎说："九三栋桡，自桡也。所谓太刚则折。"

九四：栋隆，吉。有它，吝。

【新译】大过卦九四：栋梁粗大，吉善祥和。出现了意外事故，因而吝难。

【新注】有它：有意外事故。

【新解】胡炳文说："屋以栋为中，三视四则在下，栋桡于下之象。四在上，栋隆于上之象。"

九五：枯杨生华，老妇得其士夫。无咎无誉。

【新译】大过卦九五：枯萎的杨树开了花，老妇女找到了一个年轻的丈夫。这样的事情既不用追究也无须赞誉。

【新注】参阅本卦九二爻辞注释。

【新解】大过卦九五爻辞反映了当时的婚姻制度比较自由，人们不大去议论这些个人的私生活。即使是这样反常的婚姻也无可非议无可赞誉，一切均听其自然。沈该说："九二比于初，近本也，生稊之象也。九五承于上，近末也，生华之象也。"

上六：过涉灭顶，凶，无咎。

【新译】大过卦上六：趟水过河，河水超过了头顶就很危险，但只要善于游泳娴习水性则无有灾咎。

【新注】过涉：涉水过河。

【新解】大过卦上六爻辞应是古人直观生存经验的总结。钱志立说："泽之灭木，上之所以灭顶也。虽至灭顶，然有不容不涉，即不得不过者。孔子所以观卦象而有独立不惧之思也。"冯椅说："《易》大抵上下画停者，从中分反对为象，非他卦相应之例也。《颐》《中孚》《小过》皆然，而此卦尤明。三与四对，皆为栋象，上隆下桡也。二与五对，皆为枯杨之象，上华下稊也。初与上对，初为藉用白茅之慎，上为过涉灭顶之凶也。"

29. 习坎

坎（水）上
坎（水）下

习坎：有孚维心，亨，行有尚。

【新译】习坎卦卦辞：行走在艰难的路途上，只要有诚信谨慎用心，便能美善亨通，行为又很高尚。

【新注】习坎：卦名（简称为坎）。行走在坎坷的道路上。习，行走。本义为"鸟数飞"（鸟快速飞行）。坎，坎坷。 有孚维心：有诚信谨慎用心。 行有尚：行为又很高尚。有，又。

【新解】追梦造福会有艰难险阻，在艰难险阻面前更加需要有诚信，更加需要谨慎用心。程颐说："《习坎》，《序卦》：'物不可以终过，故受之以《坎》。坎者，陷也。'理无过而不已，过极则必陷，《坎》所以次《大过》也。习，谓重习也。他卦虽重，不加其名，独《坎》加'习'者，见其重险，险中复有险，其义大也。卦中一阳，上下二阴，阳实阴虚，上下无据，一阳陷于二阴之中，故为坎陷之义。阳居阴中则为陷，阴居阳中则为丽。凡阳在上者，止之象；在中，陷之象；在下，动之象。阴在上，说之象；在中，丽之象；在下，巽之象。陷则为险。习，重也。如学习，温习，皆重复之义也。《坎》，陷也，卦之所言，处险难之道；《坎》，水也，一始于中，有生之最先者也，故为水。陷，水之体也。"

初六：习坎，入于坎窞。凶。

【新译】习坎卦初六：行走在坎坑上，掉进了坎坑中。问筮得凶咎之占。

【新注】窞（dàn）：深坑。

【新解】张浚说："阴居重坎下，迷不知复，以习于恶，故凶。失正道也。《传》曰：'小人行险以侥幸。'初六之谓。"

九二：坎有险，求小得。

【新译】习坎卦九二：坎坷而又危险，但依然要追求从小事做起完善自我。

卷一 ◇ 上经新得

【新注】求：追求。

【新解】习坎卦九二爻辞"坎有险，求小得"告诫人们越是在艰险的时刻越是要严格要求自己。杨时说："求者，自求也，外虽有险而心常亨。故曰：求小得。"陈仁锡说："求其小，不求其大，原不在大也。涓涓不已，流为江河，如掘地得泉，不待溢出外，然后为流水也。"《周易折中》案："杨氏、陈氏之说极是，凡人为学作事，必自求小得始。如水虽涓涓而有源，乃行险之本也。"

六三：来之坎，坎险且枕，入于坎窞。勿用。

【新译】习坎卦六三：来到坎坑边，坎坑危险而又积满了水，一下去便掉进了深坑之中。问筮得"勿用"之占。

【新注】之：到达。　枕：借为沈。《说文解字》："沈，陵上滴水也。"段玉裁注："谓陵上雨积停潦也。"意思是指地上坎坑的积水。

【新解】《朱子语类》："险且枕，只是前后皆险，来之自是两字，谓下来亦坎，上往亦坎。之，往也。进退皆险也。"王申子说："下卦之险已终，上卦之险又至，进退皆险，则宁于可止之地而暂息焉。且者，聊尔之辞。枕者，息而未安之义。能如此，虽未离乎险，亦不至深入于坎窞之中也。其进而入，则陷益深，为不可用。勿者，止之之辞也。"

六四：樽酒簋贰，用缶纳约自牖。终无咎。

【新译】习坎卦六四：祭酒献饭祷告求佑，用缶盛药从窗口递进去给病人吃。问筮得终无灾难之占。

【新注】樽酒簋贰：祭酒（奠酒）献饭祷告求神保佑。樽（zūn，酒杯），帛书作"奠"。奠酒，丧礼的一种。用两只碗垫在死者的脚下祭酒。　簋（guǐ）贰：二碗饭。簋，盛饭的器皿。缶（fǒu）：指陶做的樽。　纳约：帛书作"入药"。

【新解】郭雍说："有孚者《坎》之德，君子行险而不失其信，所以法其德也。一樽之酒，二簋之食，瓦缶之器，至微物也。苟能虚中尽诚，以通交际之道，君子不以为失礼，所谓能用有孚之道者也。"

九五：坎不盈，祗既平。无咎。

【新译】习坎卦九五：挖山填坑，小山头挖平了，坑却还没有填满。问筮得没有灾咎之占。

【新注】祗（zhī）：借为坻（chí），小丘，小山头。

【新解】李镜池说："这是渔猎时代转到农业时代大量开垦田地来耕种的事，渔猎时代挖了许多陷阱捕兽。到了以农业为主的时候，就得逐渐把陷阱填平。爻辞说陷阱没有填满，小山头却锄平了。无咎，说明对耕种没问题。"

上六：系用徽纆，寘于丛棘，三岁不得。凶。

【新译】习坎卦上六：被别人抓住了用绳索捆绑，押入牢房，牢房外面种满了荆棘，关了三年还没有放出来。问筮得凶占。

【新注】系：捆住。 徽纆（huī mò）：绳子。 丛棘：监狱。

【新解】李镜池说："这是说把俘虏捆绑得紧紧的，放在周围有丛棘的作为牢狱的地窖里，关了多年还不能使他服从当奴隶，最后还出了事，所以说'凶'。"吴澄说："《周官》司圜收教罢民，'能改者，上罪三年而舍'，'其不能改而出圜土者，杀'。'三岁不得'，其罪大而不能改者与？"《周易折中》案："不得者，不能得其道也。如悔罪思愆，是谓得道，则其困苦幽囚，止于三岁矣。圣人之教人动心忍性以习于险者，虽罪罟已成，而犹不忍弃绝者如此。"

30. 离　　離（火）上
離（火）下

离：利，贞，亨，畜牝牛，吉。

【新译】离卦卦辞：紧紧抓住先义后利、贞固公平、美善亨通等美德，像畜养母牛那样修养美德，人生就能吉善祥和。

【新注】离：卦名。引申为紧紧抓住。帛书作"罗"。卦爻辞中"离"字帛书均作"罗"。离、罗，来母双声，歌部叠韵，古

通用。《方言》："罗谓之离。""离谓之罗。"在鸟曰离，于人为罗。鸟落网中曰离，人以网捉鸟曰罗。离之为言著于罗网之上也。罗之为言谓人以网捉鸟。罗离同谓而义异。《周易音义》："离，丽也。丽，著也。"罗，捕鸟的网。古有鸟网、兔网、麋网、彘网、鱼网之分。《尔雅·释器》："鸟罟谓之罗。"郭璞《注》："谓罗络之。"《说文解字》："罗，以丝罟鸟也。从网、从维。古者芒氏初作罗。"李巡说："鸟飞张网以罗之。"《诗·王风·兔爰》："有兔爰爰，雉离于罗。"毛《传》："鸟网为罗。"牝牛：母牛，可以生殖小牛繁衍后代的牛。

【新解】离卦卦辞告诫人们，无论身处何种险境，都要紧紧抓住先义后利、贞固公平、美善亨通等美德，像畜养母牛那样修养美德，人生就能逢凶化险，求得平安幸福吉善祥和。程颐说："《离》，《序卦》：'《坎》者陷也，陷必有所丽，故受之以《离》。《离》者，丽也。'陷于险难之中，则必有所附丽，理自然也。《离》所以次《坎》也，《离》丽也，明也。取其阴丽于上下之阳，则为附丽之义。取其中虚，则为明义。《离》为火，火体虚，丽于物而明者也。又为日，亦以虚明之象。"胡炳文说："《坎》之明在内，以刚健而行之于外；《离》之明在外，当柔顺以养之于中。"

初九：履错然敬之，无咎。

【新译】离卦初九：仪礼开始普遍施行而后天下爱敬之心生、无咎之乐行。

【新注】履错：帛书作"礼昔"。礼，仪礼。昔，始也。《广雅·释诂（一）》："昔，始也。"

【新解】孔颖达说："身处《离》初，故其所履践，恒错然敬慎，不敢自宁。故云：'履错然敬之无咎。'若能如此恭敬，则得避其祸而无咎。"

六二：黄离，元吉。

【新译】离卦六二：晚年依然紧紧恪守美善元始等道德规范，必然吉善祥和。

【新注】黄：黄昏。借喻人生晚年。

【新解】保持晚节，福莫大焉。王弼说："居中得位，以柔处柔，履文明之盛而得其中，故曰'黄离元吉'也。"

九三：日昃之离，不鼓缶而歌，则大耋之嗟，凶。

【新译】离卦九三：人到中年尚能恪守道德规范，进入七八十岁之后便放松了道德修养，留下了人生遗憾，因而凶险。

【新注】日昃：太阳过中偏西的天象。 大耋（dié）：垂暮老人。马融说："七十曰耋。"王肃说："八十曰耋。"

【新解】李镜池说："凶：据《释文》，古文和郑玄本无。比王弼本有'凶'字好。因中间两爻相对，九四爻也没有贞兆词。且'大耋之嗟'并非表示悲伤之意。这是写敌人的一次袭击：一个黄昏，敌人突然袭击，男女老少都动员起来。妇幼在齐声高叫，这不是唱歌，因为没有乐器伴奏而是呐喊抗敌；老头们有心无力，只好在那里叹息。"

九四：突如其来如、焚如、死如、弃如。

【新译】离卦九四：敌人突然出现前来，焚烧房屋，杀死人们，抛弃尸首。

【新注】突：突然出现。突，帛书作"出"。出，出现。 来如：前来。如，语尾助词。 弃如：杀而弃其尸之谓也。

【新解】何楷说："三处下卦之尽，似日之过中；四处上卦之始，似火之骤烈。"

六五：出涕沱若，戚嗟若。吉。

【新译】离卦六五：人们悲恨交织泪流满面，悲伤痛恨叹息着。问筮得吉占。

【新注】出涕沱若：面对突然出现的敌人的暴行悲恨交织泪流满面。沱若，涕多貌。《周易音义》："出，如字。徐：尺遂反。王嗣宗：敕类反。涕，徐：他米反；又音弟。沱，徒河反，苟作池，一本作沲。"

【新解】蔡渊说："《坎》《离》之用在中，二、五皆卦之中也。《坎》五当位而二不当位，故五为胜。《离》二当位而五不当

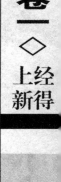

位，故二为胜。"

上九：王用出征，有嘉折首，获匪其丑。无咎。

【新译】离卦上九：王出兵讨伐来犯之敌，嘉奖杀敌有功者，打了大胜仗，抓捕了大批敌人，平息了战乱。问筮得没有灾害的占断。

【新注】丑：类，众。比喻大批敌人。一说为"元恶"。

【新解】《周易折中》案："上九承四、五之后，有重明之象。故在人心则为克己而尽其根株，在国家则为除乱而去其元恶。"

卷二 下经新得

31. 咸 ䷞ 兑（泽）上
艮（山）下

咸：亨，利，贞，取女，吉。

【新译】咸卦卦辞：感恩感应，美善亨通，义利和顺，贞固公正，以此娶妻，吉善和谐，幸福美满。

【新注】咸：卦名。咸，感也。感恩，感应，感激，感动，交感。《周易音义》："咸，如字。《象》云：感也。" 取女：娶女。取，同"娶"。《周易音义》："取，七具反。本亦作娶，音同。"

【新解】追梦造福需要上下一心、互相感恩、互相感应、互相感激、互相感化、互相感召、互相感动、互相给予、互相激励。《彖传》："咸，感也。柔上而刚下，二气感应以相与。止而说，男下女。是以亨利贞，取女吉也。天地感而万物化生，圣人感人心而天下和平，观其所感而天地万物之情可见矣。"郑玄、王肃等人亦以三种美德解读咸卦卦辞中的"亨，利，贞"。郑玄说："其为人也，嘉会礼通，和顺于义，干事能正。三十之男，有此三德，以下二十之女；正而相亲说，取之则吉也。"王肃说："山泽以气通，男女以礼感。男而下女，初婚之所以为礼也。通、义、正，取女之所以为吉也。"程颐说："《咸》，《序卦》'有天地然后有万物，有万物然后有男女，有男女然后有夫妇，有夫妇然后有父子，有父子然后有君臣，有君臣然后有上下，有上下然后礼义有所错'。天地，万物之本；夫妇，人伦之始。所以上经首《乾》《坤》，下经首《咸》继以《恒》也。天地二物，故二卦分为天地之道。男女交合而成夫妇，故《咸》与《恒》皆二体合为夫妇之义。"丘富国说："《咸》二少相交者，夫妇之始也，所以论交感之情，故以男下女为象，男下于女，婚姻之道成矣。《恒》二长相承者，夫妇之终也，所以论处家之道，故以男尊女卑为象，女下于男，居室之伦正矣。《损》虽二少而男不下女，则咸感之义微；《益》虽二长而女居男上，则恒久之义悖。此下经所以不首《损》《益》而首《咸》《恒》与？"胡炳文说："咸，感也。不曰感而曰咸，咸，皆也，无心之感也。无心于感者，无所不通也。感则必通，而利在于正。泛言感之道如此。取女吉，专言取女者当如是也。"

初六：咸其拇。

【新译】咸卦初六：感应触摸抚爱少女的大拇指。

【新注】拇：大拇指。《说文解字》："拇，将指也。"拇，《周易集解》作"母"。虞翻说："母，足大指也。《艮》为指，《坤》为母，故'咸其母'。"虞翻此本《彖》《象》以为解，认为《咸》从《否》变来。《否》之六三上升到上九成《兑》女，《否》之上九下降到六三成《艮》，则成泽山之《咸》矣。天地（《乾》《坤》）因山泽（《艮》《兑》）孔窍而感应以通其气，《乾》下感《坤》，万物化生于山泽。

【新解】朱熹说："《咸》，以人身取象。感于最下，咸拇之象也。感之尚浅，欲进未能，故不言吉凶。此卦虽主于感，然六爻皆宜静而不宜动也。"

六二：**咸其腓，凶；居，吉。**

【新译】咸卦六二：感应触摸抚爱少女的腿肚子，过于急躁，因而凶险；静而安居，吉善祥和。

【新注】腓（féi）：腿肚子，腿上之多肉处。

【新解】王弼说："咸道转进，离拇升腓，腓体动躁者也。感物以躁，凶之道也。由躁故凶，居则吉矣。处不乘刚，故可以居而获吉。"

九三：**咸其股，执其随，往，吝。**

【新译】咸卦九三：抚爱感应少女的腿肚子，心动形随，往

易经新得

142

则吝难。

【新注】执其随：爱慕之心跳动，爱慕之情乃执以随行。

【新解】《周易折中》案："'执其随'，《本义》以为随下二爻，《程传》以为随上。然随之为义，取于雁行相从，则以三为随四者为近是。证之随卦，初刚随二柔，五刚随上柔，可见也。盖四者，心位也，心动则形随之。而三直股位，与四相近而相承，故有'咸其股，执其随'之象。证之艮卦，以三为心位，六二亦曰'不拯其随'可见也。夫心固身之主也，然心动而形辄随之，亦非制外养中之道，推之人事，则如臣子之诡随容顺皆是也。以三之德不中正，故如此。"

九四：贞，吉，悔亡。憧憧往来，朋从尔思。

【新译】咸卦九四：贞固公正，吉善祥和，悔恨消失。怀着思念往来不断，女朋友也同样眷念不已。

【新注】憧憧（chōng）：心怀眷念。虞翻说："憧憧，怀思虑也。"一释为往来不断的样子。《广雅·释训》："憧憧，往来也。"徐干《中论》："使人憧憧乎得亡缀缀而不定。"《周易音义》："憧憧，昌容反。马云：行貌。王肃云：往来不绝貌。《广雅》云：往来也。刘云：意未定也。徐又音童，又音钟。"帛书作"童童"。《广雅·释言》："童童，盛也。" 朋：女朋友。虞翻说："兑为朋，少女也。"

【新解】胡炳文说："寂然不动，心之体；感而遂通，心之用。'憧憧往来'，已失其寂然不动之体，安能感而遂通天下之故。'贞吉悔亡'，无心之感也。何思何虑之有？'憧憧往来'，私矣。"

九五：咸其脢，无悔。

【新译】咸卦九五：感应抚爱触摸女朋友的大腿，没有悔恨。

【新注】脢（méi）：帛书作"股"。股，髀（bǐ）也，股部，大腿。《说文解字》："股，髀也。""髀，股也。"

【新解】程颐说："九五居尊位，当以至诚感天下，而应二比上。若系二而说上，则偏私浅狭，非人君之道，岂能感天下乎？"

卷二 ◇ 下经新得

上六：咸其辅颊舌。

【新译】咸卦上六：感应抚摸女朋友的面部。

【新注】辅：颊，脸两侧。《说文解字》："辅，人颊车也。"

【新解】王弼说："辅颊舌者，所以为语之具也。'咸其辅颊舌'则滕口说也。'憧憧往来'，犹未光大，况在滕口？薄可知也。"郭忠孝说："《易》称'近取诸身'，独《咸》《艮》二卦言之为详，而其成终有特异，岂非《咸》极于说，《艮》终于止耶。观'艮其辅，言有序'，为可知矣。"郑汝谐说："卦言感应之理，六爻皆不纯乎吉，何也？卦合而言之，爻析而言之。天地感而万物化生，圣人感人心而天下和平。《咸》之全也。六爻之所感不同，《咸》之偏也。自初至上，皆以人身为象，囿于有我，安能无不感乎？"李镜池说："本卦为《下经》的首卦，与《上经》的首卦《乾》一样，主要是象占。这在《周易》是很少见的。卦爻辞以梦所见事，即日常生活中发生的事进行占筮，伤拇、腓、股、脢、辅颊、舌，由人体之下而上，依次排列，很有组织。贞事的只有婚姻和商旅，属家庭生活的内外两个方面。但与咸义无关。"

王明说："咸卦爻辞原是描绘一对青年男女相爱的故事。咸卦卦辞也只是表明筮问娶女吉利而已。"并将卦爻辞译为："咸卦。享礼，有利于筮问，娶女吉祥。初六爻，少男捏少女的脚拇趾。六二爻，少男使劲拧她的脚肚子，她觉痛得很，企图逃跑；幸而好言劝慰，留下来，安吉。九三爻，轻轻摸她的大腿，紧紧握住她的膝盖，不好意思跑了。九四爻，筮问吉利，要想逃跑，觉得难为情。瞧这么多的人往来不绝，都跟着你哩！九五爻，抚摸她的喉间梅核，不碍事。上六爻，亲她的脸儿，吻她的嘴和舌。"

易经新得

32. 恒 ䷟ 震（雷）上
巽（风）下

恒：亨，无咎，利，贞，利有攸往。

　　【新译】恒卦卦辞：恒久坚持，美善亨通，无有灾咎，义利和顺，贞固公正，利于有所往行（作为）。

　　【新注】恒：卦名。恒，久，永久。《周易音义》："恒，如字，久也。"郑玄说："恒，久也。《巽》为风，《震》为雷，雷风相须而养物，犹长女承长男，夫妇同心而成家，久长之道也。夫妇以嘉会礼通，故'无咎'。其能和顺干事，所行而善矣。"

　　【新解】夫妇追梦造福需要同心同德，恒久坚持"美善亨通、义利和顺、贞固公正"等美德，家庭才能"无有灾咎"，才能"利于有所往行（作为）"。《彖传》："恒，久也。刚上而柔下，雷风相与，巽而动，刚柔皆应，恒。恒亨无咎，利贞。久于其道也。天地之道，恒久而不已也。利有攸往，终则有始也。日月得天而能久照，四时变化而能久成，圣人久于其道而天下化成。观其所恒，而天地万物之情可见矣。"程颐说："《恒》，《序卦》：'夫妇之道，不可以不久也。故受之以《恒》。恒，久也。'《咸》，夫妇之道。夫妇终身不变者也。故《咸》之后受之以《恒》也。《咸》，少男在少女之下，以男下女，是男女交感之义。《恒》，长男在长女之上，男尊女卑，夫妇居室之常道也。论交感之情，则少为亲切。论尊卑之序，则长当谨正，故《兑》《艮》为《咸》，而《震》《巽》为《恒》也。男在女上，男动于外，女顺于内，人理之常，故为《恒》也。又刚上柔下，雷风相与，《巽》而动，刚柔相应，皆《恒》之义也。"

初六：浚恒。贞，凶，无攸利。

　　【新译】恒卦初六：深浚恒久，贞固公正。如遇凶险，则无所利。

　　【新注】浚恒：深浚恒久。浚，深。

　　【新解】追梦造福，贵在坚持。胡瑗说："天下之事，必皆有渐，在乎积日累久，而后能成其功。是故为学既久，则道业可成，圣贤可到；为治既久，则教化可行，尧舜可至。若是之类，莫不由积日累久而后至，固非骤而及也。初六居下卦之初，为事之始，责其长久之道，永远之效，是犹为学之始。"

九二：悔亡。

【新译】恒卦九二：忧虑悔恨消失。

【新注】《象传》："九二悔亡，能久中也。"荀爽说："《乾》为久也。能久行中和，以阳据阴，故曰'能久中也'。"

【新解】能够坚持不懈恒久实行中和之道就会达到"悔亡"的效果。二为阴位，九为阳爻。阴位得阳爻，是不当位，前面又有两阳爻，当有悔焉。但二居下卦之中，进虽不利，能中正自守，常行中和之道，便能无悔也。《周易折中》案："恒者，常也。中则常矣。卦惟此爻以刚居中，《大壮》之壮。戒于太过，而四阳爻惟二得中。《解》'利西南'贵处后也，而卦惟初六为最后。此皆合乎卦义而甚明者。故直系以吉占而辞可略也。"

九三：不恒其德，或承之羞。贞，吝。

【新译】恒卦九三：不能恒久坚持美德，就要受到人们的批评。问筮得到了吝难之占。

【新注】不恒其德：不能恒久坚持美德。《论语·子路》："子曰：'南人有言曰，人而无恒，不可以作巫医。善夫！不恒其德，或承之羞。'子曰：'不占而已矣。'"《礼记·缁衣》："子曰：南人有言曰：'人而无恒，不可以为卜筮。'古之遗言与？龟筮犹不能知也，而况于人乎？" 承：承受。《周易音义》："'或承'，或，有也。一云：常也。郑本作'咸承'。" 羞：耻辱。

【新解】追梦造福必须恒久坚持修养美好德行，否则便会半途而废，甚至自取其辱，无所容也。荀爽说："与初同象，欲据初，隔二。与五为《兑》，欲悦之，隔四。意无所定，故'不恒其德'。与上相应，欲往承之，为阴所乘，故'或承之羞'也。'贞吝'者，谓正居其所，不与阴通也。无居自容，故'贞吝'矣。"《周易折中》案："《易》最重者中，故卦德之不善者，过乎中则愈甚。《睽》《归妹》之类是也。卦德之善者，过乎中则不能守矣。《复》《中孚》之类是也。况恒者，庸也，常也。惟中故庸，未有失其中而能常者也。三、上之为'不恒''振恒'者以此。"

九四：田无禽。

【新译】恒卦九四：打猎一无所获。

【新注】田：通"畋"，打猎。　禽：鸟兽的总称。

【新解】胡瑗说："常久之道，必本于中正。九四以阳居阴，是不正也。位不及中，是不中也。不中不正，不常之人也。以不常之人为治则教化不能行，抚民则膏泽不能下，是犹田猎而无禽可获也。"

六五：恒其德，贞。妇人吉，夫子凶。

【新译】恒卦六五：恒久坚持自己的美德，努力修养贞固公正。妇人吉善祥和，夫子凶险艰难。

【新注】恒其德：恒久坚持自己的美德。

【新解】李镜池说："过去妇人在家庭中为从属地位，受压迫，所以吉凶与夫子相反，表明利益对立。"这个说法并不一定准确。因为"恒其德，贞"乃承上爻"不恒其德，或承之羞"所发，二者形成鲜明的对照。谓不进其德就不好，进其德就好。而"恒其德"同"妇人吉、夫子凶"实无必然的逻辑联系。

上六：振恒，凶。

【新译】恒卦上六：振荡动摇恒久之道，必然凶险艰难。

【新注】振恒：振荡动摇恒久之道。

【新解】恒久之道，贵在坚持。振荡动摇恒久之道，必然凶险艰难。王弼说："夫静为躁君，安为动主。故安者，上之所处也。静者，可久之道也。处卦之上，居动之极，以此为恒，无施而得也。"丘富国说："恒，中道也。中则能恒，不中则不恒矣。恒卦六爻，无上下相应之义，惟以二体而取中焉。则恒之义见矣。初在下体之下，四在上体之下，皆未及乎恒者，故泥常而不知变，是以初'浚恒'，四'田无禽'也。三在下体之上，上在

卷二◇下经新得

上体之上，皆已过乎恒者，故好变而不知常，是以三'不恒'而上'振恒'也。惟二五得上下体之中。知恒之义者。而五位刚爻柔，以柔中为恒，故不能制义而但为妇人之吉；二位柔爻刚，以刚中为恒，而居位不当，亦不能尽守常之义，故特言'悔亡'而已。恒之道岂易言哉?"程颐说："居上之道，必有恒德，乃能有功。若躁动不常，岂能有所成乎? 居上而不恒，其凶甚矣。"王申子说："此所谓天下本无事，庸人自扰之。其好功生事之过乎? 故圣人折之曰'大无功'。言振扰于守恒之时，决无所成也。"李镜池说："振：张璠和李鼎祚《集解》作震，雷雨。常有雷雨，生活不好过，故'凶'。本卦讲古代社会生活、生产上的许多困难。可见古人日子不好过，生活艰苦，生产繁忙。"

33. 遁　　　乾（天）上　　　　　　　　　　艮（山）下

遁：亨，小，利，贞。

【新译】遁卦卦辞：隐遁避世依然恪守美善亨通、小而谦谦、义利和顺、贞固公正等品德。

【新注】遁：卦名。隐遁避世。　小：谦谦居小。

【新解】郑玄说："始仕他国，当尚谦谦，小其和顺之道，居小官，干小事，其进以渐，则远妨忌之害，昔陈敬仲奔齐辞卿是也。"程颐说："《遁》，《序卦》：'恒者，久也。物不可以久居其所，故受之以《遁》。遁者，退也。'夫久则有去，相须之理也。《遁》所以继《恒》也。遁，退也，避也，去之之谓也。为卦天下有山。天，在上之物，阳性上进；山，高起之物，形虽高起，体乃止物，有上陵之象而止不进。天乃上进而去之。下陵而上去，是相违遁，故为遁去之义。二阴生于下，阴长将盛，阳消而退，小人渐盛，君子退而避之，故为遁也。"

初六：遁尾厉，勿用有攸往。

【新译】遁卦初六：隐遁避世不彻底则危厉，不用有所作为。

【新注】遁尾厉：隐遁避世不彻底则危厉。尾，微小。《说文解字》：“尾，微也。”厉，危险，危厉。

【新解】孔颖达说：“‘遁尾厉’者，为遁之尾，最在后遁者也，小人长于内，应出于外以避之，而最在卦内，是遁之为后，故曰‘遁尾厉’也。危厉既至，则当危行言逊，勿用更有所往。”

六二：执之用黄牛之革，莫之胜说。

【新译】遁卦六二：套牲口必须用黄牛皮革做的套子，不这样的话牲口就会挣脱。

【新注】执：帛书作“共”。共，双手将牲口笼头（或套子）安置于牲口嘴上。《说文解字》：“共，同也。从廿廾。”“同，合会也。”用套子套牲口，大小合会方能牵引控制。后人不知许慎之共字从廿从廾之义为双手执着笼头以套牲口，是以纷纷责难许君，斥其望文生义。　革：帛书作“勒”。革、勒，叠韵。勒，络，引申为笼头。《释名·释车》：“勒，络也。络其头而引之也。”　胜说：能够挣脱。胜，能。《周易集解》：“虞翻曰：胜，能。”说，通“脱”。帛书作“夺”。夺，得而失之，脱也。《周易集解》：“虞翻曰：说，解也。”

【新解】朱熹说：“以中顺自守，人莫能解，必遁之志也。占者固守，亦当如是。”

九三：系遁，有疾厉。畜臣妾，吉。

【新译】遁卦九三：系于六二而获得潜遁，病此系执而获危惧。潜遁之时居家养育家庭成员，吉善祥和。

【新注】系遁：系于六二而获得潜遁。　畜臣妾：育养家庭成员。畜，养育。《广雅·释诂》：“畜，养也。”臣妾，家庭奴隶。《诗·小雅·正月》：“民之无辜，并其臣仆。”郑玄《笺》：“人之尊卑有十等，仆第九，台第十。言王既刑杀无罪，并及其家之贱者，不止于所罪而已。”《书·费誓》：“臣妾逋逃。”伪《孔传》：“贱者：男曰臣，女曰妾。”帛书“臣”作“仆”。“仆”乃“臣妾”的总称。

【新解】程颐说：“阳志说阴，三与二切比，系乎二者也。遁贵速而远，有所系累，则安能速且远也。害于遁矣。故为有疾

卷二 ◇ 下经新得

也。遁而不速，是以危也。"

九四：好遁，君子吉，小人否。

【新译】遁卦九四：喜欢隐遁避世，对于君子来说吉善祥和，对于小人来说则并非吉善祥和。

【新注】好遁：喜欢隐遁避世。好，爱好，喜欢。

【新解】喜欢隐遁避世并非对每一个人都是好事情，好遁也是因人而异的。所以遁卦九四爻辞说"好遁，君子吉，小人否"。朱震说："好者，情之所好也。君子刚决，以义断之，舍所好而去，故吉。否者，不能然也。此爻与初六相应，处阴而有所系，故陈小人之戒，以左君子之决。"《周易折中》案："好者，恶之反也。好遁，言其不恶也。从容以遁，而不为忿戾之行。孟子曰：'予岂若是小丈夫然哉？怒悻悻然见于其面。'正好遁之义也。小人否者，即孟子所谓小丈夫者也。""'君子吉，小人否。'若以小人与君子相敌者言之，则否字解如泰否之义。谓好遁者身退道亨，在君子固吉矣。然岂小人之福哉？自古君子退避，则小人亦不旋踵而覆败。是君子之遁者，非君子之凶，乃君子之吉。而致君子之遁者，非小人之泰，乃小人之否也。此义与'剥庐'之指正同。盖《易》虽不为小人谋，而未尝不为小人戒也。"

九五：嘉遁，贞，吉。

【新译】遁卦九五：赞美隐遁避世的境界，贞固公平，吉善祥和。

【新注】嘉：赞美。

【新解】赞美隐遁避世的境界，而获贞固公平、吉善祥和等美德。这就告诉人们遁卦提倡追求赞美的隐遁避世的境界，实际上是一种坐冷板凳的境界。追梦造福需要有坐冷板凳的境界和精神。《周易折中》案："此爻虽不主君位，然居尊则亦臣之位高者也。凡功成身退者，人臣之道。故伊尹曰：'臣罔以宠利居成功。'岂非遁之嘉美者乎？'嘉'之义，比'好'又优矣。"

上九：肥遁，无不利。

【新译】遁卦上九：宽裕自得陶醉于隐遁避世的境界之中，

没有不利。

【新注】肥：宽裕自得，陶醉。

【新解】遁卦提出并赞美隐遁避世的人生追求。这种隐遁避世的人生追求，实际上是一种坐冷板凳的人生追求。追梦造福就特别需要坐冷板凳的精神境界。前人不明白这一点，因而大都从消极方面解读遁卦卦爻辞。《象传》："天下有山，遁。君子以远小人，不恶而严。遁尾之厉，不往何灾也。执用黄牛，固志也。系遁之厉，有疾惫也。畜臣妾吉，不可大事也。君子好遁，小人否也。嘉遁贞吉，以正志也。肥遁无不利，无所疑也。"侯果说："最处外极，无应于内，心无疑恋，超世高举，果行育德，安时无闷，遁之肥也，故曰'肥遁，无不利'。"王弼说："最处外极，无应于内，超然绝去，心无疑顾，忧患不能累，增缴不能及，是以'肥遁无不利'。"项安世说："下三爻《艮》也，主于止，故为'不往'，为'执革'，为'系遁'。上三爻《乾》也，主于行，故为'好遁'，为'嘉遁'，为'肥遁'也。"

34. 大壮 震（雷）上 乾（天）下

大壮：利，贞。

【新译】大壮卦卦辞：强健而有力，坚持义利和谐、贞固公正。

【新注】大壮：卦名。帛书作"泰壮"。泰壮，强健有力量，刚健强壮。泰，大也。马融注泰卦云："泰，大也。"《周易音义》："大壮，庄亮反。威盛强猛之名。郑云：气力浸强之名。王肃云：壮，盛也。《广雅》云：健也。马云：伤也。郭璞云：淮南人呼壮为伤。"

【新解】追梦造福必须有力地坚持义利和谐、先义后利、贞固公正的美德。程颐说："《大壮》，《序卦》：'遁者退也。物不可以终遁，故受之以《大壮》。'遁为违去之义，壮为进盛之义。遁者，阴长而阳遁也。大壮，阳之壮盛也。衰则必盛，消息相须，故既遁则必壮。《大壮》所以次《遁》也。为卦《震》上《乾》下。《乾》刚而《震》动。以刚而动，《大壮》之义也。刚阳，大也。阳长已过中矣。大者，壮盛也。又雷之威震而在天上，亦大壮之义也。""大壮之道，利于贞正也。大壮而不得其正，强猛之为耳，非君子之道壮盛也。"《象传》："大壮，大者壮也。刚以动，故壮。大壮利贞，大者正也。正大而天地之情可见矣。"侯果说："此卦本《坤》，阴柔消弱，刚大长壮，故曰'大壮'也。"荀爽说："《乾》刚《震》动，阳从上升，阳气大动故壮也。"虞翻说："四进之五，乃得正，故'大者正也'。正大谓四之五成《需》，以《离》日见天，《坎》月见地，故'天地之情可见也'矣。"《象传》用卦象、卦体、卦德解释《大壮》卦名，用"正大"诠释《大壮》卦辞"大壮利贞"，认为只"大"不"正"不能利于正，只有"大"而且"正"才能认识万物之情。告诫人们要有广阔的胸怀与正直的品德。海纳百川，百川朝宗于海，大海有容故不枯竭。大自然是这样，做人也是这样。有容就是正直宽容的品德，没有宽容的品德，再大也不能容物。做人、做事必须正大才能光明，做学问也必须正大才能有真知灼见。

初九：壮于趾，征凶。有孚。

【新译】大壮卦初九爻辞：在去征伐的军旅途中，一人走路不小心，脚趾受了伤，预感到征伐的灾难。恪守诚信原则（忠于祖国，奋勇杀敌），就一定能够化险为夷。

【新注】壮于趾：伤了脚趾。壮，通"戕"，伤也。《姤》"女壮"。虞翻说："女壮，伤也。"卦辞"壮"训"大"，此爻辞"壮"训"伤"。此同卦中同字而异义者，不可不审也。

【新解】追梦造福克敌制胜需要忠诚勇猛。前人不明此理，多以刚柔动静为说。王申子说："卦虽以刚壮为义，然爻义皆贵于用柔。盖以刚而动，刚不可过也。趾在下而主于行。初《乾》体而居刚用刚，是壮于行而不顾者也。在上犹为过，况在下乎？其凶必矣。"

九二：贞，吉。

【新译】大壮卦九二：贞固公正，吉善祥和。

【新注】爻贵得位。大壮卦以阳爻居于阴位，为能践行"贞，吉"，阴阳和谐，居中履正，因而第二爻（九二）与第四爻（九四）都有"贞，吉"二字。

【新解】王弼说："居得中位，以阳居阴，履谦不亢，是以'贞吉'。"

九三：小人用壮，君子用罔。贞，厉。羝羊触藩，羸其角。

【新译】大壮卦九三：大大地信用小人而置君子于不用。虽然自己贞固公正，但依然存在危厉。果然陷入了像公羊触篱笆那样的不能进不能退的困境。

【新注】小人用壮：小人壮用，壮用小人，大用小人。 君子用罔：君子亡用，亡用君子，不用君子。罔，帛书作"亡"。亡，无，不。 羝（dī）羊：公羊。《周易音义》："羝羊，音低。张云：羖（gǔ，公羊）羊也。《广雅》云：吴，羊曰羝。" 触藩：碰撞篱笆。 羸（léi）：拘系。通"累"。帛书《井》"累其刑瓶"之"累"，通行本正作"羸"，是"羸""累"二字通用之证。《周易音义》："羸，律悲反。力追反。下同。马云：大索也。徐：力皮反。王肃作缧，音螺。郑、虞作累，蜀才作累，张作虆。"

【新解】刘牧说："罔，不也。君子尚德而不用壮，若固其壮，则危矣。"

九四：贞，吉，悔亡。藩决不羸。壮于大舆之輹。

【新译】大壮卦九四：贞固公正，吉善祥和，悔吝恨惜无有。羊从不能进不能退的窘境中解脱出来了。大车有力地开过去碰翻了篱笆，篱笆已经失去了故有的功用。

【新注】輹：借为辐，车轮上连接车轴和车圈的木条或钢条。《音义》："輹，音福，本又作辐。"

【新解】朱熹说："'贞吉悔亡'，与《咸》九四同占。'藩决不羸'承上文而言也。决，开也。三前有四，犹有藩焉。四前二阴，则藩决矣。'壮于大舆之輹'。亦可进之象也。以阳居阴，不极其刚，故其象占如此。"

六五：丧羊于易。无悔。

【新译】大壮卦六五：在狄方丧失了羊群。没有悔吝恨惜。

【新注】易：即狄。有易，古族名。亦作"翟"。春秋前长期活动于齐、鲁、晋、卫、宋、邢等国之间，与诸国有频繁的接触。公元前七世纪时，分为赤狄、白狄、长狄三部，各有支系。因为他们主要居住于北方，故又通称为北狄。

【新解】这里主要讲殷先王王亥丧其羊于狄易。因丧羊的历史事件未记王亥被杀，故云"无悔"。而《旅》上九"丧牛于易凶"，据史实则王亥被杀，直接原因盖为狄人要抢他们的牛。

上六：羝羊触藩，不能退，不能遂，无攸利，艰则吉。

【新译】大壮卦上六：公羊触在篱笆上，两只角都卡住了，欲进不能，欲退不得，无所利，艰难困苦中创造出吉善祥和境界。

【新注】艰：艰难困苦。

【新解】生于忧患，死于安乐。艰难困苦，玉汝于成。追梦造福，艰则吉也。《周易折中》案："五与上皆阴爻，而当阳壮已过之时，五犹曰'丧羊'，而上反曰'羝羊触藩'，何也？盖《易》者像也。羊之触也以角，卦似《兑》，有羊象，而上六适当角位，故虽阴爻而亦云触藩也，阴柔不至于羸角，但不能退不能遂而已。'艰则吉'者，知其难而不敢轻易处之也。故可进则进，不可进则退。《杂卦》谓《大壮》则止是也。"项安世说："有以事理得中为正者，有以阴阳当位为正者。刚以柔济之，柔以刚济之，使不失其正，此事理之正也。以刚处刚，以柔处柔，各当其位，此爻位之正也。《大壮》之时义，其所谓'利贞'者，利守事理之正，不以爻位言也。是故九二、九四、六五三爻，不当位而皆利。初九、九三、上六三爻，当位而皆不利。又于九二、九四爻辞明言'贞吉'，于初九、九三爻辞明言'征凶''贞厉'。圣人犹恐其未明也。又以小象释之，于九二则曰'九二贞吉以中也'，明正吉以中而不以位也。于六五则曰'位不当也'，亦明无悔在中不在位也。《易》之时义屡迁如此。"李镜池说："本卦爻辞的意义，在于说明由狩猎发展为畜牧业，再发展到农业。以饲羊作为畜牧业的特征，并记载了历史上周人被狄人抢羊的事。"

35. 晋 ䷢ 离（火）上\
坤（地）下

晋：康侯用锡马蕃庶，昼日三接。

【新译】晋卦卦辞：康侯用王所赐的马在潩水河畔昼夜不停地进行繁殖。

【新注】晋：卦名，以潩水取名。帛书"晋"字增"水"旁，则为潩水无疑。旧注"晋"为"进"。《周易音义》："晋，《彖》云：'进也。'孟作齐。齐，子西反，义同。" 康侯：武王弟康叔封，封于卫。《周易音义》："康，美之名也。马云：安也。郑云：尊也，广也。陆云：安也，乐也。"

【新解】程颐说："《晋》，《序卦》：'物不可以终壮，故受之以《晋》。晋者进也。'物无壮而终止之理，既盛壮则必进。《晋》所以继《大壮》也。为卦《离》在《坤》上，明出地上也。日出于地，升而益明，故为《晋》。晋，进而光明盛大之意也，凡物渐盛为进。故《彖》云：'晋，进也。'卦有有德者，有无德者，随其宜也。《乾》《坤》之外，云'元亨'者，固有也；云'利贞'者，所不足而可以有功也。有不同者，《革》《渐》是也，随卦可见。《晋》之盛而无德者，无用有（者）也。《晋》之明盛，故更不言亨，顺乎大明，无用戒正也。"《周易折中》案："《易》有《晋》《升》《渐》三卦，皆同为进义而有别。《晋》如日之方出，其义最优。《升》如木之方生，其义次之。《渐》如木之既生，而以渐高大，其义又次之。观其象辞，皆可见矣。"

初六：晋如摧如。贞，吉。罔，孚裕，无咎。

【新译】晋卦初六：疏通了潩水河床，排除了水涝等自然灾害，人民又富裕起来了，再也没有什么灾难了。贞固公正，吉善

祥和。悔恨消失，诚信光裕，没有灾咎。

【新注】晋如摧如：帛书作'潜如浚如"。潜如浚如，疏通挖深潜水河道。潜浚盖如浚洙。潜浚乃浚潜之倒装，并分别插入语尾助词"如"。《春秋公羊传·庄公九年》："冬，浚洙。洙者何？水也。浚之者何？深之也。"《谷梁传》："浚洙者，深洙也。"
罔：帛书作"悔亡"。   孚：诚信。   裕：光裕。

【新解】追梦造福不仅需要"贞，吉"，而且需要光裕诚信（"孚裕"），才能"悔亡""无咎"。王安石说："初六以柔进，君子也。度礼义以进退者也。常人不见孚，则或急于进，以求有为，或急于退，则怼上之不知。孔子曰：'我待价者也。'此罔孚而裕于进也。孟子久于齐，此罔孚而裕于退也。"

六二：晋如愁如。贞，吉。受兹介福于其王母。

【新译】晋卦六二：潜水啊浩浩荡荡翻滚流逝。贞固公正，吉善祥和。康侯享受这么大的幸福于其王母面前。

【新注】晋如愁如：潜水啊浩浩荡荡地翻滚流逝。愁，通"湫"，水流翻滚如风貌。宋玉《高唐赋》："湫兮如风。"   受兹介福于其王母：受此大福于其王母。兹，此也。介福，大福。介，大。

【新解】李镜池认为，这里说的似是武王克商事。进攻并迫使商人投降之后，武王祭王母，说这是得王母的福佑。武王的祖母及母亲都是商女，所以克商后要对王母特祭。今不取斯说。《周易折中》案："二五相应者也。以阴应阳，以阳应阴，则有君臣之象。以阴应阴，则有姑妇之象。不曰母而曰王母者，礼重昭穆，故孙祔于祖，则孙妇祔于祖姑，盖以昭穆相配。《易》爻以相配喻相应也。此明其为王母，而《小过》只言'妣'，蒙上'过其祖'之文尔。六五卦之主，而二应之，故有'受福'之义。"

六三：众允，悔亡。

【新译】晋卦六三：大家都诚实守信，悔恨消失。

【新注】众允：大家都诚实守信。众，大家。允，诚信。

易经新得

156

《诗·小雅·车攻》："允矣君子。"郑氏《笺》："允，信。"《书·益稷》："庶尹允谐。"孔氏《传》亦以"信"训"允"。

【新解】程颐说："以六居三，不得中正，宜有悔咎，而三在顺体之上，顺之极者也。三阴皆顺上者也。是三之顺上，与众同志，众所允从，其悔所以亡也。"

九四：晋如，鼫鼠。贞，厉。

【新译】晋卦九四：面对浩荡的潽水烧烤着老鼠。虽然贞固公正，依然存在危险因素。

【新注】鼫鼠：帛书作"炙鼠"。

【新解】虽然贞固公正，依然存在危险因素。这就告诫人们还需要做得更好，追求完美无瑕。朱熹说："不中不正，以窃高位，贪而畏人，盖危道也。故为鼫鼠之象。占者如是，虽正亦危也。"《周易折中》案："此卦以象辞观之。则九四以一阳而近君，康侯之位也。参之爻义，反不然者，盖卦义所主在柔，则刚正与时义相反。当《晋》时，居高位，而失静正之道，乖退让之节，贪而畏人，则非鼫鼠而何？'贞厉'者，戒其以持禄保位为常，而不知进退之义也。"

六五：悔亡。失得勿恤。往，吉，无不利。

【新译】晋卦六五：恨惜消失。身被箭射中了而未流血。前往则吉善和谐无所不利。

【新注】失得：帛书作"矢得"。矢得，得矢，中矢也，即中箭。得，通"中"。《周易音义》："失，如字。孟、马、郑、虞、王肃本作矢。马、王云：离为矢。虞云：矢，古誓字。" 勿恤：帛书作"勿血"。勿血，无血。勿，无。

【新解】朱熹说："以阴居阳，宜有悔矣。以大明在上，而下皆顺从，故占者得之，则其悔亡。又一切去其计功谋利之心，则'往吉'而'无不利'也，然亦必有其德，乃应其占耳。"刘牧说："阳为躁动，阴为静止。三五阳位，以阴居之，能节其动，故爻辞不称'晋'，而皆曰'悔亡'。"《周易折中》案："象辞言康侯之被遇，而传以柔进上行释之，则圣人之意，以此爻当康侯而为卦主明矣。盖凡卦皆有主，其合于象辞者是也。九四高位而爻辞不善如此。则象辞之义，诚非六五不足以当之。晋如鼫鼠者，患得患失，鄙夫之行也。失得勿恤者，竭诚尽忠，君子之志也。"

上九：晋其角，维用伐邑。厉，吉，无咎。贞，吝。

【新译】晋卦上九：被派遣去打城邑，却在溍水之上打起来了。危厉，但能吉善和谐，因而没有灾咎；虽然贞固公正，但仍需避免咎难艰险。

【新注】角：角斗，较量。《孙子·虚实》："角之而知有余、不足之处。"（李镜池说） 维：帛书作"唯"。唯，语助词，无义。《论语·述而》："与其进也，不与其退也，唯何甚！"

【新解】追梦造福无论顺境逆境都需要坚持吉善和谐、贞固公正，才能真正无咎无吝。《周易折中》案："'晋其角'者，是知进而不知退者也。知进而不知退者，危道也。然亦有危道使然，而进退甚难者，惟内治其私，反身无过。如居家则戒子弟、戢（jí）僮仆，居官则杜交私、严假托。皆伐邑之谓也。如此则虽危而吉无咎矣。若以进为常，纵未至于危也，宁无愧于心乎？"赵汝腾说："下三爻皆柔顺而《坤》体，故初、二'吉'，三'悔亡'，四、上以阳不当位，故厉且吝，惟五以柔明居尊位，故'往吉无不利'也。"龚焕说："《晋》卦诸爻，皆以进为义，初、二、三、五，柔之进。四与上，刚之进也。四阴二阳，阴多吉而阳多厉者，晋以柔顺为善，刚强则躁矣。故《象传》说：'顺而丽乎大明，柔进而上行。'卦之得名，其亦以柔为主与？"李镜池说："这与《师》《同人》《离》都是军事专卦。爻辞分三部分：前部主要讲战术；中部讲士卒质素；后部讲战略。表明作者对于军事思想是有相当修养的。"

36. 明夷 ䷣ 坤（地）上
离（火）下

卷二 ◇ 下经新得

明夷：利，艰贞。

【新译】 明夷卦卦辞：见飞鸟鸣鹎，不忘先义后利，艰难困苦之际更应恪守贞固公正原则。

【新注】 明夷：卦名。本为鸟名，即鸣鹎。荀爽以为飞鸟。李镜池考定为鸣鹎（详《古史辨》第三册）。《周易音义》："夷，伤也。"

【新解】 程颐说："《明夷》，《序卦》：'晋者进也。进必有所伤，故受之以《明夷》。夷者伤也。'夫进之不已，必有所伤，理自然也。《明夷》所以次《晋》。为卦《坤》上《离》下，明入地中也。反《晋》成《明夷》，故义与《晋》正相反。《晋》者，明盛之卦，明君在上，群贤并进之时也。《明夷》，昏暗之卦，暗君在上，明者见伤之时也。日入于地中，明伤而昏暗也。故为《明夷》。"李舜臣说："《易》卦诸爻，《噬嗑》之九四，《大畜》之九三，曰'利艰贞'，未有一卦全体以利艰贞为义者。此盖睹君子之明伤为可惧，而危辞以戒之，其时可知也。"

初九：明夷于飞，垂其翼。君子于行，三日不食，有攸往，主人有言。

【新译】 明夷卦初九：鸣鹎鸟在空中飞翔，垂下它的翅膀。一位有道德修养的君子在旅途上，三天未吃东西，有所往，他的主人批评了他。

【新注】 明夷于飞：鸣鹎鸟在空中飞翔。 垂其翼：帛书作"垂其左翼"。谓垂下左边的翅膀。 君子于行：君子在旅途上。于，在，介词。行，旅途上。 三日不食：三天未吃东西。 有攸往：朝着一个地方去。 主人有言：主人有批评。

【新解】 俞琰说："居《明夷》之初，不敢高飞，遂垂敛其翼以向下。此见几之明，不待难作而早避者也。夫知几而早去，此君子独见，主人固不识也。岂得无言？"

六二：明夷，夷于左股，用拯马壮。吉。

【新译】明夷卦六二：鸣鷬鸟被伤了左股，施行取用健壮的坐骑追射所致。吉善祥和。

【新注】夷于左股：伤了左股。夷，伤。《小尔雅·广言》："夷，伤也。"《序卦传》："夷者，伤也。" 拯：乘。朱熹解为"救"。

【新解】朱熹说："伤而未切，救之速则免矣。故其象占如此。"王宗传说："六二文明之主也。以六居二，柔顺之至。文王以之。"《周易折中》案："《明夷》与丰卦略相似。然《丰》者明中之昏，《明夷》则昏极而不复明也。两卦皆以上六为昏之主，六二为明之主。既为明之主，岂可不以救昏为急？故此之'夷于左股'者，与《丰》二之'往得疑疾'同也；此之'用拯马壮'者，与《丰》之'有孚发若'同也。盖未至于《丰》三之'折其右肱'，则犹有可为之理也。"

九三：明夷，于南狩，得其大首。不可疾贞。

【新译】明夷卦九三：在南守这个地方射得了明鷬鸟中最大的一只。无论如何都不可以损害贞固公正原则。

【新注】于南狩：帛书作"夷于南守"。《周易音义》："狩，手又反。本亦作守。"是唐时尚存作"守"之传本。《音训》："陆氏曰：手又反。本又作守。音同。晁氏曰：《说文》作狩，云：犬田也。《易》明夷于南狩。说之案：守，古文；狩，今文。"南守，盖为地名。谓明夷伤于南守这个地方，与上下爻之"夷于左股""入于左腹"有别。 得其大首：获得了这一群鸣鷬中的最大的一只。盖鸣鷬结群而飞，猎人骑快马追射，先中一鸟之左股，继而又获其最大者，次又中一鸟之左腹，所猎甚多。 不可疾贞：不能匆忙停下来问蓍，而应当继续射追鸟禽。

【新解】胡炳文说："二之救难，可速也。三之除害，不可速也。故有'不可疾贞'之戒。"

六四：入于左腹，获明夷之心，于出门庭。

【新译】明夷卦六四：明鷬鸟被射伤了左腹，满足了猎人出门时萌发捕捉明鸱鸟的心愿。

【新注】入于：帛书作"夷于"。夷于左腹：伤于左腹。

【新解】胡炳文说："初、二、三，在暗外。至四则将入暗中。然比之六五，则四尚浅也。犹可得意于远去。'获明夷之心'者，微子之自靖。'于出门庭'者，微子之行遁也。"

六五：箕子之明夷，利，贞。

【新译】明夷卦六五：射落的这些鸣鸱都是箕子狩猎范围内的，箕子是先义后利、贞固公正的贤臣，不会计较他人之犯己。

【新注】箕子：商纣王的哥哥。武王曾向他请教治国大法。其言语载于《尚书·洪范》之中。《周易音义》："'箕子之明夷。'蜀才'箕'作'其'。刘向云：今《易》箕子作荄滋。邹湛云：训箕为荄，诂子为滋，浸衍无经，不可致诘。以讥荀爽。"

【新解】朱熹说："居至暗之地，近至暗之君，而能正其志，箕子之象也。贞之至也。'利贞'，以戒占者。"

上六：不明，晦。初登于天，后入于地。

【新译】明夷卦上六：箕子的弟弟纣王虽然位于帝王，然不明事理，昏庸无道，终归失败。

【新注】不明：不明白事理。

【新解】追梦造福必须明白事理，不明则晦，晦则梦难圆。李镜池说："《周易》多在卦辞中解释或举例说明标题之一义。而本卦却在最后一爻解释：太阳下山，不亮了，天黑了。这就是明夷（灭）。太阳初登于天为明，后入于地为夷。本卦主要谈行旅，也连及狩猎骑射。其中谈到用心木制弓，反映了当时生产工具的水平。"苏轼说："六爻皆晦也，而所以晦者不同。自五以下，明而晦者也。若上六，不明而晦者也。故曰'不明晦'。"胡炳文说："下三爻以'明夷'为句首，四、五'明夷'之辞在句中，上六不曰明夷，而曰不明晦。盖惟上六不明而晦，所以五爻之明，皆为其所夷。"

37. 家人

巽（风）上
离（火）下

家人：利女贞。

　　【新译】家人卦卦辞：老百姓家利于妇女贞固公正。

　　【新注】家人：卦名。家人，庶人，一家之主人。《盐铁论·崇礼》："夫家人有客。"杨树达《盐铁论要释》："汉人谓庶民为家人。"《汉书·董贤传》："此岂家人子所能堪邪?"颜师古注："家人，犹言庶人也。"又《栾布传》："彭越为家人时，尝与布游。"颜师古注："家人，犹言编户之人也。"窃谓编户之人称家人，盖谓编纂户主姓名也。《周易音义》："家人，《说文》：'家，居也。'案：人所居称家。《尔雅》：'室内谓之家。'是也。"《说文解字》："亥，荄也。十月微阳起接盛阴。从二，二古文上字，一人男一人女也。从乙，象褒子咳咳之形。《春秋传》曰：'女有二首六身。'凡亥之属皆从亥。𠀡古文亥为豕，与豕同。亥而生子复从一起。"可见，家字应从宀从亥，不应从豭省。盖许慎编前者而遗后者也，编后者而忘前者也，致使家字不能得其造字之旨。家本为一种社会组织形式，是社会组织的最小单位。我们古人在造家字的时候已经完全形成了以男女婚姻为基础的生儿育女的家庭观念。家字从宀从豕，豕与亥同义。反映了古人的家庭组织结构、家庭观念等思想。　　利女贞：利于妇女贞固公正。

　　【新解】程颐说："《家人》,《序卦》：'夷者伤也，伤于外者必反于家，故受之以《家人》。'夫伤困于外，则必反于内。《家人》所以次《明夷》也。家人者，家内之道。父子之亲，夫妇之义，尊卑长幼之序，正伦理，笃恩义，家人之道也。卦外《巽》内《离》，为风自火出。火炽则风生，风生自火，自内而出也。自内而出，由家而及于外之象。二与五，正男女之位于内外，为家人之道。明于内而巽于外，处家之道也。夫人有诸身者则能施于家，行于家者，则能施于国，至于天下治。治天下之道，盖治家之道也，推而行之于外耳。故取自内而出之象，为家人之义也。"

初九：闲有家，悔亡。

【新译】家人卦初九：进入家中，悔恨消失。

【新注】闲有家：进入家中。闲，帛书作"门"。门，人之所出入家室之通道。假借为"亹"。亹（wěi），黾勉，进也。《广雅·释训》："亹亹，进也。"《尔雅》："亹亹，勉也。"勉即前进之谓也。《楚辞·九辩》："时亹亹而过中兮。"王逸注："亹亹，进也。"《系辞》："成天下之亹亹者。"虞翻注："亹亹，进也。"门，人之入家所由进也，故"门""亹"音同义通。有，于也。

【新解】王弼说："凡教在初，而法在始。家渎而后严之，志变而后治之，则悔矣。处《家人》之初，为《家人》之始，故必'闲有家'，然后'悔亡'也。"胡炳文说："初之时当闲，九之刚能闲。颜之推曰：'教子婴孩，教妇初来。'"

六二：无攸遂，在中，馈。贞，吉。

【新译】家人卦六二：无所过失，不偏不倚立于中道，是以高贵。贵在贞固公正、吉善祥和。

【新注】遂：借为"队"。队，即古"坠"字。坠，失也，不失中则贵。 馈：帛书作"贵"。贵，赞许之词，本指货物的价值高昂，与贱相对。

【新解】家人卦六二爻辞对行为适中、符合道德要求、无所过失的中庸行为给予了高度的赞美。朱熹说："六二柔顺中正，女之正位乎内者也。故其象占如此。"程颐说："人之处家，在骨肉父子之间，大率以情胜礼，以恩夺义，惟刚立之人，则能不以私爱失其正理。故《家人》卦大要以刚为善，初、三、上，是也。六二以阴柔之才而居柔，不能治于家者也。故'无攸遂'。无所为而可也。夫以英雄之才，尚有溺情爱而不能自守者，况柔弱之人，其能胜妻子之情乎？如二之才，若为妇人之道则其正也。柔顺中正，妇人之道也。故'在中馈'，则得其正而吉也。妇人居中而主馈者也。故云'中馈'。"

九三：家人嗃嗃，悔，厉，吉。妇子嘻嘻，终吝。

【新译】家人卦九三：家人嗷嗷愁苦，悔恨，危厉，而得吉善祥和。问筮得悔、厉与吉善之占。家妇、家子嬉笑欢乐，反而最终吝难。

【新注】嗃嗃（hè）：读为"嗷嗷"，愁苦的样子。　嘻嘻（xī）：嬉笑的声音或样子。

【新解】祸兮福之所倚，福兮祸之所伏。李镜池说："这里写两种家庭：贫苦之家哀号愁叹，嗷嗷待哺，但可以由贫苦而转好；富贵之家嘻嘻作乐，骄奢淫逸，终归倒霉。"程颐说："嗃嗃，未详字义。然以文义及音意观之，与'嗷嗷'相类。又若急束之意。"

六四：富家，大吉。

【新译】家人卦六四：道德富有人家，特别吉善祥和。

【新注】富家：道德富有人家。富亦兼德财而言。富有之谓大业，日新之谓盛德。李镜池说："富借为福，不是富裕之意。"亦可通。德财兼备，福莫大焉。

【新解】朱熹说："阳主义，阴主利。以阴主阴，而在上位，能富其家者也。"《周易折中》案："四，在他卦，臣道也；在家人卦，则亦妻道也。夫，主教一家者也；妇，主养一家者也。《老子》所谓'教父''食母'是也。自二之'在中馈'，进而至于四之'富家'，则内职举矣。"

九五：王假有家，勿恤。吉。

【新译】家人卦九五：王赞扬富有的家庭，但不给富有之家以救济安抚。抚贫济困，吉善祥和。

【新注】王假：王上嘉奖。假，借为"嘉"。《周颂·维天之命》："于乎不显文王之德之纯，假以溢我，我其收之。"《传》："假，嘉。"　有家：富有之家。

【新解】抚贫济困，中华民族的传统美德。程颐说："九五男而在外，刚而处阳，居尊而中正，又其应顺正于内，治家之至正至善者也。"

上九：有孚威如，终吉。

【新译】家人卦上九：有诚信就有威信，终归吉善祥和。

【新注】有孚威如：有诚信就有威信。

【新解】追梦造福必须要有威信，威信来自诚信。程颐说："上卦之终，家道之成也，故极言治家之本。治家之道，非至诚不能也。故心中有孚信，则能常久，而众人自化。为善不由至诚，己且不能常守也，况欲使人乎？故治家以有孚为本。治家者，在妻孥情爱之间，慈过则无严，恩胜则掩义。故家之患，常在礼法不足而渎慢生也。长失尊严，少忘恭顺，而家不乱者，未之有也。故必有威严则能终吉。保家之终，在'有孚''威如'二者而已。故于卦终言之。"王弼说："家道可终，惟信与威。"吴慎说："家人之道：男以刚严为正，女以柔顺为正。初曰'闲'，三曰'厉'，上曰'威'，男子之道也。二、四，《象传》皆曰顺，妇人之道也。五刚而中，非不严也，严而泰也。"李镜池说："在这个家庭专卦中，作者谈到了各种家庭：有懒的，有勤的；有穷的，有富的；还有幸福之家，又兼及祭家庙和增加家中奴隶诸事。这对于研究古代社会的组成单位是十分宝贵的。"

38. 睽 离（火）上
兑（泽）下

睽：小事，吉。

【新译】睽卦卦辞：因为小事而不和谐，双方互相谅解，依然吉善祥和。

【新注】睽（kuí）：卦名，违背不合，不和谐。睽，帛书作"乖"。《序卦》："睽者，乖也。"《杂卦》："睽，外也。"《说文解字》："睽，目不相视也。"乖（guāi）：违背，离开，不和谐。《新书·道术》："刚柔得适谓之和，反和为乖。"

【新解】追梦造福的过程中一定会遇到矛盾，化解矛盾需要互相谅解。"睽小事吉"讲的就是这样一个道理。荀爽认为"小事"乃"臣事"。盖本于《象传》。《象传》："睽，火动而上，泽动而下，二女同居，其志不同行。说而丽乎明，柔进而上行，得中而应乎刚，是以小事吉。天地睽而其事同也，男女睽而其志通也，万物睽而其事类也。睽之时用大矣哉！"程颐说："《睽》，《序卦》：'家道穷必乖，故受之以《睽》。睽者，乖也。'家道穷则睽乖离散，理必然也。故家人之后，受之以《睽》也。为卦上《离》下《兑》。《离》火炎上，《兑》泽润下，二体相违，睽之义也。又中、少二女，虽同居而所归各异。是其志不同行也，亦为睽义。"何楷说："业已睽矣，不可以忿疾之心驱迫之也。惟不为已甚，徐徐转移，此合睽之善术也。故曰：'小事吉。'小事，犹言以柔为事，非大事不吉，而小事吉之谓。"

初九：悔亡。丧马勿逐，自复。见恶人，无咎。

【新译】睽卦初九：悔恨消失，马亡而未亡，因为马自己归来了。见姊妹之夫，没有灾咎。

【新注】丧马：丢失马。帛书作"亡马"。　勿逐：不亡。帛书作"勿遂"。遂，亡也。《说文解字》："遂，亡也。"　自复：（马）自己归来。　恶人：帛书作"亚人"。亚人，娅人。姊妹之夫相互的称谓。《尔雅·释亲》："两婿相谓为亚。"《诗·小雅·节南山》："琐琐姻亚。"毛《传》："两婿相谓曰亚。"刘熙《释名》："两婿相谓曰亚者，言每一人取姊，一人取妹，相亚次也。"

【新解】郑汝谐说："居《睽》之初，在卦之下，必安静以俟之，宽裕以容之，睽斯合矣。'丧马勿逐'，久则自复，安静以俟之也。睽而无应，无非戾于己者，拒绝之则愈戾，故宽裕以容之也。合睽之道，莫善于斯。"《周易折中》案："此爻所谓不立同异者也。不求同，故'丧马勿逐'。不立异，故'见恶人'。然惟居初处下，其睽未甚者，用此道为宜耳，立此心以为之本，然后随所处而变通也。此爻'悔亡'，乃因无应，程子所谓'合则有睽，本异则何睽'者是也。与六五'悔亡'词同而义异。"

九二：遇主于巷，无咎。

【新译】睽卦九二：遇见主人在巷中，没有灾咎。

【新注】巷：里中小道。《周易音义》："巷，户绛反。《说文》云：'里中道也。'《广雅》云：'居也。字书作衖。'"

【新解】《周易折中》案："春秋之法，备礼则曰会，礼不备则曰遇。睽卦皆言遇，'小事吉'之意也。又礼：君臣宾主相见，皆由庭以升堂，巷者，近宫垣之小径。故古人谓循墙而走，则谦卑之义也。谦逊谨密，巽以入之，亦'小事吉'之意也。"

六三：见舆曳，其牛掣，其人天且劓。无初有终。

【新译】睽卦六三：一个被割了鼻子凿了额头的囚徒，见了囚车仍然毫无愁惧之色，牛拉着囚车把他送到了发配的地方。他虽然受到了处罚，但是最后却有了好的结局。

【新注】其人天且劓：这个人不仅被割掉了鼻子，而且还凿了额头。天，犹"颠"，人头。引申为一种刑名，盖谓剃凿额头之墨刑。马融说："凿其额曰天。"夏朝的黥刑就是周朝的墨刑。劓（yì），割去鼻子的刑罚，古代五刑（墨刑、劓刑、刖刑、宫刑、大辟）之一。

【新解】李镜池说："这是写奴隶赶车运输，旅人在路上看见的情景：前面有一辆拉货的车，走近一看，是牛拉的车，拉得很费劲，一只角高，一只角低，拼命拉还是拉不动。赶车的人帮着推，一看，原来是个烙了额、割了鼻的奴隶。开始拉不动，后来终于拉走了。作者随旅所见，由远及近，由后到前；先见车，再见牛，后见人；牛怎么的拉，人怎么个面貌，都进行了细致的描写。"

九四：睽孤，遇元夫，交孚，厉，无咎。

【新译】睽卦九四：因为不和谐而离群出走独居，遇到一位善良的人劝勉同归。由于互相交流了坚守诚信的道德信念，虽然处于危厉之际，但是没有灾咎。

【新注】元夫：善人。元，善也。夫，人也。朱熹说："睽孤，谓无应。遇元夫，谓得初九。交孚，谓同德相信。"孔颖达说："元夫，谓初九也。处于卦始，故云元。"王申子说："四居近臣之位，独立无与，幸有初九同德君子，与之相遇，四能交之以诚，则睽不孤矣。然当睽之时，必危厉以处之，乃得无咎。"

【新解】人与人之间的相处，诚信非常重要，取得对方的信任需要言语的交流和诚信行为的确立。故睽卦九四爻辞赞美"交

卷二 ◇ 下经新得

孚，厉，无咎"。诚信友善，需要交互信任。互相信任需要双方守诚信，需要双方践行诚信。故《象传》称赞："交孚无咎，志行也。"立志言必信行必果，说到做到，知行合一。

六五：悔亡，厥宗噬肤，往，何咎？

【新译】睽卦六五：悔恨消失，进宗庙吃祭祀之肉，吃了就跑，也没有关系。（这反映了一些无神论思想。这不只是亵渎神灵，实际上心目中根本就没有神灵。）

【新注】厥宗：帛书作"登宗"，进入宗庙。

【新解】睽卦六五爻辞反映了一些无神论思想。这不只是亵渎神灵，实际上心目中根本就没有神灵。李镜池说："意谓经过上爻所说的倒霉事之后，旅人不敢轻易跟人交往。见到一个人在吃肉，原来是他那个宗族的人。于是才往前走去。既然是同一宗族的，有什么问题呢？描写了旅人经过一次惊险之后，真如惊弓之鸟，很怕和人交往出事的心理状态。"

上九：睽孤，见豕负涂，载鬼一车。先张之弧，后说之弧，匪寇，婚媾，往，遇雨，则吉。

【新译】睽卦上九：看见猪在路上，用车装载回家，一路上非常安静，没有遇到强盗，天下起雨来了。于是问壶占吉凶，先揭开壶盖，再抓出吉凶来。一看，得了吉善祥和的占断。

【新注】弧：读为"壶"。壶，瓦器，铜器。《说文解字》："壶，昆吾，圜器也。象形。从大，象其盖也。"疑古人亦用壶占吉凶，故有壹（yūn）壹二字。《说文解字》："壹，壹壹也。从凶从壶，不得泄凶也。《易》曰：'天地壹壹。'"壹，专壹也。从壶，吉声。

【新解】李镜池说："这是写旅人的一场虚惊：旅人在孤单地走路，看见运载着几条大猪迎面而来，后面还有一辆大车，上面载满像鬼一般奇形怪状的人。开始张弓搭箭，要射旅人，后来放手松弓了，原来他们开玩笑吓人。这伙人不是抢劫的，而是以图腾打扮去订婚的。旅人照常向前，遇着下雨，却一切吉利，没生病也没出事。这是行旅专卦之一，描绘了旅人在路途的三见三

遇，很像一篇旅行日记。"

39. 蹇 坎（水）上
艮（山）下

卷二◇下经新得

蹇：利西南，不利东北。利见大人。贞，吉。

【新译】蹇卦卦辞：利于迁往西南，不利于迁往东北。利于拜见大人。贞固公正，吉善祥和。

【新注】蹇（jiǎn）：行走困难，引申为迁徙。 利西南，不利东北：西南暖和利冬天居住，东北寒冷不利过冬，故为避寒冷而迁徙则往西南好，不宜留在东北。寒冷季节，西南气温宜人，适合居住，故往蹇其处。东北天寒地冻，不适合居住，更不能往东北迁徙，越往东北，气温越低。 利见大人：这种大迁徙，当见大人以讨主意。利，宜也，应当也。

【新解】程颐说："《蹇》，《序卦》：'睽者，乖也。乖必有难，故受之以《蹇》。蹇者，难也。'睽乖之时，必有蹇难，《蹇》所以次《睽》也。蹇，险阻之义，故为蹇难。为卦《坎》上《艮》下。《坎》，险也。《艮》，止也。险在前而止，不能进也。前有险陷，后有峻阻，故为蹇也。"《周易折中》案："《易》'西南''东北'之义，先儒皆以《坤》《艮》二卦释之，故谓西南属地而平易，东北属山而险阻。然以文意观之，所谓'西南'者，西方、南方；所谓'东北'者，东方、北方。非指两隅而言也。此义自坤卦发端，而《蹇》《解》象辞申焉。参之诸卦大义，则《坤》者宜后而不宜先者也，《蹇》者宜来而不宜往者也，《解》或可以有往，而终以来复为安者也。然则西南当为退后之位，东北当为进前之方。《坤》在后之地则可以得朋，在先之地则利于丧朋。《蹇》当退而居后，不可进而当先，此两卦之义也。难既解矣，或可以有进往，故无'不利东北'之文。然曰'利西南'者，终以退复自治为安也。盖文王之卦，阳居东北，阴居西南，阳先阴后，阳进阴退。大分如此。似非险易之说也。"

初六：往蹇来誉。

【新译】蹇卦初六：往来迁徙使用车子。

【新注】誉：帛书作"舆"，车子。舆、誉，古音同。

【新解】朱熹说："往遇险，来得誉。"王弼说："处难之始，居止之初，独见前识，睹险而止，以待其时，故往则遇蹇，来则得誉。"朱熹释"往蹇"为"往则遇险"，"来誉"为"来则得誉"。

六二：王臣蹇蹇，匪躬之故。

【新译】蹇卦六二：王家奴隶为了主人迁徙匆忙奔走。

【新注】王臣：帛书作"王仆"。仆，家奴。臣，亦家奴。臣、仆、奴，都是对贱人的称呼。 蹇蹇：急行的样子。 匪躬之故：不是为了自己，而是为了王家。躬，身。自身，自己。

【新解】程颐说："二以中正之德居《艮》体，止于中正者也。与五相应，是中正之人，为中正之君所信任，故谓之王臣。"

九三：往蹇来反。

【新译】蹇卦九三：为迁徙往来反复奔走。

【新注】反：借为"返"。

【新解】吴慎说："九三刚正，为《艮》之主，所谓见险而能止者，故来而能反止于其所。"

六四：往蹇来连。

【新译】蹇卦六四：迁徙的人往来络绎不绝。

【新注】连：不断，不绝。

【新解】朱熹说："连于九三，合力以济。"荀爽说："蹇难之世，不安其所，故曰'往蹇'也。来还承五．则与至尊相连，故曰'来连'也。"《周易折中》案："荀氏以'来连'为承五，极为得之。《易》例：凡六四承九五，无不著其美于爻象者，况《蹇》有'利见大人'之文乎？若三则于五无承应之义，而为内卦之主，固不当与四并论也。"

九五：大蹇朋来。

【新译】蹇卦九五：大举迁徙朋友都来帮忙。

【新注】朋：朋友。

【新解】朱熹说："'大蹇'者，非常之蹇也。九五居尊，而有刚健中正之德，必有朋来而助之者。占者有是德，则有是助矣。"《周易折中》案："二、五，独无'往来'之文。盖君臣相与济蹇者，其责不得辞，而于义无所避。犹之遁卦诸爻皆'遁'，六二独以应五而固其不遁之志也。""凡《易》之应，莫重于二、五。故二之称'王臣'者，指五也；五之称'朋来'者，指二也。如在下者占得五，则当念国事之艰难，而益致其'匪躬'之节；如在上者占得二，则当谅臣子之忠贞，而益广其'朋来'之助。正如朱子说乾卦二五相为宾主之例也。推之《蒙》《师》诸卦，无不皆然。"

上六：往蹇来硕。吉，利见大人。

【新译】蹇卦上六：收拾行李往来迁徙。吉善祥和，利于拜见大人。

【新注】硕：帛书作"石"。硕、石，古音同。石，借为"拓"。拓也作"摭"。《方言》："摭，取也。"

【新解】项安世说："上六本无所往，特以不来为往耳。初六本无所来，特以不往为来耳。"《周易折中》案："《易》卦上与五虽相比，然无随从之义者，位在其上，故于象如事外之人，不与二、三、四同也。惟有时取尚贤之义，则必六五遇上九乃可。《大有》《大畜》《颐》《鼎》之类是也。《随》以九五遇上六，亦取下贤之义，则以卦义刚来下柔故耳。至于以上六遇九五，吉者绝少，而凶咎者多。盖以渐染于阴，为刚中正之累。《大过》《咸》《夬》《兑》之类是也。惟是卦有'利见大人'之文。而以九五为义者，则上六与五相近，可以反而相从。《讼》《巽》之象，以九五为大人矣，而上九以刚遇刚，则不相从也。《升》象亦言'用见大人'矣，而卦无九五，故言'用见'以别之。独《蹇》《萃》之象，以九五为'大人'，而遇之者上六也。以柔遇刚，则有相从之义。故《萃》则'赍咨'求萃于五而'无咎'，《蹇》则来就于五而得吉。《蹇》之上优于《萃》者，聚极则散，难极则解也。乾卦二、五而外，爻辞言'利见大人'者，惟此而已。"

40. 解 ䷧ 震（雷）上
坎（水）下

解：利西南。无所往，其来复，吉。有攸往夙，吉。

【新译】解卦卦辞：解豸不生于他处而集于西南岐山周原之廷，这是政治清明国家太平刑罚得中的象征，他邦诸侯纷纷朝宗于周。

【新注】解：卦名。解，判，分解，辩释。或以为"解"即"解豸"。《说文解字》："解，判也。从刀判牛角。一曰解廌，兽也。""释，解也。从采（biàn），采取其分别物也。从羊声。""致，解也。"《广韵》："舍也，解也，散也，消也，废也，服也。"解廌，一作解豸。传说中的一种神兽。神兽同《易》的关系密切。《史记》卷一百一十七《司马相如列传》："述《易》道，放怪兽，弄解豸。"《集解》引《汉书音义》曰："解豸似鹿而一角，人君刑罚得中则生于朝廷，主触不直者。可得而弄也。"《索隐》引张揖说："解豸似鹿而一角。人君刑罚得中则生于朝，主触不直者。言今可得而弄也。"将卦名名之曰"解"，兼取兽名与分解之义。《周易音义》："解，音蟹。《序卦》云：缓也。" 利西南：解豸这种神兽出现于西南岐山周原，谓朝政刑罚得中。周德方兴，诸侯来朝。此解虞芮之君相争得解之故事。《诗·大雅·绵》："虞芮质厥，文王蹶蹶生。"郑氏《笺》："虞芮之君相与争田，久而不平。乃相谓曰：'西伯，仁人也，盍往质焉？'乃相与朝周。入其境，则耕者让畔，行者让路；入其邑，男女异路，斑白不提挈；入其朝，士让为大夫，大夫让为卿。二国之君感而相谓曰：'我等小人，不可以履君子之庭。'乃相让，以其所争田为间田，而退。天下闻之而归者四十余国。"卦辞盖斯之谓也。 无所往：谓解豸不出于其他诸侯之廷，只降于西南周原。其来复：诸侯来复以朝周，故曰吉。 有攸往夙：帛书作"有攸往宿"。宿、夙，古音同。有攸往宿，有所往而归服于周。宿，归也。

【新解】追梦造福必须排除困难。解卦告诫人们排除困难实现理想。程颐说："《解》,《序卦》:'蹇者,难也。物不可以终难,故受之以《解》。'物无终难之理,难极则必散。解者,散也。所以次《蹇》也。为卦《震》上《坎》下。《震》,动也。《坎》,险也。动于险外,出乎险也。故为患难解散之象。又《震》为雷,《坎》为雨,雷雨之作,盖阴阳交感,和畅而缓散,故为《解》。解者,天下患难解散之时也。"孔颖达说:"褚氏云:世有无事求功,故诫以无难宜静;亦有待败乃救,故诫以有难须速也。"

初六:无咎。

【新译】解卦初六:由于善于补过救难,因而没有灾咎。

【新注】李镜池说:"无贞事。贞兆辞可能承上爻'有攸往'而言的。"斯说甚谛,谓异邦诸侯朝宗于周以从善政。所谓"无咎者善补过者"也。"承上爻"当作"承卦辞"。

【新解】胡炳文说:"《恒》九二'悔亡'、《大壮》九二'贞吉'、《解》初六'无咎',三爻之占只二字,其言甚简,象在爻中,不复言也。"《周易折中》案:"象'利西南'者,处后也。初应刚承刚而处其后,得卦义矣。义明故辞寡。"

九二:田获三狐。得黄矢。贞,吉。

【新译】解卦九二:打猎获得三只狐狸。狐狸很狡猾,不容易猎得。这是因为使用了金属制的箭头才获得的。贞固公正,吉善祥和。

【新注】田:通"畋",打猎。《淮南子·本经训》:"焚林而田,竭泽而渔。" 获:捕获,猎得。 得黄矢:黄矢,矢镞,铜箭头。得,得力于,得助于。此谓得力于铜箭头。

【新解】金属制箭头使用之后,甚至连狡猾的狐狸都能被捕获。此事被记载下来,说明当时人们已经发现了金属制造的生产工具的价值。朱熹说:"此爻取象之意未详。或曰:卦凡四阴,除六五君位,余三阴,即'三狐'之象也。大抵此爻为卜田之吉占。亦为去邪媚而得中直之象,能守其正,则无不吉矣。"

卷二 ◇ 下经新得

六三：负且乘，致寇至。贞，吝。

【新译】解卦六三：带着许多货物，背的背，拉的拉，引人注目，结果招来了强盗。贞固公正，还要避免吝难局面。

【新注】负且乘：人负，马拉。乘，驭马载物。负，以背载物。《论语·子路》："则四方之民，襁负其子而至矣。"《孟子·梁惠王（上）》："谨庠序之教，申之以孝悌之义，颁白者不负戴于道路矣。" 致寇至：招来了强盗。致，导致。寇，群行攻劫曰寇。《书·舜典》："寇贼奸宄。"《众经音义》卷七引《书》范宁《集解》谓寇乃群行攻剽者也。或以寇为寇凫。《方言》："凡物盛多谓之寇。"敦璞《注》："今江东有小凫，其多无数，故谓之寇凫。"

【新解】胡瑗说："六三以不正之质，居至贵之地，是小人在君子之位也。故致寇盗之至，为害于己而夺取之。然而小人得在高位者，盖在上之人，慢其名器，不辨贤否而与之，以至为众人所夺，而致寇戎之害也。"

九四：解而拇，朋至斯孚。

【新译】解卦九四：处罚了强盗头子，其他的小强盗均皆畏服，因而纷纷改邪归正，返为良民，恪守诚信原则。（这是法制教育思想的萌芽。编著者以此宣传法制的作用。）

【新注】拇：大拇指，比喻强盗头子。 朋：同类。 孚：诚信，复也，服也。

【新解】何楷说："《解》，去小人之卦也。卦惟二、四两阳爻，皆任解之责者。而，汝也。拇，足大指也。九四居近君之位，苟昵近比之小人而不解，则君子之朋虽至，彼必肆其离间之术矣。"

六五：君子维有解，吉；有孚于小人。

【新译】解卦六五：君子只有执法如山、为国为民解纷排忧才成其为君子，才能吉善祥和；君子不仅如此，君子还要守诚信于小人。

【新注】君子维有解：君子的职责只是为民排难解纷，去忧

除害。维，唯也。帛书作"唯"。维、唯，古音同。唯，只有。解，所以主刑罚兴利除害者也。　有孚于小人：君子不仅能为民除害，执法如山，而且还要守诚信于小人。孚，帛书作"复"。

【新解】君子只有为国为民排忧解难，才能吉善祥和，才能有诚信于小人。朱熹说："卦凡四阴，而六五当君位，与三阴同类者，必解而去之则吉也。孚，验也。君子有解，以小人之退为验也。"

上六：公用射隼于高墉之上，获之，无不利。

【新译】解卦上六：长老习武射箭向远处高高的城墙上发箭，一箭破的，所向披靡，无所不利。

【新注】射隼：帛书作"射敻"。射敻（xiòng），敻射，远距离射击。敻，远也。《广雅·释诂》："敻，远也。""敻，长也。"《春秋谷梁传·文公十四年》："过宋、郑、滕、薛，敻入千乘之国。"范宁《集解》："敻，犹远也。"　墉（yōng）：城墙。

【新解】郑汝谐说："所谓公者，非上六也。言公于此爻当用射隼之道也。隼，指上之阴而言也。墉，指上之位而言也。"李镜池说："商旅获利、狩猎获兽、战争得俘虏，都有获得之义。这与'解'有什么关系呢？原始社会猎得野兽，把兽肉分为若干份，按人分配。这大概就是获得与分解两种意义相连的现实依据。"徐几说："下三爻不言'解'，上三爻言'解'，所谓动而免乎险也。"

41. 损　☶　艮（山）上
　　　　　　兑（泽）下

损：有孚，元吉，无咎，可贞，利有攸往。曷之用二簋，可用享。

【新译】损卦卦辞：有诚信，则大吉，没有灾咎，怀着贞固公正的美德，利于有所往行。送饭用二圆器，也可以用来祭祀。

【新注】损：卦名。损，减损，与益相反。《论语·季氏》："孔子曰：益者三友，损者三友。友直、友谅、友多闻，益矣。

友便辟、友善柔、友便佞，损矣。孔子曰：益者三乐，损者三乐。乐节礼乐、乐道人之善、乐多贤友，益矣。乐骄乐、乐佚游、乐宴乐，损矣。" 曷：假借为"馌"。馌，馈食送饭。《说文解字》："曷，何也。""何，儋也。""儋，何也。"儋何，即"擔荷"。馈食送饭需要擔荷。崔憬说："曷，何也。言其道上行，将何所用，可用二簋而享也。以喻损下益上惟在乎心，何必竭于不足而补有余者也。" 簋：饭盒。 享：祭祀。

【新解】损卦的卦象是山下有泽，告诫人们要像将高山填入湖泽那样把自己的愤怒和贪欲彻底祛除干净，保存自己诚信美德。《彖传》："损，损下益上，其道上行。损而有孚，元吉，无咎，可贞，利有攸往。曷之用？二簋可用享，二簋应有时，损刚益柔有时。损益盈虚，与时偕行。"李鼎祚说："《坤》之上六，下处《乾》三，《乾》之九三，上升《坤》六，损下益上者也。阳德上行，故曰'其道上行'矣。"郑玄说："《艮》为山，《兑》为泽。互体《坤》，《坤》为地。山在地上，泽在地下，泽以自损增山之高也。犹诸侯损其国之富以贡献于天子，故谓之'损'矣。"程颐说："《损》，《序卦》：'解者，缓也。缓必有所失，故受之以《损》。'纵缓则必有所失，失则损也，《损》所以继《解》也。为卦《艮》上《兑》下。山体高，泽体深，下深则上益高，为损下益上之义。又泽在山下，其气上通，润及草木百物，是损下而益上也。又下为《兑》说，三爻皆上应，是说以奉上，亦损下益上之义。又下《兑》之成《兑》，由六三之变也；上《艮》之成《艮》，自上九之变也。三本刚而成柔，上本柔而成刚，亦损下益上之义。损上而益于下则为《益》，取下而益于上则为《损》。在人上者，施其泽以及下则益也，取其下以自厚则损也。"

初九：已事遄往，无咎，酌损之。

【新译】损卦初九：礼衣端委而往祭祀，（虽然因违礼而）盛酒行觞减少了，但是问筮仍然得到了没有灾害的占断。

【新注】已事：祭祀之事。已，通"祀"。李鼎祚、虞翻本作"祀"。祀，祭祀。 遄（chuán）：帛书作"端"。端，玄端，端委。郑玄说："端，玄端，土服也。庶人深衣。"《释名·释衣服》："玄端，其袖下正直端方，与要接也。"《左传·昭公元年》："吾与子弁冕端委。"服《注》："礼衣端正无杀，故曰端。"杜预《注》："弁冕，冠也；端委，礼衣。"孔《疏》："弁冕是首服，端委是身服。"杨伯峻《注》："端委，古时之礼衣。端，正也。古布宽二尺二寸（周尺），为衣不裁剪，故谓之端。文服袖长，故谓之委。此种衣称端委。"

卷二
◇
下经
新得

【新解】孔颖达说："《损》之为道，损下益上。如人臣欲自损己奉上，然各有职掌。若废事而往，咎莫大焉；竟事速往，乃得'无咎'。'酌损之'者，以刚奉柔，初未见亲也，故须酌而减损之。"《周易折中》案："孔氏说'已事'之义，谓如学优而后从政之类，于理亦精。"

九二：利，贞，征凶，弗损益之。

【新译】损卦九二：损害了先义后利、贞固公正等美德，征伐战争就会有凶险，因此不能损害先义后利、贞固公正等美德，必须加强先义后利、贞固公正等美德。

【新注】弗损益之：不要损害美德必须加强美德修养。

【新解】损卦九二爻辞强调不能损害美德必须加强美德修养。追梦造福需要美好的道德做保障。朱熹说："九二刚中，志在自守，不敢妄进，故占者'利贞'，而征则凶也。'弗损益之'，言不变其所守。乃所以益上也。"

六三：三人行则损一人，一人行则得其友。

【新译】损卦六三：三人同路，一人掉队。而这掉队的人一人行走后又得到了同路人。

【新注】三人行：三个人一起走。 损一人：一人掉队，减少了一人。或以为死了一人。如《居延汉简甲编·释文》："三人俱行，一人亡。" 友：同志。《春秋公羊传·定公四年》："朋友相卫，而不相迿。"何休《注》："同门曰朋，同志曰友。"

【新解】程颐说："损者，损有余也。益者，益不足。"朱熹说："下卦本《乾》，而损上爻以益《坤》，三人行而损一人也。

一阳上而一阴下，一人行而得其友也。两相与则专，三则杂而乱。卦有此象，戒占者当致一也。"

六四：损其疾，使遄有喜。无咎。

【新译】损卦六四：为了减轻疾病，端委礼衣前往祭祀祈求去病、怀孕。问筮得到没有灾害的占断。

【新注】使遄：帛书作"事端"。事端，端事。事，通"祀"，祭祀之事。事、使，古通用。《国语·鲁语（下）》："备承事也。"《注》："事，使也。"卜辞中的"使"字，多为祭祀之事。李镜池说，卜辞中说使人于某，是使人往祭之意。 有喜：有身。俗语"有喜"一词，谓新婚妇女怀孕有身。

【新解】杨万里说："六四以柔居柔，得初九之阳以为应，损其疾者也。初言'遄往'，四言'使遄'。盖初之遄，实四有以使之也。"

六五：或益之十朋之龟，弗克违。元吉。

【新译】损卦六五：增加价值十朋的大龟的进贡，不能违背这命令。问筮得到了大吉之占。

【新注】龟：背腹均有甲壳的爬行动物。先民以为龟是神灵的象征，因而不仅供祀乌龟而且又向龟版问吉凶。由于问龟占吉凶需要大量龟版，因而龟版又成了我国较早的书写材料。龟的价格也因此而昂贵。

【新解】杨时说："柔得尊位，虚己而下人，则'谦受益'。时乃天道。天且不违，况于人乎？况于鬼神乎？宜其益之者至矣。"

上九：弗损益之，无咎。贞，吉，利有攸往，得臣无家。

【新译】损卦上九：不仅没有损害先义后利、贞固公正等美德，而且加强了先义后利、贞固公正等美德的修养，因而没有灾咎。先义后利、贞固公正等美德的修养，利于有所作为，得到了无家无我无私的忠诚之臣。

【新注】臣：帛书作"仆"。仆，奴仆。

【新解】损卦强调"弗损益之"的核心价值观建设（修养）

原则。值得今天借鉴。李镜池说："这与益卦是对立的组卦，说明在损与益的问题上对立、转化的道理：或益或损；或损中有益，益中有损；或不益不损，都要根据具体情况具体处理。具有朴素的辩证思想。"

42. 益 ䷩ 巽（风）上
震（雷）下

益：利有攸往，利涉大川。

【新译】益卦卦辞：增强核心价值观修养，有利于人们的所作所为，有利于远涉大川。

【新注】益：卦名。益字从水从皿，本义为水满而溢出器皿之外，引申为饶也，多也，富有，弘益，增强。借作卦名，以与损卦对照。《周易音义》："益，增长之名。又以弘裕为义。《系辞》云：'益长裕而不设。'是也。"《说文解字》："益，饶也。"
利有攸往：利于有所往行。 利涉大川：利于涉渡大河。

【新解】益卦卦辞告诫人们，追梦造福必须增强核心价值观修养，必须有益于他人、有益于朋友、有益于家人、有益于百姓、有益于社会、有益于国家、有益于天下。郑玄说："阴阳之义，阳称为君，阴称为臣。今《震》一阳二阴，臣多于君矣。而四体《巽》之下应初，是天子损其所有以下诸侯也。人君之道以益下为德，故谓之益也。《震》为雷，《巽》为风，雷动风行，二者相成，犹人君出教令，臣奉行之，故'利有攸往'。《坎》为大川，故'利涉大川'矣。"程颐说："《益》，《序卦》：'损而不已必益，故受之以《益》。'盛衰损益为循环。损极必益，理之自然，《益》所以继《损》也。为卦《巽》上《震》下。雷风二物，相益者也。风烈则雷迅，雷激则风怒，两相助益，所以为益。此以象言也。"《周易折中》案："象辞与《损》同，亦不专主损己惠下为义。盖益以兴利，故利以图大事而济大难。天下事有动而后获益者，不可坐以需时也。"

初九：利用为大作，元吉，无咎。

【新译】益卦初九：增强核心价值观建设利于大有作为，非常吉善祥和，没有灾咎。

【新注】大作：虞翻说："大作，谓耕播耒耨之利，盖取诸此也。《坤》为用，《乾》为大，《震》为作，故'利用为大作'。体《复》初得正，'朋来无咎'，故'元吉，无咎'。"

【新解】追梦造福需要大有作为，大有作为的前提是增强核心价值观建设。益卦初九爻辞揭示了这个道理。告诉人们只要增强核心价值观建设就有利于大有作为，就会非常吉善祥和，就没有灾咎。李镜池说："大作：大兴土木，建筑。《诗经》中多称建筑为作。联系下文及周人的历史看，这个'大作'，似指太王迁岐后作庙筑城、文王作丰、周公营建洛邑等。这些'大作'，必然要占卜。（详见《书·雒诰》）《周易》即根据占卜材料编选入书。元吉、无咎，是占筮的结果。这些建筑事业是周人的大益事。可惜字过简，难于考证。"《周易折中》案："卦以损四益初为义，则初亦受益之极，卦之主也。故其辞亦与卦同。'利用为大作'者，即象所谓'利有攸往，利涉大川'也。必大为益人之事，然后可以自受其益；非然则受大益者，乃所以为大损矣。凡《易》中言'吉无咎'者，皆谓得吉而后可以免咎。而《损》象辞及此爻，与《萃》四之辞为尤著。"

六二：或益之十朋之龟，弗克违，永贞、吉，王用享于帝，吉。

【新译】益卦六二：用重金购得了一只大神龟，不要违背核心价值观，永远贞固公正、吉善祥和，王用这种美好的品德举行通达天地神祇的祭祀，就非常吉善祥和。

【新注】或益之十朋之龟：比喻人们修养美德就像用重金购买神龟一样舍得投入。郭雍说："'或益之'，人益之也。'十朋之龟弗克违'，鬼神益之也。'王用享于帝吉'，天益之也。天且弗违，况于人与鬼神乎？"郑维岳说："'王用享帝'，言王用六二以享帝也。古人一德克享天心。"

【新解】《周易折中》案："郭氏说，于文意甚明。'益之'者，人也。'弗克违'者，鬼神也。然必克当天心，乃获是应。故《损》五《象传》推本于自上佑，而此爻辞又更有享于上帝之义也。郑氏谓'王用六二以享帝'者极是。《随》上《升》四，其义皆同。但彼云'西山''岐山'，而此云'上帝'者，彼但言鬼神享之而已。此爻上文既云'朋龟弗违'，则鬼神其依之义已见，故复推而上之至于上帝。若山川之神，则不大于蓍龟也。"

六三：益之用凶事，无咎。有孚中行，告公用圭。

【新译】益卦六三：增强核心价值观修养，即使遇上凶险的事情，依然没有灾咎。有诚信，符合美德行为，值得赞美，进见王公贵人时手执象征虔诚守信的圭玉。

【新注】凶事：丧事。帛书作"工事"。工事，指各种技艺制作、土木营造之事。《周礼·天官·大府》："邦甸之赋，以待工事。"《管子·立政》："君子所务者五：……五曰工事竞于刻镂，女事繁于文章，国之贫也。"陈澧《东塾读书记·周礼》："工事以治水为最大。"

【新解】《周易折中》案："此爻与《损》之六四相反对。《损》四受下之益者，此爻受上之益者。然皆不言所益，而曰'疾'、曰'凶事'。盖三、四凶惧之位也。故其获益亦与他爻不同。在上位者而知《损》四之义，则不以下之承奉为益，而能匡其过，能辅其所不逮者，乃益也。在下位者而知此爻之义，则不以上之恩荣为益，而试之诸艰，投之以多难者，乃益也。然在《损》四则宜速以改过，在此爻则宜缓以通诚，乃有以为受益之地。"

六四：中行，告公，从，利用为依迁国。

【新译】益卦六四：行为符合核心价值观的要求，报告给公，公赞美听从，利用这些品德高尚的人为值得依靠的重臣从事迁徙国都等大事。

【新注】中行：行中。行为符合核心价值观的要求。　依：依靠。

【新解】追梦造福必须首先解决依靠谁的问题。益卦六四爻辞认为，必须依靠那些行为符合核心价值观的要求的人，所以说"利用为依迁国"。"为依迁国"帛书作"为家迁国"，则反映了中国古代家本位的政治制度。一切都以皇室家族的利益为转移，形成的中国古代的家族主义，在帛书《周易》中得到了充分的说明。

九五：有孚，惠心，勿问，元吉。有孚，惠我，德。

【新译】益卦九五：有诚信，有仁爱惠心，不用问筮，自然特别吉善祥和。有诚信、有仁爱惠心的我，这就是我，这便是美德。

【新注】惠心：仁心。惠，仁也。《说文解字》："惠，仁也。"惠是仁的五大组成部分之一。《论语·阳货》："子张问仁于孔子。孔子曰：'能行五者于天下，为仁矣。'请问之。曰：'恭、宽、信、敏、惠。恭则不侮，宽则得众，信则人任焉，敏则有功，惠则足以使人。'"这就是孔子的"五行"学说。　　有孚惠我：有诚信、有仁爱惠心的我。孚，帛书作"复"。有复，又恢复。

【新解】按照帛书的文字，这一爻谈论的是人性复归与道德评价问题。从利害观来说，恢复了仁爱之心的人，不用问著占卜也能大吉大利。从道德评价来说，恢复了仁爱之心的人就是有高尚道德品质的人。这就是孟子性本善、求放心之所本。惠心是人的本心、本性。"有复惠心"即"求其放心"也。

上九：莫益之，或击之，立心勿恒，凶。

【新译】益卦上九：不仅没有增加仁惠之心（没有增强核心价值观的修养），反而将其本有的仁爱之心击杀了（反而削弱了核心价值观的修养）；心中不常存仁爱之心（不坚持核心价值观的修养），多么可怕呀（是非常危险的）！

【新注】莫：没有。虞翻说："莫，无也。"　　勿恒：常变。恒，常也。《礼记·缁衣》："子曰：南人有言曰：人而无恒，不可以为卜筮。古之遗言与？龟筮犹不能知也，而况于人乎？"

【新解】本爻从反面讨论了九五爻所讨论的人性复归问题。要求人们不要"莫益之，或击之"那已经恢复的人的本性（仁爱之心——"惠心"），否则就是"立心勿恒"，就要遭到"凶"的报应。并且提出了"恒"（常）与"勿恒"（"变"）这一对哲学范畴，很值得我们研究。从逻辑学上说本卦九五爻辞是正命题，上九爻辞是负命题。熊良辅说："《损》《益》两卦，皆以损阳益阴为义。《损》自《泰》来者也。《益》自《否》来者也。天下之理，未有泰而不否，否而不泰；亦未有损而不益，益而不损者。故《泰》居上经十一卦而《损》居下经十一卦。《泰》《否》《损》《益》为上下经之对。后天序《易》，其微意盖可识矣。"

43. 夬　☰　兑（泽）上　乾（天）下

夬：扬于王庭。孚号有厉，告自邑。不利即戎，利有攸往。

【新译】夬卦卦辞：朝庭决定，将恪守诚信的号令更加严厉告诫邑中的人。不恪守诚信不利于感化戎狄，只有感化戎狄，才有利于有所往行。

【新注】夬（guài）：破（剖）竹，引申为决定。《说文解字》："夬，分决也。从又，彐象决形。"徐锴："彐，物也。丨，所以决之。"徐说欠妥。丨之言棍也，此为竹棍，彐之言匕也，反匕剖竹，裂之如流，瞬间之于终始也，故夬之言快也。其本义为快裂、决裂。《释名·释言语》："夬，决也。有所破坏决裂之于终始也。"毕沅未达刘熙之意，故曰："下四字不可晓。疑误。下文言始，则对文当言终，其训释不可考矣。"《周易音义》："夬，古快反，使也。" 扬于王庭：决定公布于王者朝廷。《说文解字·叙》："'夬，扬于王庭。'言文者宣教明化于王者朝廷。君子所以施禄及下，居德明忌也。" 即戎：帛书作"节戎"。节、即，古音同。不利节戎，利有攸往，这大概是号令的内容。谓不利于牵制戎狄，而有利于进击。节，牵制。戎，本为武器，此盖指戎狄。

【新解】胡炳文说："以五阳去一阴而象为警戒危惧之辞不一。盖必'扬于王庭'，使小人之罪明，以至诚呼号其众，使君子之类合。不可以小人之衰而遂安肆也，有危道焉；不可以君子之盛而事威武也，有自治之道焉。"

初九：壮于前趾，往，不胜，为咎。

【新译】夬卦初九：在战争中冲锋时伤了脚趾，行动极不方便，如果继续进行格斗，恐怕不会取胜且还要吃大亏。（这反映了编者畏葸不前贪生怕死的思想。）

【新注】壮：帛书作"床"。床，通"戕"，伤也。虞翻说："《夬》变《大壮》。《大壮》震为趾，位在前。故曰'壮于前趾'。刚以应刚，不能克之，往如失位，故'往不胜为咎'。"

【新解】夬卦初九爻辞反映了编者畏葸不前贪生怕死的思想。《朱子语类》："'壮于前趾'，与《大壮》初爻同。此卦大率似《大壮》，只争一面。"

九二：惕号，莫夜有戎，勿恤。

【新译】夬卦九二：警惕地号令，夜间有敌人不必进行流血战斗，而应捉活的。

【新注】惕：警惕。《说文解字》："惕，敬也。从心易声。"

有戎：有敌人——戎狄。或以为"有戎"即有军事行动。

恤：帛书作"血"。勿血，不用进行流血战斗。

【新解】张载说："警惧申号，能孚号而有厉也。以必胜之刚，决至危之柔，能自危虑，虽有戎何恤！能得中道，故刚而不暴。"

九三：壮于頄，有凶。君子夬夬独行，遇雨若濡。有愠，无咎。

【新译】夬卦九三：伤了颧骨，不好。君王一人独行而遇大雨，全身湿透了。但通过烤火取暖之后没有出现反常情况。问筮得无咎之占。

【新注】頄：帛书作顄。顄（qiú，又读 kuí），颧骨。 夬夬：帛书作"缺缺"。缺缺，少而又少。缺，少也。《集韵》："缺，《说文》：'器破也。'一曰少也。" 独行：一人步行。帛书卷后佚书《二三子》："二三子问曰：'人君至于饥乎？'孔子曰：'昔者晋厉公路其国，芜其地，出田七月不归，民反诸云梦，无车而独行。'"《国语·吴语》："昔楚灵王不君，其臣箴谏不入……三军叛于乾溪。王亲独行，屏营彷徨于山林之中。三日，乃见其涓人畴，王呼之曰：'余不食三日矣。'"是"独行"乃孤行也，一人步行也。《管子·七法》："蚤知敌则独行。"独出独入。

有愠：帛书作"有温"。有温，盖有火取暖。温，温暖。

【新解】陆希声说："当君子之世而应小人，故外有沾污之累，内有愠恨之心，然后获无咎者，志有存焉。"

九四：臀无肤，其行次且，牵羊悔亡，闻言不信。

【新译】夬卦九四：用无皮肉祭社稷，用上好的蟹酱行礼祀天，牵着大肥羊来到祭祀场上，忘却一切悔恨，耳不听旁人之言，目不视其他之物，全心全意贯注于祭祀。

【新注】臀：帛书作"脤"。脤字也写作"脣"。《考工记》："其臀一寸。"郑玄《注》："故书臀作脣。"是臀、脤古通用之证。脤（shèn），王侯祭社稷所用的生肉。《左传·闵公二年》："帅师者，受命于庙，受脤于社。"《谷梁传·定公十四年》："天王传石尚来为脤。脤者何也？俎实也，祭肉也。生曰脤，熟曰膰。"
次且：帛书作"郪胥"，即"蟹胥"。胥（xū），蟹酱。《周礼·天官·庖人》："共祭祀之好羞。"郑玄《注》："若今荆州之鳠鱼，青州之蟹胥。" 牵羊悔亡：牵羊去祭祀，则悔恨忘却矣。 闻言不信：祭祀时耳听旁人说话，是对祖宗不虔敬的表现。

【新解】夬卦九四爻辞反映了当时祭祀的一些情况，与文献记载不悖。

九五：苋陆夬夬中行。无咎。

【新译】夬卦九五：一个人骑着马在道路上。问筮得到没有灾咎的占断。

【新注】苋陆：借为"马勒"，比喻坐骑。 中行：道路上。

【新解】郑汝谐说："苋陆，《本草》云：一名商陆。其根至蔓，虽尽取之而旁根复生。小人之类难绝如此。"《朱子语类》："苋、陆，是两物。苋者，马齿苋。陆者，草陆，一名商陆。皆感阴气多之物。药中用商陆治水肿。其物难干，其子红。"

上六：无号，终有凶。

【新译】夬卦上六：军队没有号令，没有纪律，势必大乱。

【新注】无号：没有号令。无号之师，纪律松弛。

【新解】夬卦上六爻辞反映了强调号令为治乱的重要措施的军事思想。追梦造福必须时时刻刻提高警惕，始终不忘存在凶险。徐几说："夬，决也。以盛进之五刚，决衰退之一柔。其势若甚易。然而圣人不敢以易而忽之。故于《夬》之一卦，丁宁深切，所以周防戒备者，无所不至。"龚焕说："夬卦似《大壮》，故诸爻多与《大壮》相似。初之'壮于趾'、三之'壮于頄'之类是也。《夬》以五阳决一阴，其壮甚矣。圣人虑其夬决之过，故于爻皆致戒，而以阳居阳者为尤甚焉。阳之决阴，君子之去小人，亦贵乎中而已矣。"

44. 姤 ䷫ 乾（天）上
巽（风）下

姤：女壮，勿用取女。

【新译】姤卦卦辞：狗（咬）伤了嫁女，（娶妇之家问筮）得到了不利于娶女之占。

【新注】姤（gòu）：卦名。帛书作"狗"。狗是人类最早驯养的动物，除食用外，还可以作为人们打猎的助手，又可以充作看家门卫。因此，古有食犬、田犬、守犬之分。距今已经有五六千年历史的西安半坡遗址中出土了不少狗骨，足以证明狗在远古人们的生产、生活活动中的地位。《易》作者用"狗"字作为卦名，说明了狗在当时人们心目中的地位仍然比较重要。或者是狗祭、狗图腾的文化现象。在我国民俗中，无论是汉族还是少数民族，都有爱狗、敬狗、养狗的习惯。而且狗被作为祖先神、谷神、猎神来祭祀。因此，狗是人类非常友好的朋友。后人将狗卦的"狗"改为"姤"，保留了美好的意思。姤，美好。《管子·地员》："士女皆好，其民工巧，其泉黄白，其人夷姤。"尹知章注："夷，平也。姤，好也。言均善也。" 女壮：壮女，伤女。壮，伤。 取女：娶媳妇。取，聚也。《礼记·曾子问》："取女有吉日。"又"嫁女之家，三夜不熄烛，思相离也；取妇之家，三日不举乐，思嗣亲也"。

【新解】孔颖达说："姤，遇也。此卦一柔而遇五刚。故名为《姤》。施之于人，则是一女而遇五男，为壮至甚。故戒之曰：此女壮甚，勿用取此女也。"

初六：系于金柅，贞，吉。有攸往，见凶羸豕孚，蹢躅。

【新译】姤卦初六：媒人游说于男女双方之间，叩见于金阶，恪守贞固公正、吉善祥和等美德。有所往，归途中见惊恐瘦弱的猪，虽然不吉利，但由于恪守贞固公正、吉善祥和等美德，因而仍然成全了这桩婚事。

【新注】系于金柅：帛书作"击于金梯"。击于金梯，叩见于金阶。击，叩也。《后汉书·杜笃传》之《注》云："叩，击也。"金梯，金阶。梯，木阶。《说文解字》："梯，木阶也。" 孚：帛书作"复"。

【新解】《周易折中》案："一阴穷于上，众以为无凶矣，而曰'终有凶'，防其后之辞也。一阴伏于下，众未觉其凶矣，而曰'见凶'，察于先之辞也。阴阳消息，循环无端。能察于先，即所以防其后；能防其后，即所以察于先也。"

九二：包有鱼，无咎，不利宾。

【新译】姤卦九二：厨房有鱼，没有灾咎，但不利于用这鱼招待客人。

【新注】包：庖。《周易音义》："包，本亦作庖。"庖（páo），厨房。 不利宾：不利于用厨房的鱼招待宾客。

【新解】中华民族历来就特别好客，总是用最美好的食品招待客人，不好的东西留给自己。陆希声说："不正之阴，与刚中之二相比，能包而有之，使其邪不及于外。"李开说："《剥》之'贯鱼'，《姤》之'包有鱼'，皆能制阴者也。"

九三：臀无肤，其行次且。厉，无大咎。

【新译】姤卦九三：用来祭祀的生肉没有皮乃不合礼，只好改用郪地出产的蟹胥作祭品。这样做虽然不好，但没有大的灾咎。

【新注】见《夬》九四注释。

【新解】李简说："居则臀在下，故《困》初六言臀。行则臀在中，故《夬》《姤》三、四言臀。"

九四：包无鱼，起凶。

【新译】姤卦九四：（兵马未动，粮草先行。）厨房没有食品，出兵征伐则危险。

【新注】包：读作"庖"。　起：帛书作"正"，借为"征"。

【新解】王弼说："二有其鱼，四故失之也。无民而动，失应而作，是以凶矣。"

九五：以杞，包瓜含章，有陨自天。

【新译】姤卦九五：礼的大忌是枹树菰草开花，埙乐自天降临。

【新注】以杞：帛书作"以忌"。忌、杞，古音同。以忌，大禁忌。以，同"已"。《礼记·檀弓》郑玄注："以与已字本同。"已，大也，甚也。《考工记》郑玄注："已，太也，甚也。"　包瓜含章：帛书作"枹苽含章"。枹苽含章，枹树同菰草开花。枹，树名。苽，即"菰"字，多年生草本植物。　有陨自天：帛书作"或埙自天"。或埙自天，有从天上传来的埙乐。或，通"有"。埙，古代吹奏乐器。

【新解】《周易折中》案："五为卦主，而与阴无比应，得卦'勿用取女'之义也。夫与阴虽无比应，而为卦主，则有制阴之任焉。故极言修德回天之道。"

上九：姤其角，吝，无咎。

【新译】姤卦上九：狗咬伤牛羊的角，虽然吝难，但没有灾咎。

【新注】姤其角：帛书作"狗其角"。狗其角，狗咬牛羊的角。古人以狗看守羊牛。当今牧区亦然。朱熹说："角，刚乎上者也。上九以刚居上而无位，不得其遇，故其象占与九三类。"

【新解】徐几说："上九处《姤》之穷，与初无遇，虽吝，然亦无咎，阴不必遇也。"胡炳文说："九三以刚居下卦之上，于初阴无所遇，故虽厉而无大咎。上九以刚居上卦之上，于初阴亦不得其遇，故虽吝而亦无咎。遇本非正，不遇不足为咎也。"《周易折中》案："此爻亦与《夬》初反对，皆与阴绝远者也。不与阴遇，不能制阴，故可吝，然非其事任也，故无咎。此如避世之士，不能救时，而亦身不与乱者也。"

45. 萃 ䷬ 兑（泽）上
坤（地）下

萃：亨，王假有庙，利见大人，亨，利，贞。用大牲，吉，利有攸往。

【新译】萃卦卦辞：终能美善亨通，王到达宗庙进行祭祀，利于群臣谒见君王，君臣都能恪守美德亨通、先义后利、贞固公正等核心价值观。用大牲牛牢祭祀，故能吉善祥和，利于有所往行。（这反映了当时的君臣关系和天人关系。对上天要诚意尊敬，祭祀要用大牲。）

【新注】萃：卦名。萃，聚也。"萃"帛书卦爻辞均作"卒"。卒，终，终于。《尔雅·释诂》："卒：终也。"《书·舜典》："卒乃复。"《传》："卒，终也。" 庙：庙堂，太庙之明堂。古代帝王祭祀、议事的地方。《楚辞·九叹·逢纷》："始结言于庙堂兮，信中涂而叛之。"王逸《注》："言人君为政举事，必告于宗庙，议之于明堂也。"

【新解】《周易折中》案："以《彖传》观之，'利见大人亨利贞'为一事无疑。'王假有庙'者，神人之聚也。'利见大人'者，上下之聚也。'用大牲吉'，广言群祀。由'假庙'而推之，皆所以聚于神也。'利有攸往'，广言所行。由'见大人'而推之，皆所以聚于人也。"

初六，有孚不终，乃乱乃萃，若号一握为笑，勿恤，往，无咎。

【新译】萃卦初六：有诚信但没有坚持到底，就会乱套，因此你将诚信聚集于心中，只有这样才能合家欢笑，不进行血祭，前往没有灾害。

【新注】有孚不终：有诚信但没有坚持到底。　乃乱乃萃：帛书作"乃乳乃卒"。乃乳乃卒，则育则终。乃，则。　若号一握为笑：合家人沉浸在欢笑之中。若，合也。一握，帛书作"一屋"。一屋，全家。

【新解】《周易折中》案："《易》中'号''笑'二字，每每相对也。两'乃'字不同。上'乃'字，虚字也；下'乃'字，犹汝也。正如《书》'而康而色'，上'而'字，虚字也；下'而'字，犹汝也。言'有孚不终'则必乱汝之所萃也。"

六二：引吉，无咎，孚乃利用禴。

【新译】萃卦六二：长期吉善祥和，没有灾咎，恪守诚信就利于春祭。

【新注】引：长期。　禴（yuè）：春祭。

【新解】胡瑗说："君子之进，不可自媒以苟媚其君，而幸其时之宠荣也。是故君子进用，必须有道，六二以阴居阴，履得其中，又上应九五中正之君，必待其君援引于己，然后往之。此所以得吉而无咎也。孚，信也。禴，薄祭也。君子之进，必在乎诚信相交，心志相接，当萃聚之时，诚信既著，心志既通，则可以不烦外饰，其道得行矣。孚信中立，则虽禴之薄祭，亦可通于神明也。"张载说："能自持不变，引而后往，吉乃无咎。凡言'利用禴'，皆诚素著白于幽明之际。"王宗传说："象以用大牲为吉。而六二以用禴为利，何也？备物者，王者所以随其时；有孚者，人臣所以通乎上。"

六三：萃如嗟如，无攸利。往，无咎，小吝。

【新译】萃卦六三：总是嗟叹不已是没有什么好处的。往问筮得无咎与小吝之占。

【新注】萃如：终如。引申为总是。

【新解】俞琰说："《萃》之时'利见大人'，三与五非应非比，而不得其萃，未免有嗟叹之声，则'无攸利'矣。既曰'无攸利'，又曰'往无咎'。三与四比，则其往也舍四可乎？三之从四，四亦巽而受之，故无咎。第无正应而近比于四，所聚非正，有此小疵耳。"

九四：大吉，无咎。

【新译】萃卦九四：特别吉善祥和，没有灾咎。

【新注】《象》："'大吉无咎'，位不当也。"虞翻说："以阳居阴，故'位不当'。动而得正，承五应初，故'大吉'而'无咎'矣。"

【新解】项安世说："无尊位而得众心，故必大吉而后可以无咎。如《益》之初九，在下位而任厚事，亦必元吉而后可以无咎也。"

九五：萃有位，无咎。匪孚，元永贞，悔亡。

【新译】萃卦九五：最后终于有所建树，没有灾咎。即使是匪类人物，只要他改邪归正恪守诚信，重新开始做人永远贞固公正，悔恨就会消失。

【新注】萃有位：帛书作"卒有立"。卒有立，终于有所建树。立，建树。《离骚》："老冉冉其将至兮，恐修名之不立。""有立"同"不立"相反。 元永贞：重新开始做人永远贞固公正。长久占问。元，开始。永，永远。 悔亡：悔恨消失。

【新解】朱熹说："九五刚阳中正，当《萃》之时而居尊，固'无咎'矣。若有未信，则亦修其'元永贞'之德而'悔亡'矣。戒占者当如是也。"

上六：赍咨涕洟，无咎。

【新译】萃卦上六：春人屏息吸呼小心翼翼地供奉祭祀所需之粟米，憋得泪流洟出，不成体统。问筮却得无咎之占。

【新注】赍咨（jī zī）：帛书作"粢欨"。粢欨，盖谓春人屏息呼吸小心翼翼供奉祭祀所用之粢稷。屏息供奉，示其虔诚恭敬也。 涕洟：帛书作"涕泊"。涕泊（tì jì），眼泪鼻涕。自目出曰涕，自鼻出曰洟。

【新解】方应祥说："此爻照'后夫凶'看，《比》之上六，以《比》之最后而凶。《萃》之上六，亦以《萃》之最后而有未安者，故其忧惧若此。"

46. 升 ䷭ 坤（地）上 巽（风）下

升：元，亨，用见大人。勿恤，南征，吉。

【新译】升卦卦辞：征集兵员非常顺利，美善开始，美善亨通，以此拜见大人。南征而没有流血，吉善祥和。

【新注】升：卦名。帛书卦爻辞均作"登"。登，征集兵员。"登"字习见于贡纳卜辞和战争卜辞。如"登大甲牛""登羊三百""登人三千乎伐土方""今载王𠬝人五千征土方""登马氏知方"。罗琨指出："共是致送，贡纳；登、𠬝是征集。"卜辞有"𠬝众人"，也有"𠬝人"和"登人"等，多达数百余条，大部分都和战争有关，为征集兵员的意思。武丁时期用"共"和"登"，是征集众人进行军事活动的用语。登又为器皿。《尔雅·释器》："木豆谓之豆，竹豆谓之笾，瓦豆谓之登。" 勿恤：帛书作"勿血"。勿血，不流血。

【新解】程颐说："升者，进而上也。升进则有亨义，而以卦才之善，故'元亨'也。用此道以见大人，不假忧恤，前进则吉也。南征，前进也。"《周易折中》案："卦直言'元亨'而无他辞者，《大有》《鼎》也。虽有他辞而非戒辞者，《升》也。历选《易》卦，惟此三者。盖《大有》与《比》相似，然所比者，阴也，民也；所有者，阳也，贤也。《鼎》与《井》相似，然往来井井者，民也；大烹以养者，贤也。《升》与《渐》相似，然渐者，贤之有所需待而进者也；升者，贤之无所阻碍而登者也。《易》道莫大于尚贤，而贤人得时之卦，莫盛于此三者，故其象皆曰'元亨'而无戒辞也。不曰'利见大人'而曰'用见'。"

初六：允升，大吉。

【新译】升卦初六：不断地征集兵员，拥有足够的后备军队是保证战争胜利的重要条件，特别吉善祥和。

【新注】允升：帛书作"允登"。允登，继续不断地征集兵员。允，继续。《尔雅·释诂》："允，继也。"《汉书集注》引应

易经新得

劭说:"允,继也。"《说文解字》:"允,子孙相承续也。"

【新解】何楷说:"初六《巽》主居下,犹木之根也,而得地气以滋之,其升也允矣。所以为《升》者,《巽》也;所以为《巽》者,初也。大吉孰如之。"

九二:孚乃利用禴,无咎。

【新译】升卦九二:恪守诚信就利于春祭,没有灾咎。

【新注】孚:诚信。 禴(yuè):春祭。

【新解】张清子说:"《萃》六二以中虚为'孚',而与九五应;《升》九二以中实为'孚',而与六五应。二爻虚实虽殊,其'孚'则一也。'孚'则虽'用'而亦利。故二爻皆曰'孚乃利用禴'。《象》言'刚中而应',指此爻也。"

九三:升虚邑。

【新译】升卦九三:征集祭品于殷墟准备大的祭祀。(这大概是商代的筮辞。)

【新注】虚邑:盖即殷墟,殷都。《左传·桓公十二年》:"会宋公于虚。"《注》以虚为宋地。盖《左传》所识之虚即为殷墟。《竹书纪年》:"盘庚自奄迁于北蒙,曰殷墟。"(或以为虚非殷都,乃殷之祭祀基地祭场陵园。)

【新解】升卦九三爻辞可能是商代的筮辞。《周易折中》案:"诸爻皆有吉利之占,三独无之。则'升虚邑'者,但言其勇于进而无所疑畏耳。方升之时,故无凶咎之辞。然终不如二、五之中,初、四之顺也。九三过刚,与'柔以时升'义反,故其辞非尽善。"

六四:王用亨于岐山,吉,无咎。

【新译】升卦六四:王在岐山举行祭祀大典,吉善祥和,没有灾咎。

【新注】王:或以为太王,或以为文王。朱骏声说:"太王在歧,直曰岐山;武王在镐,故曰西山。" 用亨:用亨,施行祭祀。亨,享。《周易音义》:"亨,许庚反,通也。马、郑、陆、王肃:许两反。马云:祭也。郑云:献也。" 岐山:岐出之山,两峰如天柱，在雍州境南冀州之望。《诗》所云"天作高山"者也（朱骏声说）。

【新解】《周易折中》案："卦义柔以时升。六四，初交上体，又位在《巽》《坤》之间，有'南征'之象。迫近尊位有'见大人'之义，是爻之合于卦义也。在己者，用之以见大人则吉；为大人者，用之以享神明则宜。与《随》上之义同，皆言王用此人以享于山川也。不曰西山而曰岐山，避象辞'南征'之文。先儒或言岐山在周西南。"

六五：贞，吉，升阶。

【新译】升卦六五：贞固公正，吉善祥和，道德修养迈上新台阶。

【新注】升阶：帛书作"登阶"。登阶，登上新台阶。

【新解】追梦造福道德修养必须一步一个新台阶，才能完善自我，超越自我，造就自我，实现梦想。《周易折中》案："《升》至五而极，居《坤》地之中，亦有'南征'之象焉。乃卦之主也。不取君象，但为臣位之极者，与《晋》《渐》之五同也。'升阶'，须从李氏、熊氏之说。盖古者宾主三揖三让而后升阶。将上堂矣，而犹退逊如此。以况君子始终之进以礼者也。《升》《晋》之所以必贵于柔顺者以此。'升阶'之戒，不在'贞'字之外，乃发明'贞吉'之意尔。"李元量说："'贞吉升阶'，升而有序，故以阶言之。谓宾主以揖逊而升者也。"熊良辅说："以顺而升，如历阶然。"

上六：冥升，利于不息之贞。

【新译】升卦上六：默默地提升自我，利于永远恪守贞固公正等美德。

【新注】冥升：默默地提升。冥，夜。引申为默默。　不息：不停。引申为永远。

【新解】《周易折中》案："'冥升'与'晋其角'之义同，皆进而不能退者也。以其刚也，故曰'角'。以其柔也，故曰

'冥'。'利于不息之贞',其戒亦与'维用伐邑'之义同。皆勤于自治,不敢以盛满自居者也。以其刚也,故曰'伐邑'。以其柔也,故曰'不息之贞'。"

47. 困 兑（泽）上
坎（水）下

困：亨，贞，大人吉，无咎。有言不信。

【新译】困卦卦辞：身处艰难困苦之中,依然恪守美善亨通、贞固公正等美德,大人吉善祥和,没有灾咎。有些言语不能轻信。

【新注】困：卦名。困难。　有言不信：有些话不能轻信。

【新解】孔颖达说："困者,穷厄委顿之名,道穷力竭,不能自济,故名为《困》。小人遭困,则穷斯滥矣。君子遇之,则不改其操,处困而不失其自通之道,故曰'困亨'。处困而能自通,必是履正体大之人。能济于困,然后得吉而无咎,故曰'贞大人吉无咎'。处困求济,在于正身修德。若巧言饰辞,人所不信,则其道弥穷。故诫之以'有言不信'也。"

初六：臀困于株木,入于幽谷,三岁不觌。

【新译】困卦初六：屁股挨了一顿板子之后被关进了监狱,三年尚未释放。

【新注】困于株木：遭受板子、棍子毒打。　幽谷：深暗的地方,比作监狱。　不觌（dí）：不得相见。觌,见。三岁不觌,三年尚未释放出来与亲人相见。

【新解】《周易折中》案："《诗》云：'出于幽谷,迁于乔木。'初不能自迁于乔木,而惟坐困株木之下,则有愈入于幽谷而已。阴柔处《困》之最下,故其象如此。在人则卑暗穷陋,而不能自拔者。言'臀'者,况其坐而不迁也。"

九二：困于酒食,朱绂方来。利用享祀。征凶。无咎。

【新译】困卦九二：准备好祭祀用的酒食,穿上纯赤色的祭服进行祭祀以迎四方气于郊外。问筮得利用享祀之占。征伐失利，问筮得无咎之占。

【新注】朱：帛书作"絑"。絑（zhū），纯赤色。《说文解字》："絑，纯赤也。《虞书》丹朱如此。"段玉裁《注》："凡经传言朱皆作絑，朱其假借字也。朱者，赤心木也。"又云："丹朱，见《皋繇谟》，许所据壁中古文作丹絑，盖六经之絑，仅见此处。'朱'行而'絑'废矣。" 绂（fú）：即蔽膝。系于祭服，当腹垂下。宗庙之服，冕服谓之芾，他服谓之韠，天子三公九卿朱绂，诸侯赤绂。 方：祭名。《诗·小雅·甫田》："以社以方。"毛《传》："迎四方气于郊也。"方来，盖祭四方之神以迎四方之气于郊也。

【新解】石介说："朱绂，祭服。谓可衣朱绂而享宗庙也。征凶，既在险中，何可以行。无咎，以其居阳明之德，可以无咎。"

六三：困于石，据于蒺藜，入于其宫，不见其妻。凶。

【新译】困卦六三：被困于石，嗣后置身囹圄，放声号哭。继而放归田里，回到家中妻子不见了。问筮得凶占。

【新注】困于石：李镜池说："石：嘉石。《周礼》大司寇之职，'以嘉石平罢民。凡万民之有罪过而未丽（列）于法而害于州里者，桎梏而坐诸嘉石，役诸司空。'嘉石树立在朝门左边当众的地方。民之有罪过而又不是十分严重，但又为害于州里的，就叫他担枷坐在那里以耻辱之，然后叫他去劳动或关起来。"据：帛书作"号"。 蒺藜：又称"刺蒺藜"，或曰"白蒺藜"。一年生草本植物。古代监狱周围常种蒺藜以防范犯人越狱。

【新解】朱熹说："阴柔而不中正，故有此象。而其占则凶。石，指四。蒺藜，指二。宫，谓三。而妻则六也。其义则《系辞》备矣。"《系辞》："子曰：非所困而困焉，名必辱。非所据而据焉，身必危。既辱且危，死期将至，妻其可得见邪？"

九四：来徐徐，困于金车。吝，有终。

【新译】困卦九四：因为来得缓慢迟到了，所以被软禁起来了。问筮得吝难与有终之占。

【新注】来徐徐：帛书作"来徐"。来徐，来得迟缓，是怠慢不恭的表现。《广雅·释诂》："徐，缓慢也。" 困于金车：限制于囚车之中。金，禁也。

【新解】朱熹说："初六，九四之正应。九四处位不当，不能济物，而初六方困于下，又为九二所隔，故其象如此。然邪不胜正，故其占虽为可吝，而必有终也。"

九五：劓刖，困于赤绂，乃徐有说，利用祭祀。

【新译】困卦九五：在屋梁上安装好副椽，而为祭服所困，慢慢解脱之后，方利于祭祀。

【新注】劓刖（yì yuè）：割鼻子，割腿。帛书作"贰椽"。贰椽，副椽。椽，安在梁上支架屋面和瓦片的木条。《左传·桓公十四年》："以太宫之椽归为卢门之椽。"译文据帛书。

【新解】《周易折中》案："九五不取君象，但取位高而益困者耳。其象与九二同。但二则'朱绂'方将来，五则高位而已'困于赤绂'矣。'乃徐有说'者，五《兑》体，故能从容以处之而有余裕也，'利用祭祀'之义，亦与二同。"

上六：困于葛，藟于臲卼。曰：动悔有悔！征，吉。

【新译】困卦上六：限制穿粗布衣服，捆缚于副椽之上。自言自语说道：倒霉啊！真倒霉！家中人为之问筮，却得了吉占。

【新注】葛：帛书作"褐"。褐，兽毛或粗麻制成的短衣，古时贫贱人所服。《孟子·滕文公（上）》："许子衣褐。"赵岐《注》："褐以毛织之，若今之马衣也。或曰：褐，衣也。一曰：粗布衣也。"因以为贫贱人的代称。《左传·哀公十三年》："余与褐之父睨之。"杜预《注》："褐，寒贱之人。" 藟：帛书作"累"。累，通"缧"，系也。《左传·成公三年》："两释累囚，以成其好。"杜预《注》："累，系也。" 臲卼（niè wù）：木桩，围在狱外，以防犯人越狱。本指动摇不安，困顿。帛书作"贰椽"。译文据帛书。

【新解】吴慎说:"困非自己致而时势适逢者,则当守其刚中之德,是谓困而不失其所亨也,其道主于贞。若困由己之柔暗而致者,则当变其所为,以免于困也,其道主于悔。学者深察乎此,则处困之道异宜而各得矣。"

48. 井 坎(水)上 巽(风)下

井:改邑不改井,无丧无得。往来井,井汔,至亦未繘井,羸其瓶,凶。

【新译】井卦卦辞:改邑而井不改,井不增不减,人们往来于井中取水。井水干涸时则无水可取;用土瓶子也打不上水,因而凶险。

【新注】井:卦名。水井,井田,陷阱。《周易音义》:"井,精领反。《杂卦》云:通也。《象》云:养而不穷。《周书》云:黄帝穿井。《世本》云:化益作井。宋衷云:化益,伯益也,尧臣。《广雅》云:井,深也。郑云:井,法也。《字林》作:井,子挺反。周云:井以不变更为义。师说:井以清洁为义。"饮用的井水必须保持清洁卫生。朱熹说:"'井'者,穴地出水之处。以《巽》木入乎《坎》水之下,而上出其水,故为'井'。"干宝说:"水,殷德也。木,周德也。夫井,德之地也,所以养民性命而清洁之主者也。"   邑:城邑,城市,乡镇。   汔(qì):干涸。   至亦未繘(jú)井:人们来到井边而没有水汲取。繘,汲水的绳子。帛书作"汲"。   羸(léi):瘦弱。帛书作"累"(lěi),绳索。   瓶:帛书前多一"刑"字。刑瓶,即瓶子的模型。刑,通"型"。型,模也。凡铸式以土曰型、木曰模、金曰范。凡烧制而成之器皿统称瓦货。刑瓶,盖未烧制前之瓶型。用绳索套住瓶型汲水自然徒劳无益,不仅汲不了水,而且瓶型入水即刻散作泥块,故曰凶。

【新解】井水是人们饮用水的重要资源之一。我们的先人认识到了井的重要性。天然饮用水井的位置是不变的，故"改邑不改井"。《象》："巽乎水而上水，井。井养而不穷也。改邑不改井，乃以刚中也。汔至亦未繘井，未有功也。羸其瓶，是以凶也。"郑玄说："《坎》，水也。《巽》，木，桔槔（gāo）也，互体《离》《兑》。《离》外坚中虚，瓶也。《兑》为暗泽，泉口也。言桔槔引瓶，下入泉口，汲水而出，井之象也。井以汲人，水无空竭，犹人君以政教养天下，惠泽无穷也。"李镜池说："这是说一个邑主，大概由于搞得不好，不得人心，被调走了，调到另一个邑去。两个邑的井田数目没有变。对这个邑主来说，无失也无得。在调换中还是秩序井然，没有发生什么混乱的现象。可是他原来统治的那个旧邑，水井已经干涸淤塞而又不挖不淘，甚至连吊水瓶也打破了，糟得很！无怪乎他在那里呆不下去了。"

初六：井泥不食，旧井无禽。

【新译】井卦初六：泥水喝不得，陈旧的陷阱捕不到野兽。

【新注】禽（qín）：古代是鸟兽的总名。又同"擒"，捕捉。

【新解】这是生产和生活经验。一是生活饮水经验，告诫人们不要喝脏水。"井泥不食"，井，井水。二是告诉人们已经坏了的陷阱捕不到野兽，应该另挖新的陷阱，方能捕得野兽。"旧井无禽"之"井"，通"阱"。

九二：井谷射鲋，瓮敝漏。

【新译】井卦九二：井旁边的水沟里的小鱼，只需要破网片即可以捕捞到手，甚至没有鱼网也可以捉到。

【新注】谷（gǔ）：两山或两块高地中间的夹道。帛书作"渎"。渎（dú），小沟，小渠。 射鲋：射鱼。 瓮敝漏：帛书作"唯敝句"。唯敝句，只要破网。敝句，敝笱。《诗》有《敝笱》一篇。

【新解】《周易折中》案："井谷者，井中出水之穴窍也。井能出水，则非泥井也。而其功反足以射鲋者，上无汲引之人，如瓶瓮之敝漏然，则不能自济于人用也决矣。在卦则以井喻政，以汲之者喻行政之人；在爻则下体以井喻材德之士，汲之者喻进用之君；上体以井喻德位之君，汲之者喻被泽之众。三义相因，而取喻不同。"

九三：井渫不食，为我心恻，可用汲？王明，并受其福。

【新译】井卦九三：我把井遮盖起来了，因为我正在祭祀先王，（你们）何必急急忙忙来汲水呢？先公先王神明，我们祭祀了祖先，祖先在天之灵会给我们大家带来幸福的。

【新注】渫（xiè）：淘除，散发。帛书作"泄"，遮拦，遮盖。　为我心恻：帛书作"心塞"。为我心塞（sài），因为我正在祭祀先王。塞，同"赛"，酬神祭。《汉书·郊祀志（上）》："冬塞祷祠。"颜师古《注》："塞，谓报其所祈也。"　可用汲（jí）：何必匆匆忙忙汲水呢？因为我把井遮盖起来正在酬祭先王呀。可，通"何"。汲，引水于井。《周易音义》音"急"。　王明：先公先王神明。或谓天子之圣明。　并受其福：祭祀者同邑人都受先公先王荫庇之福。

【新解】蔡清说："'为我心恻'，'我'指旁人，所谓行恻也，非谓九三自恻也。'可用汲'，带连王明并受其福，皆恻之之辞也。"《周易折中》案："不曰'明王'而曰'王明'，乃恻者祈祷之辞，言王若明，则吾侪并受其福矣。"

六四：井甃。无咎。

【新译】井卦六四：井架顶部没有损坏。问筮得"无咎"之占。

【新注】甃（zhòu）：井壁，用砖砌（井、池子等）。帛书作"椒"（jiāo），椒，巅，盖，顶。《文选·月赋》："菊散芳于山椒。"《注》："山椒，山顶也。"准此知"井椒"即"井顶"。

【新解】丘富国说："三在内卦，渫井内以致其洁；四在外卦，甃井外以御其污。盖不渫则污者不洁，不甃则洁者易污。"

九五：井冽寒泉食。

【新译】井卦九五：井口通风良好，井水清凉可口。

【新注】冽（liè）：（水，酒等）清洁。帛书作"戾"（lì），戾，干燥通风。《礼记·祭义》："风戾以食之。"《释文》："戾，燥也。"井戾，水井干燥通风。 寒泉食：井水清凉可口。

【新解】程颐说："五以阳刚中正居尊位，其才其德，尽善尽美。"

上六：井收勿幕。有孚，元吉。

【新译】井卦上六：坏井已经修治好了，井口也缩小了，又恢复了井所应有的功用，井口也不用遮盖起来。有诚信就能获得美善大吉。

【新注】井收：井通过祭祀修治井口收缩了。收，收缩。勿幕：不用遮盖起来。《周易音义》："勿幕，音莫，覆也。干本，'勿'作'网'。"

【新解】有诚信就能获得美善大吉。这是井卦留给我们的宝贵经验。追梦造福必须恪守诚信道德原则。否则就无法实现理想，造福子孙。《周易折中》案："'勿幕'，谓取之无禁，所谓'往来井井'者也。'有孚'，谓有源不穷，所谓'无丧无得'者也。此爻得全卦之义者，《巽》乎水而上水，至此爻则上之极也。"李过说："初'井泥'，二'井谷'，皆废井也。三'井渫'，则渫初之泥；四'井甃'，则甃二之谷。既渫且甃，井道全矣。故五'井冽'而'泉寒'，上'井收'而'勿幕'，功始及物，而井道大成矣。"丘富国说："先儒以三阳为泉，三阴为井，阳实阴虚之象也。九二言'井谷射鲋'，九三言'井渫不食'，九五言'井冽寒泉'。曰射，曰渫，曰冽，非泉之象乎？初六言'井泥不食'，非井之象乎？以卦序而言，则二之射，始达之泉也；三之渫，已洁之泉也；五之冽，则可食之泉矣。初之泥，方掘之井也；四之甃，已修之井也；上之收，则已汲之井矣。又以二爻为一例，则初、二皆在井下，不见于用；故初为泥而二为谷；三、四皆在井中，将见于用，故三为渫而四为甃；五、上皆在井上，而已见于用矣，故五言食而上言收也。"

49. 革 ䷰ 兑（泽）上
离（火）下

革：巳日乃孚，元，亨，利，贞，悔亡。

　　【新译】 革卦卦辞：为革故鼎新而祭祀的日子更要严格遵守诚信原则，恪守美善开始、美善亨通、先义后利、贞固公正等核心价值观，悔恨就会消失。

　　【新注】 革：卦名。革故鼎新，改革。帛书作"勒"。勒，刻也。《释名·释言语》："勒，刻也。刻识之也。"《礼记·月令》："物勒工名。"郑《注》："勒，刻也。"《书序》疏引《易通卦验》郑《注》："刻，谓刻石而记识之也。"今日所出土之甲金石文皆昔人所刻也。　巳日：祭祀的日子。干宝说："天命已至之日也。"

　　【新解】 何楷说："'巳日'，即六二所谓'巳日'也。'乃孚'，即九三、九四、九五所谓'有孚'也。'悔亡'，即九四所谓'悔亡'也。所以云'巳日'者，变革天下之事，不当轻遽，乃能孚信于人。乃，难辞也。下三爻，方欲革故而为新，故有谨重不轻革之意；上三爻，则故者已革而为新矣。九四当上下卦之交，正改命之时，故'悔亡'独于九四见之，即《象传》所云'革而当，其悔乃亡'也。"

初九：巩用黄牛之革。

　　【新译】 革卦初九：用黄牛皮主祭食。

　　【新注】 巩：帛书作"共"。共，共祭。《周礼·春官·太祝》："辨九祭。一曰命祭，二曰衍祭，三曰炮祭，四曰周祭，五曰振祭，六曰襦祭，七曰绝祭，八曰缭祭，九曰共祭。"郑玄《注》："共犹授也。主祭食，宰夫授祭。《孝经》说：'共绥执挽。'"

　　【新解】 龚焕说："《易》言'黄牛之革'者二：《遁》之六二，居中有应，欲遁而不可遁者也；《革》之初九，在下无应，当革而不可革者也。所指虽殊，而意实相类。"

六二：巳日乃革之，征，吉，无咎。

【新译】革卦六二：祭祀日而改革，出兵后旗开得胜，吉善祥和，没有灾咎。

【新注】革之：改革祭祀。

【新解】熊良辅说："六二为内卦之主，故卦辞之'巳日'见之于此。卦曰'巳日乃孚'，爻曰'巳日乃革'者，孚而后革也。"

九三：征凶，贞，厉。革言三就，有孚。

【新译】革卦九三：征伐失利，问筮又得危厉之占。革故鼎新的话反复强调，上下团结一致拥有诚信美德。

【新注】革言：革故鼎新的话。 有孚：有诚信。

【新解】吕大临说："九三居下体之上，自初至三，遍行三爻，革之有渐，革道以成，故曰'革言三就'，至于三则民信之矣，故'有孚'。"

九四：悔亡。有孚改命，吉。

【新译】革卦九四：悔恨消失。有诚信致力于改革使命，吉善祥和。

【新注】有孚改命：有诚信致力于改革使命。改，改革。命，使命。

【新解】胡炳文说："自三至五皆言'有孚'。三议革而后孚，四有孚而后改，深浅之序也；五未占而有孚，积孚之素也。"

九五：大人虎变，未占有孚。

【新译】革卦九五：大人突然改变了主意，虽然没有占问但是有诚信。

【新注】虎变：突然改变主意。 有孚：有诚信。

【新解】郑汝谐说："革之道久而后信，五与上，其革之成乎。五，阳刚中正，居尊而说体，尽革之美，是以未占而有孚也。其文晓然，见于天下，道德之威，望而可信，若卜筮，罔不是孚，'虎变'之谓也。"

上六：君子豹变，小人革面。征凶。居贞，吉。

【新译】革卦上六：大人突然改变主意，小人吓得脸变了颜色。征伐失利，凶险。居于贞固公正，则吉善祥和。

【新注】豹变：突然改变主意。

【新解】龚焕说："初言'巩用黄牛'，未可有革者也。二言'巳日乃革'，不可遽革者也。三言'革言三就'，谨审以为革者也。皆革道之未成也。四言'有孚改命'，则事革矣。五言'大人虎变'，则为圣人之神化矣。上言'君子豹变，小人革面'，则天下为之丕变，而革道大成矣。"

50. 鼎 ䷱ 离（火）上 巽（风）下

鼎：元，吉，亨。

【新译】鼎卦卦辞：鼎新，美善开始，吉善祥和，美善亨通。

【新注】鼎（dǐng）：卦名。鼎新。鼎为古代炊器，多用青铜制成，圆形，三足两耳，也有长方四足的，盛行于商周时期。相传禹铸九鼎，象所图物，使民知神奸，避魑魅魍魉饕餮之害。后以此为镇国之重器，王都所在即鼎之所在，以鼎为政权之象征。定都称定鼎。欲灭其国先问其鼎之轻重及其所在。《周易音义》："鼎，丁冷反，法象也，即鼎器也。"

【新解】追梦造福既需要革故，也需要鼎新。革卦侧重改革，鼎卦侧重鼎新。《周易折中》案："上经，《颐》卦言养道，曰圣人养贤以及万民，然则王者之所当养，此两端而已。下经，《井》言养，《鼎》亦言养。然井在邑里之间，往来往汲，养民之象也。鼎在朝庙之中，燕飨则用之，养贤之象也。养民者存乎政，行政者存乎人，是其得失未可知也，故《井》之象犹多戒辞。至于能养贤，则与之食天禄、治天职，而所以养民者在是矣，故其辞直曰'元亨'，与《大有》同。"

初六：鼎颠趾，利出否，得妾以其子，无咎。

【新译】鼎卦初六：安放固定鼎之后，是否利于外出，结果不仅得了一个奴仆而且还得了一个小奴仆，没有灾咎。

【新注】颠趾：帛书作"填止"，安放固定。填，同"置"，安放。《汉书·禹贡传》："以填后宫。"颜师古《注》："此填字读与置同。"止，定也。鼎填止，将鼎安放固定。

【新解】《周易折中》案："《易》例：初六应九四，无亨吉之义。盖以初六乃材德之卑，应四有援上之嫌，故于义无可取者，其动于应而凶咎者则有之矣。'鸣豫''咸拇'之类是也。惟《晋》有上进之义，《萃》有萃上之义，《鼎》有得养之义。此三者，则初六、九四之应，容有取焉。然《晋》初则'晋如摧如'，《萃》初则'乃乱乃萃'，盖主于在下者之求进求萃而言，则居卑处初，未能自达者宜也。惟《鼎》之义，主于上之养下。上之养下也，大贤固养之矣，及其使人也器之，薄材微品，所不遗焉。"

九二：**鼎有实，我仇有疾不？我能即，吉。**

【新译】鼎卦九二：鼎中有食，我的矛饰有毛病吗？有毛病的矛饰是不能同鼎食一同祭祀的，我的矛饰没有毛病，因为我已经按照礼节的规定将其装饰好了，因此我可以参加一同祭祀，是以吉善祥和。

【新注】鼎有实：鼎中有食品，故实而不虚。 仇：帛书作"𢽥"。𢽥（qiú），矛饰也。字书无"𢽥"字，有"戏"字，《集韵》"戏"音求，疑"𢽥"即"戏"字。《玉篇》："戏，矛饰也。"求，皮衣也，戈上之衣是为𢽥，矛饰之意分明。 我能即：即，帛书作"节"。我能节，我能够按照礼节的要求将矛饰装饰好，因此我𢽥无疾。

【新解】胡炳文说："《鼎》诸爻与《井》相似。《井》以阳刚为泉，《鼎》以阳刚为实。《井》二无应，故其功终不上行。《鼎》二有应，而能以刚中自守，故吉。"

九三：**鼎耳革，其行塞，雉膏不食，方雨，亏悔，终吉。**

【新译】鼎卦九三：在鼎耳上刻上刻工姓名，考察到他的行为有否塞不致功的地方，不给他吃美味佳肴，以表示惩罚。斯人通过这种大惩罚以后则洗心革面改过自新，最后终得吉善祥和。

【新注】鼎耳革：帛书作"鼎耳勒"。勒，刻。《礼记·月令》："物勒工名，以考其诚。"郑玄《注》："勒，刻也。刻工姓名于其器，以察其信，知其不功致。"　塞：否塞，阻碍。引申为不好的行为。　雉膏：佳肴美味。郑玄《注》："雉膏，食之美也。"　方雨：大雨。方，大。一说"方雨，且将雨也"。

【新解】胡炳文说："《井》《鼎》九三，皆居下而未为时用。《井》三如清洁之泉而不见食，《鼎》三如鼎中有雉膏而不得以为人食。然君子能为可食，不能使人必食。六五鼎耳，三与五不相遇。如鼎耳方变革而不可举移，故其行不通。然五文明之主，三上承文明之腴，以刚正自守，五终当求之，方且如阴阳和而为雨，始虽有不遇之悔，终当有相遇之吉。《井》三所谓'王明并受其福'者，亦犹是也。"

九四：鼎折足，覆公餗，其形渥，凶。

【新译】鼎卦九四：鼎折而断足，倒了王公大人的食品，罪该万死，诛于屋下，问筮得凶险之占。

【新注】覆公餗（sù）：倒掉了王公大人的粥（食品）。　其形渥：帛书作"其刑屋"。其刑屋，使用的刑罚是屋诛之刑。屋诛之刑，其说有二。一，以为古代指贵族在屋下受刑，以别于平民在市上受罚。《汉书·叙传（下）》："底鼎臣。"颜师古注引服虔说："底，致也。《周礼》有屋诛，诛大臣于屋下，不露也。"二，以为屋诛之刑为夷三族。《周礼·秋官·司烜氏》："军旅修火禁，邦若屋诛，则为明竂（cuì）焉。"郑玄引郑司农云："屋诛谓夷三族，无亲属收葬者，故为葬之也。三夫为屋，一家田为一夫，以此知三家也。"

【新解】朱熹说："晁氏曰：形渥，诸本作'刑剭'，谓重刑也。今从之。九四居上，任重者也，而下应初六之阴，不胜其任矣。故其象如此，而其占凶也。"

六五：鼎黄耳、金铉，利，贞。

【新译】鼎卦六五：用黄铜铸成的鼎耳朵，配上镀金的黄铜抬鼎横杠，真是漂亮极了，象征先义后利、贞固公正。

【新注】黄耳：铜耳。　金铉（xuàn）：镀金的铜铉。铉，抬鼎的横杠。

【新解】新的美鼎不仅象征新的领导权力，而且象征新的领导人先义后利、贞固公正等美德。胡一桂说："铉所以举鼎者也，必在耳上，方可贯耳，九二在下，势不可用，或说为优。然上九又自谓玉铉者，金象以九爻取，玉象以爻位刚柔相济取。"

上九：鼎玉铉。大吉，无不利。

【新译】鼎卦上九：用嵌玉的横杠抬鼎非常美好。象征特别吉善祥和，无所不利。

【新注】鼎玉铉：用嵌玉之横杠抬鼎。

【新解】追梦造福需要鼎新，鼎新之后就能特别吉善祥和，无所不利。《周易折中》案："此卦与《大有》，只争初六一爻耳，余爻皆同也。《大有》之彖辞直曰'元亨'，他卦所无也；惟《鼎》亦曰'元亨'。《大有》上爻曰'吉无不利'，他爻所无也，《鼎》上爻亦曰'大吉无不利'。以其皆为尚贤之卦故也。上九刚德为贤，六五尊而尚之，是尚贤也。在他卦有此象者，如《贲》《大畜》《颐》之类，其义皆善，其《象传》亦多发尚贤、养贤之义，然以卦义言之，则《大有》与《鼎》独为盛也。卦义之盛，重于此两爻之相得，故'吉无不利'，皆于上爻见之，即象所谓'元亨'者也。又《易》中《大象》言天命者，亦惟此两卦，一曰'顺天休命'，一曰'正位凝命'。《书》曰：'天命有德，五服五章哉！'故退不肖而进贤者，天之命也。《大有》以遏恶扬善为顺天，此则推本于正位以凝命。所谓'君正莫不正'者，用能协上下，以承天体也。"丘富国说："初为'足'，故曰'颠趾'；二、三、四为'腹'，故曰'有实'，曰'雉膏'，曰'公㻋'；五为'耳'，故曰'黄耳'；上为'铉'，故曰'玉铉'。此岂非全鼎之象乎？然初曰'趾'，四亦曰'足'者，以四应乎初，而四之足即初也。上曰'铉'，而五亦曰'铉'者，以五附乎上，五之铉即上也。五曰'耳'，而三亦曰'耳'者，则以三无应乎五，而有鼎耳革之象。"

51. 震 ䷲ 震（雷）上
震（雷）下

震：亨。震来虩虩，笑言哑哑，震惊百里，不丧匕鬯。

【新译】震卦卦辞：震撼而得美善亨通。有些人为震撼而惊恐万状，但是有些人则为震撼而谈笑自若。震撼经过一百来里远的地方，但人们手中祭神的酒却没有溢出来。

【新注】震：卦名。帛书作"辰"。辰，振也。震，震撼。《说文解字》："辰，震也。" 虩虩（xì）：帛书作"朔朔"，荀爽作"愬愬"，心中恐惧的样子。 哑哑：笑声。 震惊百里：地震滑坡运行了百里之远。惊，帛书作"敬"，借为"迸"。迸，经过。 匕（bǐ）：勺子。 鬯（chàng）：祭祀用的香酒；酒器。《说文解字》："鬯，以秬酿郁草，芬芳攸服，以降神也。从凵。凵，器也。中象米，匕所以扱之。《易》曰：'不丧匕鬯。'"

【新解】追梦造福需要震撼人心的举措。面对震撼人心的新举措，有一些人欢呼，有一些人害怕。这是必然的。蔡清说："'震来'，当震之来时也，以心言，谓事之可惧而吾惧之也。其震惧之也'虩虩'然，非震来而后'虩虩'也。'虩虩'，所以状其震来也。或曰来者自外来也，故爻云'震来厉'。又云'震不于其躬于其邻'。此说非惟昧卦辞'震来'之义，亦失卦名'震'字之义矣。盖震之来，来犹至也。固亦有其事，然震之至，则在我也。六二'震来厉'，谓当震之来而危厉。此'震来'正与卦辞旨同。至于'震不于其躬'，《本义》分明有'恐惧修省'字，其与卦辞同益明矣。凡有所事者皆当惧。惧便是'震来'也。君子之心，常有敬畏。执事便敬，所以致福而不失其所主之重。"李镜池说："卦辞概括地描写了人们对打雷的三种反应：一种是听到雷声就害怕得在哆嗦；一种是言笑自若，满不在乎；还有一种是听到震惊百里的大响雷，还很镇静，手里拿着酒勺子，却没有洒出一点酒来。"

初九：震来虩虩，后笑言哑哑，吉。

【新译】震卦初九：面对震撼人心的改革新举措，那些还没有来得及理解的人开始有些惊恐万分，等到理解了之后便喜笑颜开为之欢呼，因而吉善祥和。

【新注】后：理解改革新举措之后。

【新解】追梦造福，闻道有先后，需要时间，需要宣传，需要理解，需要团结，需要吉祥。胡炳文说："初九在内卦之内，《震》之主也。故辞与卦辞同。盖《震》之用在下，而重《震》之初，又最下者，所以为《震》之主也。"

六二：震来厉，亿丧贝，跻于九陵，勿逐七日，得。

【新译】震卦六二：震撼越来越厉害，（人们）想到丢失在九陵山上的朋贝和资财，但没有过七天已经丢失的朋贝和资财又觅得了。

【新注】亿丧贝：帛书作"意亡贝"。 跻（jī）：登，上升。贝帛书作"盍"（zī），通"资"，钱财。《马王堆汉墓帛书·经法·国次》："兼人之国，修其国郭，处其郎（廊）庙，听其钟鼓，利其盍财，妻其子女。" 逐：帛书作"遂"。遂，进。

【新解】杨启新说："'丧'，自丧之也。'跻于九陵'，飘然远举之意。人之所以常蹈祸者，利耳。远利而自处于高，岂惟无厉，所丧者可以不久而获矣。"

六三：震苏苏，震行无眚。

【新译】震卦六三：震撼苏苏不止，经过震撼洗礼，震撼过后人们的行为没有毛病。

【新注】苏苏：帛书作"疏疏"。《周易音义》："苏苏，疑惧貌。王肃云：躁动貌。郑云：不安也。马云：尸禄素餐貌。"疏、苏，准双声、叠韵。《周礼·春官·典瑞》："疏璧琮以敛尸。"《注》："疏，读为沙。"沙沙，疏疏，苏苏，不止的样子。 震行无眚（shěng）：震撼过后人们的行为没有毛病。眚，毛病。

【新解】赵光大说："当震时而惧益甚，精神涣散，故为'震苏苏'之象。然天下不患有忧惧之时，而患无修省之功，若能因此惧心而行，则持身无妄动，应事有成规，又何眚之有？"

九四：震遂泥。

【新译】震卦九四：震撼进入各个领域。

【新注】遂：进入。

【新解】《周易折中》案："卦爻'震'字，虽以人心为主，然《震》之本象则雷也。凡雷乘阳气而动，然所乘之气不同。故邵子曰：'水雷玄，火雷赫，土雷连，石雷霹。'盖雷声有动而不能发达者，陷于阴气也。此爻阳动于四阴之中，故有'震遂泥'之象。在人则志气未能自遂，乃困心衡虑之时也。"

六五：震往来厉，亿无丧，有事。

【新译】震卦六五：震撼越来越厉害，但是人们已经理解了，而且觉得越来越有奔头，有事可做，大有可为。

【新注】震往来厉：震撼越来越厉害。

【新解】《周易折中》案："《春秋》凡祭祀皆曰'有事'。故此'有事'谓祭也。二、五之震同，其有中德而能亿度于事理者亦同。然二'丧贝'，而五'无丧'者，二居下位，所有者贝耳；五居尊位，所守者则宗庙社稷也。贝可丧，宗庙社稷可以失守乎？故二以'丧贝'为中，五以'无丧有事'为中。"

上六：震索索，视矍矍，征凶。震不于其躬，于其邻，无咎。婚媾有言。

【新译】震卦上六：因地震震撼发生了不幸的事，人们对地震震撼的发生惊慌失措，地震震撼虽然停止了，灾及邻居而不及于己身，然而大家却对婚媾有微言。

【新注】索索：帛书作"昔昔"。索、昔，古音同。索索：恐惧、惊慌失措的样子。 矍矍（jué）：彷徨四顾的样子。又为疾走的样子。（彷徨四顾，疾走兼而有之）《说文解字》："矍，鹰隼之视也。"鹰与隼（sǔn）的眼睛都很厉害。帛书作"惧惧"。惧惧，惊恐惧怕状。因地震震撼而恐惧。 婚媾有言：对婚媾有微言。

【新解】李镜池说："这是说在打雷时，有些人行为很小心谨慎，但又很有眼光，看得远，看得准。他想到雷鸣电闪时出外是十分危险的，但雷电没有劈在他身上，而劈着他的近邻。大概他本人没有什么问题，而那个邻近的亲戚却做了坏事吧！这是一种天能降祸福于人的迷信思想。本卦描写了人们对雷电的各种态

易经新得

度，表现了古人对不可理解的自然现象的探索、认识过程。"

52. 艮 ䷳ 艮（山）上
艮（山）下

艮：其背，不获其身。行其庭，不见其人。无咎。

【新译】艮卦卦辞：注意背部，不要弄脏了身子。在庭中行走而不见其人。为此问筮，得到了没有灾害的占断。

【新注】艮（gèn）：卦名。有食物坚韧而不脆、说话生硬、集中注意力止于某一点之上等义。　不获：不要弄脏。获，帛书作"濩"。濩、获，古音同。濩，污也。《广雅·释诂》："濩，污也。"

【新解】程颐说："人之所以不能安其止者，动于欲也。欲牵于前而求其止，不可得也。故《艮》之道，当艮其背。所见者在前，而背乃背之，是所不见也。止于所不见，则无欲以乱其心，而止乃安。"蔡清说："天有四时，冬不用；地有四方，北不用；人有四体，背不用，一理也。盖体立而后用有以行。此理若充得尽，即是'定之以中正仁义而主静'。"

初六：艮其趾。无咎，利永贞。

【新译】艮卦初六：走路时小心谨慎，注意脚趾头以防踢伤。问筮得到没有灾害与利于长久贞固公正的占断。

【新注】利永贞：利于长久贞固公正。永，久也。贞，贞固公正。《周礼·春官·大祝》："掌六祝之辞，以事鬼神示，祈福祥，求永贞。"郑玄注："永，长也。贞，正也。"

【新解】胡炳文说："事当止者，当于其始而止之，乃可无咎。止于始，犹惧不能止于终，而况不能止于始者乎？初六阴柔，惧其始之不能终也。故戒以'利永贞'，欲常久而贞固也。"

六二：艮其腓，不拯其随，其心不快。

【新译】艮卦六二：注意防止身体发胖，如果不登高健身，就会自我毁坏，因此心中很不快乐。

【新注】腓：帛书作"肥"。　拯：帛书作"登"。

【新解】追梦造福需要一个强健的身体。艮卦六二爻辞告诫人们不注意保养身体，不登高健身，就会自我毁坏，就会使心中很不快乐。《周易折中》案："此爻'随'字与《咸》三同，《咸》三谓随四，此爻谓随三也。盖《咸》《艮》二卦皆以人身取象。凡人心属阳，体属阴。咸卦三阳居中，而九四尤中之中，故以四为心也。此卦惟九三一阳居中，故以三为心也。人心之动，则体随之。而《易》例以相近之下位为随，故《咸》三《艮》二皆言随也。两卦直心位者，皆德非中正，若一以随为道，则随之者亦失其正矣。故《咸》三则'执其随'而'往吝'，此爻则'不拯其随'而'不快'。然六二有中正之德，本有以自守者，故以不能拯其随为不快于心。与《咸》三之志在随人异矣。"

九三：艮其限，列其夤，厉薰心。

【新译】艮卦九三：注意保护腰部，采取有效的减肥措施，行动起来轻松愉快。

【新注】艮其限：注意保护腰部。限，腰部。虞翻说："限，要带处也。"　厉薰心：行动起来后心中芳香甜蜜（轻松愉快）。《说文解字》："薰，香草也。"《广雅》："天子祭以鬯，诸侯以薰。"以薰为祭品。

【新解】王宗传说："九三下体之终也。以上下二体观之，则交际之地也。故曰'限'。夫人之身，虽有体节程度，然其脉络血气，必也周流会通，曾无上下之间，故能屈伸俯仰，无不如意，而心得以夷然居中。今也'艮其限'而有所止焉，则截然不相关属，而所谓心者其能独宁乎！故曰'厉薰心'。"

六四：艮其身。无咎。

【新译】艮卦六四：注意保护胸腹部（身体）。问筮得无咎之占。

【新注】身：身体。帛书作"躳"，疑为"躬"（躬）字。《说文解字》："身，躳也。象人之身也。"《说文解字》："躳，身也。从身从吕。躬，躳或从弓。"

【新解】追梦造福必须保护身体。无身体则无梦想矣。《周易

易经新得

212

折中》案："《咸》五居心上，故'咸其脢'者背也。此爻亦居心上，则亦背之象矣。不言'艮其背'者，'艮其背'为卦义，非中正之德不足以当之，四虽直其位而德非中，故但言'艮其身'而已。盖'艮其背'则'不获其身'矣。'不获其身'者忘也。若'艮其身'，则能止而未能忘也。然止者忘之路，故其占亦曰'无咎'。正犹《同人》之卦义曰'于野'，上九虽直野位，而其德未至，故次于'野'而曰'郊'。此之卦义曰'艮背'，此爻虽直背位，而其德亦未至，故次于'不获其身'而曰'艮其身'也。"

六五：艮其辅，言有序。悔亡。

【新译】艮卦六五：注意口舌，说话有条不紊。悔恨自然消逝。

【新注】辅：颊骨。引申为口舌。

【新解】本爻涉及哲学上的一个重要问题：有序与无序。有序，就是有规律。无序，就是没有规律。自然界存在有序与无序的问题，人类社会也存在着有序与无序的问题。我们的祖先在这里是从语言上探讨有序与无序对于人们的祸福的关系。值得研究。

上九：敦艮，吉。

【新译】艮卦上九：特别重视保护身体，自然吉善祥和。

【新注】敦艮：特别注意（上述所强调的各个方面）。敦，厚也。《礼记·曲礼》郑玄注："敦，厚也。"引申为特别重视。

【新解】项安世说："上九与三相类，皆一卦之主也。然九三当上下之交，时不可止而止，故危；上九当全卦之极，时可止而止，故吉。"胡炳文说："'敦临''敦复'，皆取《坤》土象。《艮》山乃《坤》土而隆其上者也，其厚也弥固，故其象为'敦'，其占曰'吉'。《艮》之在上体者凡八，而皆吉。"《周易折中》案："《咸》《艮》之象，所以差一位者，《咸》以四为心，故五为背而上为口；《艮》以三为心，故四为背而五为口，其位皆缘心而变者也。二之'腓'兼'股'为一象，故与《咸》三俱言'随'。"

53. 渐 ䷴ 巽（风）上
艮（山）下

渐：女归，吉，利，贞。

【新译】渐卦卦辞：不急急忙忙地嫁女（也就是说不慌不忙地嫁女），吉善祥和，先义后利，贞固公正。

【新注】渐：卦名。渐进，不急急忙忙前进。《周易音义》："渐，捷检反，以之前为义，即阶渐之道。" 女归：嫁女。

【新解】胡瑗说："天下万事，莫不有渐，然于女子，尤须有渐。何则？女子处于闺门之内，必须男子之家，问名、纳采、请期以至于亲迎，其礼毕备，然后乃成其礼，而正夫妇之道。君子之人，处穷贱不可以干时邀君，急于求进。处于下位者，不可谄谀佞媚，以希高位，皆由渐而致之，乃获其吉也。"用渐作为卦名，说明先民头脑中有了过程的观念。当然，我们不能简单说这就是过程哲学、过程管理思想。

初六：鸿渐于干，小子厉，有言。无咎。

【新译】渐卦初六：水鸟慢慢地进入渊薮，小家伙遇上了危厉，但还能说话，因而没有灾咎。

【新注】鸿：水鸟。 干：帛书作"渊"。 有言：还能说话。

【新解】李鼎祚说："鸿，随阳鸟。喻女从夫。卦明渐义，爻皆称焉。"《周易折中》案："昏礼用雁，大夫执贽礼亦用雁，皆取有别、有序之义。"

六二：鸿渐于磐，饮食衎衎，吉。

【新译】渐卦六二：水鸟在池塘里戏游，人们在为帝王的饮食而奔波，吉善祥和。

【新注】磐：帛书作"坂"（阪）。《说文解字》："阪（bǎn），坡者曰阪。一曰泽障。一曰山胁也。从阜反声。"这里用泽障之义。泽障，沼泽，池塘。《诗·陈风·泽陂》之《传》云："陂，泽障也。"张舜徽说："泽陂，池塘也。" 衎衎（kàn）：欢乐自得的样子。帛书作"衍衍"（yǎn）。《说文解字》："衍，水朝宗于海也。"重言之则衍衍。《楚辞·七谏》："驾青龙以驰骛兮，班衍衍之冥冥。"《周易音义》："衍衍苦旦反。马云：饶行。"汉孔藏《给子琳书》："滋滋昼夜，衍衍不怠，善矣。"知衍衍、衍衍均有行义、进义。

【新解】朱熹说："磐，大石也。渐远于水，进于干而益安矣。衍衍，和乐意。六二柔顺中正，进以其渐而上有九五之应，故其象如此，而占则吉也。"

九三：鸿渐于陆，夫征不复，妇孕不育，凶，利御寇。

【新译】渐卦九三：水鸟到了高平地，丈夫远征还没有回来，妻子有孕但流产，妻虽凶险，而丈夫抵御敌人却取得了胜利。

【新注】陆：高出水面的土地。 鸿，水鸟也，陆非其所安者也。 妇孕不育：妻子有孕但流产。

【新解】《周易折中》案："此卦以女归为义则必阴阳相应，乃与义合。故初之厉者无应也，二之安者有应也，三亦无应，而位愈高，则不止于厉而已，上九在卦外，不与三应，如'夫征'而'不复'，不顾其家也；三刚质失柔道，如妇有产孕而不能养育，不恤其子也。以士君子之进言之，上不下交，而下又失顺勤之道，于义则凶矣。上下不交，必有谗邪间于其间，所谓寇也。惟能谨慎自守，使寇无所乘，则可以救其过刚之失而利。"

六四：鸿渐于木，或得其桷，无咎。

【新译】渐卦六四：水鸟飞到了树木上，有些飞到了人家加工了的木材上，但没有灾咎。

【新注】桷（jué）：方形的椽（chuán）子。

【新解】胡炳文说："《巽》为木，而处《艮》山之上，鸿渐于此则愈高矣。鸿之掌不能握木，木虽高，非鸿所安也，然阴居阴得正，如于木之中得平柯而处之，则亦安矣，故无咎。"

九五：鸿渐于陵，妇三岁不孕，终莫之胜，吉。

【新译】渐卦九五：水鸟飞到山岭上去了，妇女已经三年没有生育了，最后终于达到了胜利的境界（有了身孕），而且吉善祥和。

【新注】陵：丘陵。　终莫之胜：最后终于达到了胜利的境界。莫，暮也，最后也。

【新解】《周易折中》案："此卦之爻象，与《归妹》同，不择阴爻阳爻，皆有妇象也。"

上九：鸿渐于陆，其羽可用为仪，吉。

【新译】渐卦上九：鸿鸟飞上了山顶，她那漂亮的羽毛可以用作典礼中的装饰，吉善祥和美丽。

【新注】陆：陆地。《周易音义》："陆，高之（山）顶也。马云：山上高平曰陆。"

【新解】王安石说："其进也以渐而不失时，其翔也以群而不失序，所谓进退可法者也。"孔颖达说："上九与三，皆处卦上，故并称'陆'。上九最居上极，是进处高洁，故曰'鸿渐于陆'也。'其羽可用为仪吉'者，居无位之地，是不累于位者也。处高而能不以位自累，则其羽可用为物之仪表，可贵可法也。"

54. 归妹　䷵　震（雷）上 兑（泽）下

归妹：征凶，无攸利。

【新译】归妹卦卦辞：嫁女之时不应举行征伐战争，进行战争对嫁女来说是不吉利的。

【新注】归妹：卦名。嫁女。张衡《灵宪》："羿请无死之药于西王母，姮娥窃之以奔月。将往，枚筮之于有黄。有黄占之曰：'吉。翩翩归妹，独将西行，逢天晦芒，毋惊毋恐，后且大昌。'姮娥遂托身于月，是为蟾蜍。"

【新解】归妹，各本均作"归妹"，唯汉石经残字作"归眛"。《周易音义》："归妹，妇人谓嫁曰归。妹者少女之称。"

初九：归妹以娣，跛能履，征吉。

【新译】归妹卦初九：按照年龄大小依次嫁女，虽然有困难也能够克服，于不嫁女的时候征伐他方则吉善祥和。

【新注】归妹以娣（dì）：帛书作"归妹以弟"。归妹以弟，少女出嫁当以年龄是否合格为条件。弟，次序，古代次第字但作"弟"。　跛能履：帛书作"跛能利"。跛能利，艰难而变为顺利。跛，蹇也，行难也，《说文解字》："蹇，跛也。"跛，喻艰难。能，而也。利，利足，引申为顺利。

【新解】孔颖达说："征吉者，少长非偶，为妻而行则凶，为娣而行则吉。"

九二：眇能视，利幽人之贞。

【新译】归妹卦九二：目小而能视物看人，利于隐士问筮。

【新注】幽人：幽居之人，指隐士。《后汉书·李陈庞陈桥列传》："结瓮牖而辞三命，殆汉阳之幽人乎?"《注》："《易》曰：'履道坦坦，幽人贞吉。'"乃《履》九二之辞也。孟浩然《上巳日涧南园期王山人陈七诸公不至》诗："浴蚕逢姹女，采艾值幽人。"是幽人乃隐士之证也。

【新解】李镜池说，幽人是指家庭妇女。因为古代妇女被幽禁在家里，跟囚犯一样。李氏盖欲将此卦一以贯之，故有斯说。郭雍说："九二刚中，贤女也。守其幽独之操，不夺其志。故曰：'利幽人之贞。'"

六三：归妹以须，反归以娣。

【新译】归妹卦六三：妹姊同嫁一夫，但又同时被休弃返回娘家。

【新注】须：帛书作"嬃"。嬃，妾也。小老婆。《说文解字》："嬃，弱也。一曰下妻也。"下妻即小妻，也就是小老婆。《广雅·释亲》："妾谓之嬃。"　反归：被休弃回娘家。

【新解】朱骏声说："反归者，归而反出也……《春秋》曰来归。自女家言之曰来，自夫家言之曰反。《诗》云：不思其反。此弃归之词。《谷梁传》曰：礼，妇女谓嫁曰归，反曰来归。"

九四：归妹愆期，迟归有时。

【新译】归妹卦九四：嫁女的时间推迟了，这是有缘故的。

【新注】愆期：愆，帛书作"衍"。衍，借为"延"。衍、延，

双声叠韵。衍期，延期。　迟归：晚嫁。　有时：或有所等待。时，通"伺"，等待。《论语·阳货》："孔子时其亡也而往拜之。"

【新解】胡瑗说："以刚阳之质，居阴柔之位，不为躁进，故待其礼之全备，俟其年之长大，然后归于君子。斯得其时也。迟，待。"

六五：帝乙归妹，其君之袂不如其娣之袂良。月几望，吉。

【新译】归妹卦六五：帝乙在日月既望的大吉日子里嫁女，其嫁妆打扮非常朴素。

【新注】帝乙：商代国王，纣王的父亲。在位时国势已经衰落。　归妹：帝乙曾把女儿嫁给周文王，见《诗·大明》。　其君：指帝乙之女。未嫁之前称妹，已嫁之后称君夫人。《论语·季氏》："邦君之妻，邦人称之曰君夫人。"此处"其君"盖君夫人之简称。　袂（mèi）：衣袖。《晏子春秋·内·杂（下）》："张袂成阴，挥汗成雨。"代指衣着装饰、打扮。其君之袂不如其娣之袂良，帝乙嫁女时，他的女儿的打扮还不如陪嫁的姑娘打扮得漂亮。

【新解】月几望：帛书作"日月既望"。周历以每月十五、十六日至廿二、廿三日为既望。后称农历十五日为望，十六日为既望。《释名·释天》："望，月满之名也。月大十六日，小十五日，日在东，月在西，遥相望也。"

上六：女承筐无实，士刲羊无血，无攸利。

【新译】归妹卦上六：女捧着空盘子，士宰羊而不出血，无所利也。

【新注】刲（kuī）：宰割。

【新解】李镜池说："《仪礼》：'妇人三月，然后祭行。''妇人三月，乃奠菜。'《少年馈食礼》：'主妇设黍稷，祭则司马刲羊，司士击豕。'说明婚后三个月，祭祀时主妇参加助祭，奉（捧）筐装着祭品如粢米等进行祭奠；士宰羊献牲。但现在说女所奉（捧）的筐里没有东西，士宰羊而没有血，表明不是真的，是梦境。这是梦占辞。'无攸利'，筮占兆辞，与恶梦相应。这个婚姻专卦说的是姊妹共夫婚俗，这是群婚的遗迹。"

55. 丰 震（雷）上
离（火）下

丰：亨，王假之，勿忧，宜日中。

【新译】丰卦卦辞：丰京这美丽的帝王之乡，是文王建设起来的。有了这样一个好的京都，在这样美好的日中时分进行祭祀真是太好了，绝不用忧愁。

【新注】丰：卦名。丰的本义为大，兼有"茂盛、丰满、丰收"等义。这里盖谓周朝的国都丰京。丰京在今陕西长安西南沣河以西。周文王伐崇侯虎后自岐迁此。《诗·大雅·文王有声》："既伐于崇，作邑于丰。"后来武王虽迁都于镐，而丰宫不改，仍为全国的政治文化中心。有灵台，遗址唐初尚存。"丰，亨"，丰京是个好地方，乃帝王之乡。 王假之：文王点缀了这个好地方。王，文王。假，通"嘉"。之，代词，指丰京。《诗·大雅·文王有声》："文王受命，有此武功，既伐于崇，作邑于丰，文王烝哉。"《诗·周颂·雍》："假哉皇考。"毛《传》："假，嘉也。"《说文解字》："嘉，美也。" 勿忧：不愁。勿，不也。忧，病也，愁也。 宜日中：日中宜，谓正午时分祭祀。日中，中午。宜，祭祀。《尔雅·释诂》："宜，事也。"事，祭也，行动。《尔雅·释天》："起大事，动大众，必先有事乎社，而后出，谓之宜。"《礼记·檀弓（上）》："夏后氏尚黑，大事敛用昏，戎事乘骊，牲用玄；殷人尚白，大事敛用日中，戎事乘翰，牲用白；周人尚赤，大事敛用日出，戎事乘骝，牲用骍。"周因于殷礼，此卦卦辞中之"日中"盖殷礼之遗存，周人因之。

【新解】何楷说："《丰》有忧道焉，而云'勿忧'，盖于此有道焉，可不必忧也。其道安在？亦曰致丰之本，即保丰之道。何以致丰？《离》明主之，而《震》动将之也。宜常如日之方中，使其明无所不及，则幽隐毕照，斯可永保夫丰亨矣。"干宝说："《丰》，《坎》宫阴世在五，以其宜中，而忧其侧也。《坎》为夜，

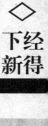

《离》为昼，以《离》变《坎》，至于天位，'日中'之象也。殷，水德，《坎》象。昼败而《离》居之，周伐殷，居王位之象也。圣人德大而心小，既居天位，而戒惧不息。'勿忧'者，劝勉之言也。犹《诗》曰'上帝临尔，无贰尔心'。言周德当天人之心，宜居王位，故'宜日中'。"

初九：遇其配主，虽旬无咎，往有尚。

【新译】丰卦初九：遇到女主人，虽然只有十天之内没有灾咎，但继续前进还有奖赏。

【新注】配主：女主人。

【新解】来知德说："因'宜日中'句，爻辞皆以日言。文王象《丰》，以一日象之，故曰'勿忧宜日中'；周公象《丰》，以十日象之，故曰'虽旬无咎'，十日为旬，言初之丰，以一月论，已一旬也，正丰之时也。"

六二：丰其蔀，日中见斗，往。得疑疾，有孚发若。吉。

【新译】丰卦六二：丰都在正午时分豁然开朗，一览无余。到了傍晚丰都则消失在夜幕之中。有人夜晚在野外得了怪病，回到家中病情好转，有诚信发自内心，吉善祥和。

【新注】丰：丰都。 其蔀（bù）：帛书作"其剖"。剖，辨，分。《广雅·释诂》："剖，分也。"其，代词，复指丰都。 日中：正午的时候。或释日中为祭祀时间。 得疑疾：生了怪病。李镜池说："疑疾，怪病。"其说是也。 有孚发若：有诚信发自内心。

【新解】张载说："凡言往者，皆进而之上也。初进而上则遇阳而有尚，二既以阴居阴而又所应亦阴，故往无所发，愈增疑疾，能不私于累，信然接物乃吉。"徐几说："卦言'宜日中'，以下体言之，则二为中；以一卦言之，则三、四为中。故二、三、四皆言'日中'。刚生明，故初应四则为'往有尚'；柔生暗，故二应五为'往得疑疾'也。"

九三：丰其沛，日中见沬，折其右肱。无咎。

【新译】丰卦九三：丰都的烦草茂盛，茉莉花遍地，折下花草以祭弓箭。问筮得到没有灾咎之占。

【新注】丰其沛：丰都的蘋草茂盛。沛，帛书作"蘋"(fán)，草名。《楚辞·九歌·湘夫人》："白蘋兮骋望。"王逸《注》："蘋草秋生。"洪兴祖注引司马相如赋注云："似莎而大，出江湖，雁所食。" 日中见沫：中午看到茉莉花。帛书"沫"作"茉"。 折其右肱：把茉莉花折来祭弓。其，代词，指茉莉花。右，赞助，祭。右肱，祭祀弓箭。帛书"肱"作"弓"。

【新解】《周易折中》案："《易》中所取者虽虚象，然必天地间有此实事，非凭虚造设也。'日中见斗'，甚而至于'见沫'，所取喻者固谓至昏伏于至明之中。然以实象求之，则如太阳食时是也。食限多则大星见，食限甚则小星亦见矣。所以然者，阴气蔽障之故。故所谓'丰其蔀''丰其沛'者，乃蔽日之物，非蔽人之物也。且此义亦与《象传》'日中则昃，月盈则食'相发。"

九四：丰其蔀，日中见斗，遇其夷主。吉。

【新译】丰卦九四：日中丰都见得分明，夜晚遇到（其）夷人的首领。四方昼夜来朝。问筮得吉善祥和之占。

【新注】遇其夷主：遇到夷人的首领。夷，夷人。主，首领。

【新解】郑汝谐说："初视四为配，以下偶上也。四视初为夷，降上就下也。"

六五：来章有庆，誉。吉。

【新译】丰卦六五：勤劳而得到表彰，举以为官。问筮得吉善祥和之占。

【新注】来章：勤劳而得到表彰。来，勤也。《诗·大雅·江汉》："王命召虎，来旬来宣。"郑《笺》："来，勤也。"是其证。章，借为"彰"。 有庆：庆贺。 誉：帛书作"举"。举，提拔，举贤良。

【新解】胡炳文说："三爻称日中，皆有所蔽，六五不称日中，盖宜日中无蔽也。"

上六：丰其屋，蔀其家，窥其户，阒其无人，三岁不觌。凶。

【新译】丰卦上六：建筑房屋，扩大门户，立灶别居，张目等待三年不得嗣子。问筮得凶险之占。

【新注】 丰其屋：大其屋，建筑房屋，扩大屋宇。　蔀其家：蔀，帛书作"剖"。剖其家，分家别居。《说文解字》："剖，断也。"《广雅·释诂》一："剖，分也。"《释诂》四："剖，半也。"《玉篇》："剖，判也。中分为剖。"《说文解字》："判，分也。"三岁不遂：三岁不成功，则不好。

【新解】 这一卦的卦爻辞也可以视为中国最早的关于日食分类的文献资料。日食的种类，月球的影子可以分为本影、伪本影和半影三部分。月球绕地球的轨道和地球绕太阳的轨道都不是正圆，所以日、月同地球之间的距离时近时远，因此在日食时，观测者有时可能在本影范围内，有时则可能在伪本影（本影的延长部分）范围内。在本影内，观测者看到的太阳全部被月球遮住了，这称为日全食；在伪本影内，则见月球不能完全遮住太阳，在太阳边缘剩下一圈光环，这称为日环食；在半影内，则见太阳的一部分被月球遮住，这称为日偏食。卦爻辞有"丰其蔀""丰其沛""丰其屋"（三个"丰"字都可以假借为"封"。聚土曰封，聚玉曰丰。封，界也，盖也，引申为遮盖）三类，可视为"本影""伪本影"和"半本影"。卦爻辞有"日中见斗""日中见沫""日中见主"三类，可视为"日全食""日环食""日偏食"，特识于此，以便于有志者进一步研究。可结合《归妹》六五爻辞"日月既望"进行研究。《归妹》与《丰》卦卦爻辞所记录的天文现象大约在公元前十一世纪（约公元前 1100 年）。不仅记录了日食的天象，而且还进行了分类。这一记录虽然比世界上最早的一次日食记录——《尚书·胤征》记载的"乃季秋月朔，辰弗集于房……"（公元前 2165 年或公元前 1948 年）要晚些，但要好些。比《诗经·小雅》记载"十月之交，朔日辛卯，日有食之……"（这是周幽王六年十月朔，即公元前 776 年 9 月 6 日的日食）要早 300 多年，而且有了详细的分类记载。这是我国，也可能是世界上关于日食分类的最早记录。

56. 旅 ䷷ 离（火）上
艮（山）下

旅：小亨。旅。贞，吉。

【新译】旅卦卦辞：军旅既要少而精又要具备美德亨通，这样的军旅才能践行贞固公正、吉善祥和等核心价值观。

【新注】旅：卦名。周人的军队编制单位，五百人为旅。小：帛书作"少"。

【新解】朱熹说："旅，羁旅也。山止于下，火炎于上，为去其所止而不处之象，故为旅。以六五得中于外，而顺乎上下之二阳，《艮》止而《离》丽于明，故其占可以小亨，而能守其旅之贞则吉。"

初六：旅琐琐，斯其所取灾。

【新译】旅卦初六：军队将士上下猜疑则军心涣散，军心涣散则战斗力减弱，军队没有战斗力则溃不成军、不堪一击。这样的军队是一定要遭殃的。

【新注】琐琐：读若"惢惢"。意思是互相猜疑。 斯其所取灾：这就是军队所以毁灭的原因。

【新解】陆绩说："琐琐，小也。《艮》为小石。故曰'旅琐琐'也。履非其正，应《离》之始。《离》为火，《艮》为山，以应火，灾焚自取也。故曰'斯其所取灾'也。"

六二：旅即次，怀其资，得童仆。贞。

【新译】旅卦六二：军队停止前进以后安营扎寨，对老百姓实行烧杀掳掠，连抓到的儿童也不放过。（这反映了当时军队的野蛮和残酷。）

【新注】爻辞帛书作："旅即次，坏其茨，得童剥。贞。"即次：已经宿营。次，舍也。引申为宿营。《说文解字》："次，不前不精也。"不精借为"不进"。不进不前即宿营也。古文次字正像军营。 坏其茨：毁坏茅苇所盖的民房。《说文解字》："茨，以茅苇盖屋。"《释名·释宫室》："屋以草盖曰茨。" 得童剥：

杀害一个儿童以祭奠军营。

【新解】旅卦六二爻辞反映了当时侵略军队的野蛮和残酷。程颐说："二有柔顺中正之德，柔顺则众与之，中正则处不失当，故能保其所有。"

九三：旅焚其次，丧其童仆。贞，厉。

【新译】旅卦九三：军队疏散了自己的营房，抛弃了已经剥杀的儿童。问筮得危厉之占。

【新注】参考本卦六二爻辞注释。

【新解】丘富国说："九三爻辞，全与二反。二'即次'而三'焚'，二'得童仆'而三'丧'，二之贞'无尤'，三之贞则'厉'者，二柔顺得中，三过刚不中故也。过刚岂处旅之道哉?"《周易折中》案："三得位，故亦有即次象，以其过刚，故焚之也。六爻惟二三言'次'，得位故也。"

九四：旅于处，得其资斧，我心不快。

【新译】旅卦九四：军队在军营驻防地点得到上级进攻命令，并授以前进砍伐的大斧，战士们满腹牢骚，极为不满。

【新注】资斧：即齐斧，黄钺斧。《周易音义》："得其资斧。如字。子夏传及众家并作齐斧。张轨云：齐斧盖黄钺斧也。张晏云：整齐也。应劭云：齐，利也。虞喜《志林》云：齐当作斋，斋戒入庙而受斧。" 我心不快：我心中不高兴。

【新解】旅卦九四爻辞反映了军队厌战的思想情绪。蒋悌生说："凡卦爻阳刚皆胜阴柔，惟旅卦不然，二、五皆以柔顺得吉，三、上皆以阳刚致凶。六爻，六五最善，二次之，上九最凶，三次之，九四虽得其处，姑足以安其身而已，岂得尽遂其志。"《周易折中》案："四居位非正，故不曰'即次'，而曰'于处'，在《旅》而处多惧之地，故虽得资与六二同，而未免加斧以自防卫。其未忘戒心可知。安得快然而安乐乎?"

六五：射雉，一矢亡，终以誉命。

【新译】旅卦六五：张弓射猎野雉，一箭而亡其命，以此而扬名善射。

易经新得

【新注】誉命：帛书作"举命"。举命，扬名。举，张扬，抬举。命，名也。

【新解】《朱子语类》："《易》中凡言'终吉'者，皆是初不甚好也。"《周易折中》案："古者士大夫出疆则以贽行，而士执雉以相见。射雉而得，是进身而有阶之象也。信于友则有誉，获乎上则有命。"

上九：鸟焚其巢，旅人先笑后号咷，丧牛于易，凶。

【新译】旅卦上九：乌鸦分巢做窝，军人也疏散盖营房，先捆草后捆桃树，丢失牛于易地，军心因此而大乱。

【新注】爻辞帛书作："乌梦其巢，旅人先芙后捆桃，亡牛于易。凶。"乌梦其巢，乌鸦分巢做窝。梦，通"分"。旅人先芙后捆桃，军人先捆草而后捆桃。芙，草也。《说文解字》："芙，草也。味苦，江南食以下气。从草，夭声。"捆，帛书从手从虎。批也，打也。

【新解】徐几说："旅贵柔顺中正，三阳爻皆失之，而最亢者上九也。"范仲淹说："内止而不动于心，外明而弗迷其往。以斯适旅，故得小亨而贞吉。夫旅人之志，卑而自辱，高则见疾，能执其中，可谓智矣。故初'琐琐'，卑以自辱者也。三'焚次'而上'焚巢'，高而见疾者也。二'怀资'而五'誉命'，柔而不失其中者也。"

57. 巽 ䷸ 巽（风）上
巽（风）下

巽：小亨。利有攸往，利见大人。

【新译】巽卦卦辞：巽而顺，从小美德亨通，利于有攸往，利于拜见大人。

【新注】巽（xùn）：卦名。筮卦用的工具。帛书作"筭"。筭（suàn），筮卦用的筹策，即计算的工具。《老子·二十七章》："善数不用筹策。"《仪礼·既夕礼》："主人之史，请读赗执筭。"郑玄《注》："古文筭皆为筴。"筴即"策"字。《礼记·曲礼》：

'龟、策不入公门。'"龟、策敝则埋之。"《楚辞·卜居》："端策拂龟。"《史记》有《龟策列传》。《系辞》云："《乾》之策二百一十有六，《坤》之策百四十有四……二篇之策，万有一千五百二十。"《说文解字》："筭，长六寸，计历数者，从竹从弄，言常弄乃不误也。"《汉书·律历志》："其算法用竹，径一分，长六寸，二百七十一枚，而成六觚，为一握。"段玉裁注算字："筭为算之器，算为筭之用，二字音同而义别。算从竹者，谓必用筭以计也。从具者，具数也。"桂馥曰："从具者，本书'十，数之具也'。《三苍》：'算，选也。'选当为巽。本书'巽，具也'。"《周易音义》："巽，孙问反，入也。《广雅》云：'顺也。'"　小亨：从小践行美德亨通等核心价值观。

【新解】朱熹说："《巽》，入也。一阴伏于二阳之下，其性能巽以入也。其象为风，亦取入义。阴为主，故其占为小亨，以阴从阳，故又利有所往。然必知所从，乃得其正，故又曰'利见大人'也。"《周易折中》案："《巽》入也。从来说者，皆以一阴入于二阳之下，非也。盖一阴伏于内，阳必入而散之。阴性凝滞，必散而后与阳合德也。其在造化，则吹浮云，散积阴者也；其在人心，则察几微，穷隐伏者也；其在国家，财除奸慝，厘弊事者也。三者皆非人不能。卦之所以名《巽》者以此。亨之所以小者，如《蛊》则坏极而更新之，故其亨大，《巽》但修敝举废而已。观卦爻庚甲之义可见也。天下之事，既察知之，则必见之于行，故曰'利有攸往'，非有刚德之人不能济也，故又曰'利见大人'。"

初六：**进退，利武人之贞。**

【新译】巽卦初六：进入敌军阵地，利于武人践行贞固公正等核心价值观。

【新注】进退：帛书作"进内"。进内，进入。《说文解字》："内，入也。从口自外而入也。"　武人：有勇力的军人。《礼记·月令》："立秋之日，天子亲帅三公、九卿、诸侯、大夫，以迎秋于西郊。还反，赏军帅、武人于朝。"郑《注》："军帅，诸将也。武人谓环人之属有勇力者。"《周礼·夏官》:"环人掌致师。"郑玄《注》:"致师者,致其必战之志,古者将战,先使勇力之士犯敌马。"武人盖是先头部队敢死队队员。

【新解】帛书"进退"作"进内",较之通行本,于卦爻巽入之义更为明显。汉唐以后的学者由于无法见到帛书之作"进内",因而就"进退"作了种种诠释。如胡瑗说:"初六以阴柔之质,复在一卦之下,是以有进退之疑,利在武人之正,勇于行事,然后可获吉也。"

九二:巽在床下用,史巫纷若。吉,无咎。

【新译】巽卦九二:将筮策放置在地上而筮卦,史与筮同忧。但是由于吉善祥和,因而无有灾咎。

【新注】爻辞帛书作:"筭在床下用,使巫忿若。吉,无咎。"筭在床下用:筮策放置在地上而筮卦。筭,筮策。即著草。床下,地上。用,筮卦。 使巫忿若:史巫忧若。"使"通"史"。忿,忧也。《说文解字》:"忿,悁也。""悁,忿也。从心目声。一曰忧也。"

【新解】《周易折中》案:"床下者,阴邪所伏也。入于床下,则察之深矣。于是既以史占而知之,复以巫被而去之。虽有物妖神怪,无能为害矣。纷若者,以喻申命之频烦,而行事之纤悉也。二与五,皆所谓刚巽乎中正而志行者,卦之主也。故能尽申命行事之道如此。"

九三:频巽。吝。

【新译】巽卦九三:编排筹策。问筮得吝难之占。

【新注】频巽:帛书作"编筭"。编筭,编排筹策。

【新解】赵汝梅说:"'频巽'者,既巽复巽,犹'频复'也。"

六四:悔亡。田获三品。

【新译】巽卦六四:悔吝已去,春天田猎获得三种野物。

【新注】田:猎也。春猎曰田。 三品:三类。

【新解】《周易折中》案:"以卦义论,则初与四皆伏阴也,阳所入而制之者也。有以制之，则柔顺乎刚，而在内者无阴慝矣。以爻义论，则初与四能顺乎刚，是皆有行事之责者。盖质虽柔而能以刚克，则所谓柔而立者也。初居重《巽》之下，犹有进退之疑，至四则居高当位，上承九五，视初又不同矣。故在初利武人之贞，四则载缵武功，而田害悉去。《解》'获三狐'，此'获三品'，所获者多，不止于狐也。"

九五：贞，吉，悔亡，无不利。无初有终，先庚三日，后庚三日，吉。

【新译】巽卦九五：贞固公正，吉善祥和，悔恨消失，没有不利。大其初始而有其终结，先庚三日的丁日和后庚三日的癸日问筮均吉。

【新注】悔亡：悔恨消失。 无不利：没有什么不利的。先庚三日：庚日前的第三日，丁日。 后庚三日：庚日后的第三日，癸日。先后即初终，此先后乃释"無初有終"之义，谓始终如一。同《诗经》上讲的"靡不有初，鲜克有终"义正相反。

【新解】郭雍说："慎乃出令，君人之道也。先后三日而申命之者，慎之至也。慎之至者，令出惟行弗惟反故也。命令之出，有必可行之善，而无不可行复反之失，是以吉也。上曰'贞吉'，九五之'贞吉'也下曰'吉'，盖命令以是为吉也。庚即命令也。先庚谓申命，后庚谓出令之后而行事也。"

上九：巽在床下，丧其资斧。贞，凶。

【新译】巽卦上九：把筮策放在地上算卦，却丢了所得之进攻用的大斧子。问筮得凶占。

【新注】资斧：帛书作"潜斧"。参阅《旅》九四爻辞，彼之"资斧"帛书亦作"潜斧"。潜（jìn）：水名。《玉篇·水部》："潜，水也。"《集韵·震韵》："潜，水名。"又释为"水貌"。《字汇·水部》："潜，水貌。"应为"水流貌"。水流所以进也。故引申为前进。"资斧"古本作"齐斧"，与"潜斧"义近。《说卦》所谓"齐乎《巽》"，即进入乎《巽》卦也。"齐"通"跻"，升，登也。《集韵·齐韵》："跻，《说文》：'登也。'引《商书》'予颠跻'。或作荒。"

【新解】胡瑗说:"斧,斤也,善于断割。处无位之地无刚明之才,不能断割以自决其事,故凶也。"

58. 兑 兑(泽)上
兑(泽)下

兑:亨,利,贞。

【新译】兑卦卦辞:兑现承诺,自觉践行美德亨通、先义后利、贞固公正等核心价值观。

【新注】兑:卦名。兑现承诺。

【新解】前人都用喜悦训"兑"字。帛书作"夺"。夺,义为得而失之,得而失之怎么能够喜悦呢?因此,将"夺"改为"兑"(兑现承诺)反映了编辑卦爻辞的作者的道德要求。焦竑说:"人有喜说,必见而在外,盖阳假阴之和柔以为用,喜说非由于阴也。故二阴一阳则阳为之主,二阳一阴则阴非为主,但为阳之用耳。"

初九:和兑,吉。

【新译】兑卦初九:和谐兑现承诺,吉善祥和。

【新注】和兑:和谐兑现承诺。

【新解】兑卦初九爻辞"和兑吉"反映了编辑卦爻辞的作者追求和谐兑现承诺、吉善祥和太平幸福的精神风貌和道德践行。赵玉泉说:"阳刚则无邪媚之嫌,居下则无上求之念,无应又无私系之累,其说(悦)也不谄不渎,中节而无乖戾,和兑之象。如是则说(悦)得其正矣。"

九二:孚兑,吉,悔亡。

【新译】兑卦九二:诚信兑现,吉善祥和,悔恨消失。

【新注】孚兑:诚信兑现。孚,诚信。

【新解】追梦造福需要诚信。故兑卦九二爻辞告诫人们要兑现承诺恪守诚信。龚焕说:"九二阳刚得中,当说之时,以孚信为说者也。已以孚信为说,人不得妄说之,所以吉也。"

六三：来兑，凶。

【新译】兑卦六三：不及时兑现诚信，等待将来才兑现，为期过晚，故有危险。

【新注】来兑：将来兑现。

【新解】朱熹说："阴柔不中正，为《兑》之主，上无所应，而反来就二阳以求说，凶之道也。"

九四：商兑未宁，介疾有喜。

【新译】兑卦九四：商量兑现诚信之事尚未确定，但这是小问题，没有关系，只要能够兑现诚信实现承诺就心中喜悦。

【新注】商兑：商量兑现诚信之事。《周易音义》云："商兑，如字。商，商量也。郑云：隐度也。" 未宁：尚未确定。 介疾：小问题。

【新解】《周易折中》案："《易》中'疾'字皆与'喜'对。故曰'无妄之疾，勿乐有喜'。又曰'损其疾，使遄有喜'。以此爻例之，则'疾'者谓'疾病'也，'喜'者谓'病去'也。四比于三，故曰'介疾'，言介于邪害之间也。若安而溺焉，则其为鸩毒大矣。惟能商度所说，而不以可说者为安，则虽介疾而有喜矣。《论语》曰：'君子易事而难说也。说之不以道不说也。'其'商兑'之谓乎？"

九五：孚于剥，有厉。

【新译】兑卦九五：诚信受到损害，就会出现信任危机。

【新注】孚于剥：诚信受到损害。 有厉：有信任危机。跟"有喜"对文。

【新解】追梦造福不能出现诚信危机，出现信任危机就会影响前进的速度。《周易折中》案："《易》中凡言'厉'者，皆兼内外而言。盖事可危而吾危之也。《履》五爻及此爻，皆以刚中正居尊位，而有厉辞。夫子又皆以位正当释之，是其危也。以刚中正故能危也。履卦有危惧之义，而九五居尊，所谓履帝位而不疾者，故能因'夬履'而常危。《兑》有说义，九五居尊，又比上六，故亦因'孚于剥'而心有危也。此'有厉'与《夬》（当作《履》）‘有厉’正同。皆以九五比近上六。所谓‘其危乃光’者也。”

上六：引兑。

【新译】兑卦上六：引导人们兑现诚信，兑现承诺。

【新注】引：引导。

【新解】诚信需要教育，兑现诚信需要引导。刘牧说：“执德不固，见诱则众，故称‘引兑’。”毛璞说：“所以为《兑》者，三与上也。三为内卦，故曰‘来’。上为外卦，故曰‘引’。”《周易折中》案：“三与上，皆以阴柔为说主。‘来兑’者，物感我而来。《孟子》所谓‘蔽于物’、《乐记》所谓‘感于物而动’者也。‘引兑’者，物引我而去，《孟子》所谓‘物交物则引之而已矣’，《乐记》所谓‘物至而人化物’者也。始于来，终于引。此人心动乎欲之浅深也。”

59. 涣　☴ 巽（风）上
　　　　　　坎（水）下

涣：亨，王假有庙。利涉大川，利，贞。

【新译】涣卦卦辞：心情舒展，美德亨通，王到达宗庙进行享祀，问筮得利于涉大川之占，但必须恪守先义后利、贞固公正等核心价值观。

【新注】涣（huàn）：心情舒展。　假：至也。《周易音义》：“假，庚白反。下同。梁武帝音贾。”

【新解】《周易折中》案：“《涣》与《萃》对。‘假庙’者，所以聚鬼神之既鼓也。‘涉川’者，所以聚人力之不齐也。盖尽诚以感格，则幽明无有不应；秦越而共舟，则心力无有不同。此二者，涣而求聚之大端也。然不以正行之，则必有黩神犯难之事，故曰‘利贞’。”

初六：用拯马壮，吉。

【新译】涣卦初六：用以拯救健壮的马，吉善祥和。

【新注】拯马：拯救健壮的马。

【新解】胡炳文说："五爻皆言涣，初独不言者，救之尚早，可不至于涣也。"

九二：涣奔其机，悔亡。

【新译】涣卦九二：心情舒展奔向机会，悔恨消失。

【新注】机：机会。

【新解】郭雍说："九二之刚，自外来而得中，得去危就安之义，故有奔其机之象。惟得中就安，故《象传》所以言不穷也。"

六三：涣其躬，无悔。

【新译】涣卦六三：舒展身体，没有悔恨。

【新注】躬：身体，自身。

【新解】《周易折中》案："《易》中六三应上九，少有吉义。惟当《涣》时，则有应于上者，忘身徇上之象也。《蹇》之二曰'王臣蹇蹇匪躬之故'，亦以当蹇难之时，而与五相应，此爻之义同之。"

六四：涣其群，元吉。涣有丘，匪夷所思。

【新译】涣卦六四：舒展大家，特别吉善祥和。舒展山丘，简直无法想象。

【新注】群：大家。　匪夷所思：简直无法想象。

【新解】陈琛说："天下之所以涣者，多由人心叛上而各缔其私也。私党既散，则公道大行，而势合于一，如丘陵之高矣。所谓散小群以成大群也。然此必才识之高迈者乃能之，非常人思虑所及也。"《周易折中》案："孔安国《书序》云：'丘，聚也。'则'丘'字即训聚。'涣有丘，匪夷所思'语气，盖云：常人徒知散之为散，不知散之为聚也。散中有聚，岂常人思虑之所及乎？世有合群党以为自固之术者，然徒以私相结，以势相附耳。非真聚也。及其散也，相背相倾，乃甚于不聚者矣。惟无私者，公道足以服人。惟无邪者，正理可以动众。此所谓散中之聚，人臣体国者之所当知也。"

九五：涣汗其大号。涣王居。无咎。

【新译】涣卦九五：舒展得大汗淋漓并大声呼号。王居舒展。

没有灾咎。

【新注】涣汗其：帛书作"涣其肝"。汗、肝，形近易讹。旧注为洪水淹到了肝部位置。

【新解】《周易折中》案："凡《易》中'号'字，皆当作平声，为'呼号'之'号'。在常人则是哀痛迫切，写情输心也。在王者则是至诚恳恻，发号施令也。'涣王居''涣'字，当一读，言其大号也如涣汗然，足以通上下之壅塞，回周身之元气，则虽当涣时，而以王者居之，必得'无咎'矣。"

上九：**涣其血去逖出。无咎。**

【新译】涣卦上九：舒展其血流荡出。问筮得"无咎"之占。

【新注】逖（tì）：远，荡出。

【新解】钱一本说："去不复来，逖不复近，出不复入。其于《坎》血，远而又远，何咎之有？"《周易折中》案："《萃》以聚为义，故至卦终而犹'赍咨涕洟'以求萃者，天命之正，人心之安也。《涣》以离为义，故至卦终而遂远害离去以避咎者，亦乐天之智，安土之仁也。古之君子不洁身以乱伦，亦不濡首以蹈祸。各惟其时而已矣。"

60. 节 ䷽ 坎（水）上
兑（泽）下

节：亨。苦节，不可贞。

【新译】节卦卦辞：节约，美德亨通。以节约为苦，不可能恪守贞固公正美德。

【新注】节：卦名。节约。《周易音义》："节，止也。明礼有制度之名。一云分段支节之义。" 苦节：以节约为苦。

【新解】孔颖达说："节者，制度之名，节止之义。制事有节，其道乃亨。故曰'节亨'。节须得中。为节过苦，伤于刻薄，物所不堪，不可复正。故曰'苦节不可贞'也。"

初九：**不出户庭。无咎。**

【新译】节卦初九：不出门远行，闲居家中。问筮得没有灾咎之占。

【新注】不出户庭：户庭，帛书作"户牖"。不出户牖，关闭门窗坐在家里。

【新解】徐在汉说："《坎》变下一画为《兑》，象止《坎》下流。户以节人之出入，泽以节水之出入。初'不出户庭'，以极其慎密为不出，此其所以无咎。"

九二：不出门庭。凶。

【新译】节卦九二：居于朝中。问筮得凶咎之占。

【新注】门庭：庭，帛书作"廷"。《说文解字》："廷，朝中也。""庭，宫中也。从广廷声。"廷、庭，古音同。门廷，住宅区域内。古代人们出门行事之前必问筮抉择。

【新解】《周易折中》案："节卦六爻，皆以泽、水二体取义。泽者止、水者行。《节》虽以止为义，然必可以通行而不穷，乃为节之亨也。初、二两爻，一在泽底，一在泽中。在泽底者，水之方潴（zhū，积水的地方），不出宜也。在泽中则当有蓄泄之道，不可闭塞而不出也。《兑》本《坎》体，中爻其主也，有《坎》之德可以流行，而变《兑》则为下流之塞，二适当之。故六爻之失时，未有如二者也。时应塞而塞，则为慎密不出，虽足不窥户可也。时不应塞而塞，则为绝物自废，所谓出门同人者安在哉！"

六三：不节若，则嗟若。无咎。

【新译】节卦六三：不节约，就要嗟叹不已。问筮却得到没有灾难的占断。

【新注】不节若：不节约。若，语尾词。 则嗟若：就嗟叹。

【新解】朱熹说："阴柔而不中正，以当节时，非能节者。故其象占如此。"

六四：安节，亨。

【新译】节卦六四：安于节约，美德亨通。

【新注】安节：安于节约。

【新解】朱熹说："柔顺得正，上承九五，自然有节者也。故其象占如此。"

九五：甘节，吉，往有尚。

【新译】节卦九五：甘于节约，吉善祥和，往而有奖赏。

【新注】甘节：甘于节约。　尚：通"赏"。

【新解】《周易折中》案："水之止者苦，积泽为卤是也。其流者甘，山下出泉是也。五为《坎》主，水之源也。在《井》为'冽'，取其不泥也，在《节》为'甘'，取其不苦也。"

上六：苦节，贞凶。悔亡。

【新译】节卦上六：以节约为苦，则贞固公正美德受到损害。悔恨死亡。

【新注】贞凶：贞固公正美德受到损害。凶，损害。

【新解】丘富国说："《象传》'当位以节'，故《节》之六爻，以当位为善，不当位为不善。若以两爻相比者观之，则又各相比而相反。初与二比，初'不出户庭'则'无咎'。二'不出门庭'则'凶'，二反乎初者也。三与四比，四柔得正则为'安节'，三柔不正则为'不节'，三反乎四者也。五与上比，五得中则为'节'之'甘'，上过中则为'节'之'苦'，上反乎五者也。"陆振奇说："观下卦通塞二字，上卦甘苦二字，可以知节道矣。通处味甘，塞处味苦。塞极必贵，故三受焉。甘失反苦，故上受焉。"《周易折中》案："下卦为泽为止，故初、二皆曰'不出'。三则泽之止而溢也。上卦为水为流，故四曰安而五曰甘，上则水之流而竭也。通塞甘苦，皆从泽水取义。陆氏之说得之矣。"

61. 中孚　䷼　巽（风）上
兑（泽）下

中孚：豚，鱼，吉，利涉大川，利，贞。

【新译】中孚卦卦辞：豚、鱼虽然是薄礼但也符合诚信中道，吉善祥和，利于涉大川，先利后义，贞固公正。

【新注】中孚：卦名。符合诚信中道。《周易音义》："中孚，芳夫反，信也。"　豚（tún）：小猪。豚鱼是行礼较常用的东西。

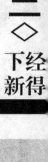

王引之说："豚鱼者，士庶人之礼也。《士昏礼》：'特豚合升去蹄，鱼十有四。'《士丧礼》：'豚合升，鱼鱄鲋九，朔月奠用特豚鱼腊。'《楚语》：'士有豚犬之奠，庶人有鱼炙之薄。'《王制》：'庶人夏荐麦，秋荐黍，麦以鱼，黍以豚。'豚鱼乃礼之薄者，然苟有中信之德，则人感其诚，而神降之福。故曰'豚鱼吉'。言虽豚鱼之荐亦吉也。"（《经义述闻》）豚鱼是各种礼通用的物品，不限于祭祀，也不限于士庶人，但主要是士以上贵族所用。

【新解】中孚卦卦辞告诫人们追梦造福需要恪守诚信中道。吴慎说："'中孚豚鱼吉'，卦辞连卦名为义，犹'同人于野''履虎尾''艮其背'之例，言人中心能孚信于豚鱼，则无所不感矣，故吉也。"胡炳文说："豚鱼至愚无知，惟信足以感之；大川至险不测，惟信足以济之。然信而或失其正，则如盗贼相群，男女相私，士夫死党，小人出肺肝相示而遂背之。其为孚也，人为之伪，非天理之正，故又戒以'利贞'。"

初九：虞，吉，有它不燕。

【新译】中孚卦初九：安于诚信中道，就能吉善祥和，偏离诚信中道就不得安宁。

【新注】虞：安于诚信中道。　有它：偏离诚信中道。　燕：帛书作"宁"。燕通"晏"。晏，安也。安，宁也。是以知"燕""宁"通用。

【新解】追梦造福必须安于诚信中道，安于诚信中道就能吉善祥和，反之不安于诚信中道就不能实现梦想，就不得安宁。《周易折中》案："《易》例：初九应六四，义无所取。如《屯》之'磐桓'，《贲》之'贲趾'，皆不取应四为义。《颐》之'朵颐'，则反以应四为累。惟《损》《益》之初，则适当益上报上之卦，时义不同也。此卦之义，主于中有实德，不愿乎外，故六爻无应者吉，有应者凶。初之'虞吉'者，谓其有以自守自安也。礼有虞祭，亦安之义也。燕，亦安也。虞则燕，不虞则不燕矣。'有它不燕'正与《大过》九四'有它，吝'同。九四下应初六为'有它'。初九上应六四，亦为'有它'也。"

九二：鸣鹤在阴，其子和之；我有好爵，吾与尔靡之。

【新译】中孚卦初二：鹤鸟在树荫下欢乐地鸣叫着，它的对偶幸福地应声而和鸣着：我有美好的香酒，愿亲自为你满满地斟上一杯和你共醉。（这条爻辞反映了当时人们的那种快乐亲切和睦相处的思想感情、人际关系。）

【新注】阴：本义为阴暗，水之南、山之北的阴暗地带。假借为"荫"，树荫，树下不见阳光的地方。虞翻释"阴"为夜半（半夜，《坎》为阴夜，鹤知夜半啼鸣）。 好爵：美酒。 靡：干，散，共，醉。靡，帛书作"赢"（léi），借为赢（yíng），意为装满、装足。

【新解】中孚卦九二爻辞反映了当时人们的那种快乐亲切和睦相处的思想感情、人际关系和追梦造福的愉悦情景。《周易折中》案："《易》例：凡言'子'、言'童'者，皆初之象。故张氏以其子和之为初者，近是。好爵，谓旨酒也。靡，谓醉也。九二有刚中之实德，无应于上，而初与之同德，故有'鹤鸣子和''好爵尔靡'之象。言'父子'，明不出户庭也；言'尔我'，明不逾同类也。《诗》云：'鹤鸣于九皋，声闻于天。'则居爽垲之地，而声及远矣。处于阴而子和，则不求远闻可知。又曰：'我有旨酒，嘉宾式燕以衎。'则同乐者众矣。'吾与尔靡'，则惟二人同心而已。君子之实德实行，不务于远而修于近。故《系辞传》两言'况其迩者乎'，然后推广而极言之。"

六三：得敌，或鼓或罢，或泣或歌。

【新译】中孚卦六三：打了胜仗，军队欢欣鼓舞，有的击鼓，有的休息，有的取水相泼，有的放声高歌。

【新注】或：有，有的。 罢：休息。《周易音义》："罢，如字。王肃音皮。徐，扶彼反。" 泣：帛书作"汲"。汲（jí），取水于井。《荀子·荣辱》："短绠不可用以汲深井。"此盖取水于井，以水相泼为戏，欢乐之极。我国傣族和中南半岛某些民族尚存泼水欢娱之节日。

【新解】刘牧说："人惟信不足，故言行之间，变动不常如此。"《周易折中》案："诸爻独三上有应。有应者，动于外也，非中孚也。人心动于外，则忧乐皆系于物，鼓、罢、泣、歌，喻其不能坦然自安，盖初九虞燕之反也。"

六四：月几望，马匹亡，无咎。

【新译】中孚卦六四：月过望日，马匹丢失，为此问筮，得无有灾咎之占。（盖古人以为月虽过望然则将复归于望，马匹虽逃亡然则将自归主人。这是直观经验、感觉经验的反映。）

【新注】几望：帛书作"既望"。既望，殷周以阴历每月十五日为望，十六日至二十二、二十三日为既望。（详王国维《观堂集林·生霸死霸考》）

【新解】《周易折中》案："《易》中'六四'应'初九'而义有取焉者，皆上不遇九五者也。如六四遇九五，则以从上为义，而应非所论。《易》例皆然，而此爻尤明。盖孚不容于有二，况居大臣之位者乎？'月几望'者，阴受阳光，承五之象也。'马匹亡'者，无有私群，远初之象也。自坤卦'牝马'以'得主'为义，而其下曰'东北丧朋'，东北者近君之位也，《中孚》之四当之矣。"

九五：有孚挛如，无咎。

【新译】中孚卦九五：有诚信始终如一，就没有灾咎。

【新注】挛如：连贯不断，始终如一。

【新解】追梦造福必须始终坚持诚信中道，方能实现梦想，造福人类。胡炳文说："六爻不言孚，惟九五言之。九五孚之主也。"

上九：翰音登于天，贞，凶。

【新译】中孚卦上九：祭祀宗庙之时，祭祀用的鸡飞上了天，问筮得凶险之占。

【新注】翰音：祭祀用的鸡。《曲礼》："凡祭宗庙之礼，鸡曰翰音。"

【新解】胡瑗说："翰音，鸟羽之高飞也。上九在一卦之上，居穷极之地，是无纯诚之心、笃实之道，徒务其虚声外饰，以矫

易经新得

伪为尚。如鸟之飞登于天，徒闻其虚声而已。"

62. 小过 ䷽ 震（雷）上
艮（山）下

小过：亨，利，贞。可小事，不可大事。飞鸟遗之音，不宜上，宜下。大吉。

【新译】小过卦卦辞：减少过错，美德亨通，先义后利，贞固公正。负责小事，不负责大事。翡翠鸟留下了声音：宜下不宜上，宜退不宜进。问筮得大吉之占。

【新注】小过：卦名。帛书作"少过"。少过，寡过，寡尤，减少过错。《论语·为政》："多闻阙疑，慎言其余，则寡尤。"寡，少也。尤，过也，错误也。　可：通"何（荷）"，担负。　飞：帛书作"翡"（fěi），翡翠。

【新解】追梦造福必须减少过错，才能恪守"美德亨通、先义后利、贞固公正"等核心价值观，才能大吉大利。

初六：飞鸟以凶。

【新译】小过卦初六：翡翠鸟带来了凶险的征兆。

【新注】飞鸟：帛书作"翡鸟"。

【新解】《周易折中》案："《大过》象栋者两爻，《小过》象飞者亦两爻。然《大过》宜隆不宜挠，则四居上吉，三居下凶，宜矣。《小过》之鸟，宜下不宜上。初居下应吉而反凶者何也？盖屋之中栋，惟一而已，四之象独当之。鸟之翼则有两，初与上之象皆当之也。初于时则未过，于位则处下，如鸟之正当栖宿者，乃不能自禁而飞，其凶也，岂非自取乎？"

六二：过其祖，遇其妣，不及其君，遇其臣，无咎。

【新译】小过卦六二：探望他的祖父却遇见了他的祖母，未曾见到他的君主却遇到了他的奴仆，但是没有灾咎。

【新注】过：访，探望。《史记·魏公子列传》："臣有客在市屠中，愿枉车骑过之。"

【新解】小过卦六二爻辞大概是记一次外事活动。一位外交官员访问或者回访他国的外交大臣。在访问过程中，特意拜访了他国外交大臣的祖父，同时也遇见了他的祖母和臣仆。虽然没有拜访他的国君，但于礼节并无关系。多少反映了男尊女卑的思想较严重，一个人的祖母仅享受其臣仆的礼遇，可见其卑下的程度。这可能是父系氏族社会的思想残余。《周易折中》案："古者重昭穆，故孙则袝于祖，孙妇则袝于祖姑。《晋》之'王母'，此爻之'妣'，皆谓祖姑也。两阴相应，故取妣妇相配之象。凡《易》之义，阴阳有应者，则为君臣，为夫妇，取其耦配也。无应者，则或为父子，或为等夷，或为嫡媵（yìng），或为妣妇，取其同类也。此爻二、五皆柔，有妣妇之配，无君臣之交，故取遇妣不及其君为义。"

九三：弗过防之，从或戕之，凶。

【新译】小过卦九三：国际关系的友善在于交往互通信诚，互通有无，互通情报。否则纵使对他国很友善，由于他国不了解，甚至被误解、仇视，因而也可能会遭到突然袭击，受到损失，故而存在凶险。

【新注】小过卦九三爻辞帛书作"弗过仿之，从或臧之，凶"。仿：通"访"。过仿，访问。弗过仿之，不访问别国。从：通"纵"，即使。《诗·郑风·子衿》："纵我不往，子宁不嗣音？"　　或：国。《说文解字》："或，邦也。从口从戈以守一。一，地也。"　　臧：善也。《说文解字》："臧，善也。"《系辞》："显诸仁，臧诸用。"郑玄《注》："臧，善也。"　　之：代词，指他国。

【新解】追梦造福需要信任。人与人之间，国与国之间，都需要信任，没有信任就没有友谊，没有友谊就很难合作，很难交往，就很难实现梦想。《周易折中》案："小过者，小事过也。小事过者，敬小慎微之义也。九三过刚，违于斯义矣，故为不过于周防，而或遇戕害之象。《传》曰：'君子能勤小物，故无大患。'此爻之意也。"

九四：无咎。弗过遇之。往厉，必戒。勿用永贞。

【新译】小过卦九四：虽然从前未曾过从交往，但现在开始

易经新得

相遇，一见如故，推心置腹，心心相印，过去那种不交往的局面将彻底改变。努力践行永恒的贞固公正核心价值观。

【新注】往厉，必戒：必戒，帛书作"必革"。往厉必革，隔阂消除了而心与心相连了，必将改变过去那种被动局面。 勿用：努力践行。勿，努力。用，施行，践行。

【新解】《周易折中》案："《象传》三、四皆刚失位而不中。然九三纯刚，故凶。九四居柔，故有无咎之义。然质本刚也。故又戒以当过遇之为善。"

六五：密云不雨，自我西郊，公弋取彼在穴。

【新译】小过卦六五：当天空乌云密布而未下雨之际，我自西郊而来，公射洞中之兽并于洞中剥其皮。

【新注】密云不雨：自然界的一种现象。 自我西郊：我自西郊而来。 公弋取彼在穴：帛书作"公射取皮在穴"。公射，长老射禽兽。公，对尊长和平辈的尊称。相对"我"而言，公乃"我"对人之称。《汉书·沟洫志》："赵中大夫白公。"颜师古《注》："此时无公爵，盖相谓尊老之称。"可证《易》中之"公"更非"公爵"也。取皮在穴，在洞中剥兽皮。

【新解】《周易折中》案："《小过》有飞鸟之象，而所恶者飞。盖飞则上而不下，违乎不宜上宜下之义也。云，亦飞物也。下而降为雨。'密云不雨'是犹飞而未下也。五在上体，又居尊位，当《小过》之时，上而未下者也。故取'密云不雨'为象。云而不雨，则膏泽不下于民矣。"

上六：弗遇过之，飞鸟离之，凶。是谓灾眚。

【新译】小过卦上六：贤良不得世，错过了晋升的机会，反而遭受灾殃。这就是灾难啊。（斯俗所谓"虎落平川被犬欺"也。）

【新注】小过卦上六爻辞帛书作"弗愚过之，翡鸟罗之，凶。是谓兹省"。弗愚过之，错过了相遇的机会。弗，不也。愚，通"遇"。 翡鸟罗之：贤良遭殃。翡鸟喻贤良。 是谓灾眚：这就是灾难。

【新解】《周易折中》案："《复》之上曰：'迷复凶有灾眚。'此曰：'飞鸟离之凶，是谓灾眚。'辞意不同，凶由己作，灾眚外至。'迷复'则因凶而致'灾眚'者也。此则凶即其'灾眚'也。盖时当过极，不能自守，而徇俗以至于此，与初六当时未过，而自飞以致凶者稍别。"项安世说："《坎》《离》者，《乾》《坤》之用也。故上经终于《坎》《离》，下经终于《既》《未济》。《颐》《中孚》肖《离》，《大》《小过》肖《坎》。故上经以《颐》《大过》附《坎》《离》，下经以《中孚》《小过》附《既》《未济》。二阳函四阴则谓之《颐》，四阳函二阴则谓之《中孚》。二阴函四阳则谓之《大过》，四阴函二阳则谓之《小过》。《离》之为丽，《坎》之为陷。意亦类此。"

63. 既济　　坎（水）上
　　　　　　　　　离（火）下

既济：亨，小利贞，初吉终乱。

【新译】既济卦卦辞：已经取得了成功，美德亨通，成功之后却削减了先义后利、贞固公正核心价值观，虽然开始吉善祥和，但最终混乱不堪。这成功是通过由小到大得来的，必须善始善终。

【新注】既济：卦名。既，本义为吃完了饭，引申为"已"。郑玄说："既，已也，尽也。"济，本指水名。济水有两条，一条发源今河北赞皇西南，东流经高邑南，至宁晋南，注入泜水；一为古四渎之一。引申为渡水。《尔雅·释言》："济，渡也。"又引申为成功。《释言》："济，成也。"既济，意谓已经成功。　小利贞：削减了先义后利、贞固公正核心价值观。　初吉终乱：开始吉善祥和，最终混乱不堪。

【新解】追梦造福需要善始善终。只有善始善终，才能初吉终也吉。《周易折中》案："天地交为《泰》，不交则为《否》。水火交为《既济》，不交则为《未济》。以治乱之运推之，《泰》《否》其两端也。《既济》《未济》其交际也。《既济》当在《泰》

之后而《否》之先，《未济》当在《泰》之先而《否》之后。《泰》犹夏也。《否》犹冬也。《未济》犹春也。《既济》犹秋也。故先天之图，《乾》《坤》居南北，是其两端也；《离》《坎》居东西，是其交际也。《既济》之义不如《泰》者，为其《泰》而将《否》也。《未济》之义优于《否》者，为其《否》而将《泰》也。是以《既济》象辞曰'初吉终乱'，即《泰》'城复于隍'之戒；《未济》象辞曰'汔济濡其尾无攸利'，即《否》'其亡其亡'之心。"

初九：曳其轮，濡其尾，无咎。

【新译】既济卦初九：（小狐狸）拖着绳索（下到水中去了），尾巴也弄湿了，但是没有灾难。

【新注】曳（yè）其轮：帛书作"曳其纶"。纶、轮，古音同。曳，拉。曳其纶，拉其线。 濡其尾：沉没了尾巴。濡，溺也。《史记·扁鹊仓公传》："今客肾濡。"《正义》："濡，溺也。"

【新解】朱熹说："轮在下，尾在后，初之象也。曳轮则车不前，濡尾则狐不济。《既济》之初，谨戒如是，无咎之道。占者如是则无咎矣。"

六二：妇丧其茀，勿逐，七日得。

【新译】既济卦六二：妇女丢失了过河济渡用的木筏子，不能继续前进，七日以后才得以过河。

【新注】既济卦六二爻辞帛书作"妇亡其发，勿遂，七日得"。 妇亡其发：妇人丢失了过渡的木筏子。发，借为"橃"。橃，木筏子。 遂：进。勿遂，不进。

【新解】《周易折中》案："初、二居下位，故皆取君子欲济时而未济为义。轮者，车之所以行路也。茀者，车之所以蔽门也。初之时，未可以行也，故曰'曳其轮'。二，可以行矣，而不苟于行，苟丧其茀，亦不行也。夫义，路也。礼，门也。义不可则不行，礼不备则亦不苟于行也。二有应而曰'丧其茀'者，《既》《未济》卦义，以上下体之交为济，二犹居下体之中故也。"

九三：高宗伐鬼方，三年克之，小人勿用。

【新译】既济卦九三：高宗出兵讨伐鬼方，苦战了三年才取得胜利，有了这血的教训深知小人用不得。

【新注】高宗：武丁，商代国王，后被称为高宗，盘庚弟小乙之子。相传少时生活在民间，即位后，重用傅说、甘盘为大臣，力求巩固统治。先后对北方的舌方、土方、鬼方，西方的羌，东方的夷，南方的虎方用兵。对羌曾一次出兵一万三千人以至三万人。对鬼方用兵三年才攻克。在位五十九年。 鬼方：古族名。殷周时活跃于今陕西西北境上，为殷周的强敌。

【新解】龚焕说："三言'克鬼方'，则事已济矣。三年，言其济之难。'小人勿用'，欲保其济也。"

六四：繻有衣袽，终日戒。

【新译】既济卦六四：（虽然）穿的是短衣烂袄，（但士兵们仍然）终日防卫。

【新注】繻（rú）：帛书作"襦"（rú）。繻，彩色的缯。襦，短衣，短袄。《说文解字》："襦，短衣也。" 袽（rú）：败坏之襦。 终日戒：终日防备。戒，防卫，防备，警惕，戒备。

【新解】习近平总书记告诫人们要始终心中有戒。张清子说："六四出《离》入《坎》，此济道将革之时也。济道将革，则罅漏必生。四，《坎》体也，故取漏舟为戒。'终日戒'者，自朝至夕，不忘戒备，常若坐敝舟而水骤至焉，斯可以免覆溺之患。"

九五：东邻杀牛，不如西邻之禴祭，实受其福。

【新译】既济卦九五：东邻杀牛作祭牲而心不诚，还不如西邻心诚而薄祭，西邻心诚而薄祭却实实在在受到了天地鬼神的福佑得以吉善祥和。

【新注】既济九五爻辞帛书作："东邻杀牛以祭，不若西邻之濯祭，实受其福。吉。"杀牛以祭：杀牛进行祭祀。即厚礼以祭。 不若：不如。 西邻：西边的邻居，指周人。 濯祭：盖指洗心革面虔诚祭祀。濯，洗去污垢。

【新解】姚舜牧说："人君当《既济》时，享治平之盛，骄奢易萌，而诚敬必不足。故圣人借两邻以为训。若曰'东邻杀牛'何其盛也，'西邻禴祭'何其薄也。然神无常享，享于克诚。彼杀牛者，反不如西邻禴祭者之实受其福。信乎享神者在诚不在物，保治者以实不以文。此盖教之以祈天保命之道。"

上六：濡其首，厉。

【新译】既济卦上六：小狐狸过河弄湿（淹没）了脑袋，非常危险。

【新注】濡（rú）：沾湿，引申为淹没。

【新解】胡瑗说："物盛则衰、治极必乱，理之常也。上六处《既济》之终，其道穷极，至于衰乱，如涉险而濡溺其首，是危厉之极也。皆由治不思乱，安不虑危，以至穷极而反于《未济》也。"

64. 未济 ䷿ 离（火）上 坎（水）下

未济：亨。小狐汔济，濡其尾。无攸利。

【新译】未济卦卦辞：未济而美德亨通。小狐狸渡河不成功，却弄湿了尾巴，只好望河叹息。问筮得无攸利之占。

【新注】未济：卦名。参考《既济》的卦名注释。 小狐汔济：帛书作"小狐气涉"。小狐气涉，小狐狸不能过渡，望河水而叹息。气，借为"喟"。气、喟，溪母叠韵同源字，古通用。《说文解字》："喟，太息也。"《论语·先进》："夫子喟然叹曰。"《礼记·礼运》："出游于观之上。喟然而叹。" 濡其尾：弄湿了尾巴。

【新解】朱熹说："《未济》，事未成之时也。水火不交，不相为用。卦之六爻，皆失其位，故为未济。"

初六：濡其尾，吝。

【新译】未济卦初六：小狐狸渡河弄湿了尾巴，非常艰难。

【新注】吝：吝难，艰难。

【新解】张振渊说："卦辞所谓'小狐'，正指此爻。新进喜事，急于求济，而反不能济，可吝孰甚焉。"

九二：曳其轮，贞，吉。

【新译】未济卦九二：（看见小狐狸过河）拖着绳索（被猎后

而逃走之状），虽然危险，但只要恪守贞固公正等核心价值观就能化险为夷而吉善祥和。

【新注】轮：帛书作"纶"。参考《既济》初九"曳其轮"的注释。

【新解】《周易折中》案："《既济》之时，初、二两爻，犹未敢轻济，况《未济》乎？故此爻'曳轮'之戒，与《既济》同，而差一位者，时不同也。观此初、二两爻，'濡其尾'则吝，而'曳其轮'则吉，可知《既济》之初，所谓'濡其尾'者，非自止不进之谓也。"

六三：未济，征凶。利涉大川。

【新译】未济卦六三：未渡河而征伐失利。必须抓住有利时机横渡大河，才能"征吉"。

【新注】利涉大川：抓住有利时机横渡大河。

【新解】未济卦六三爻辞所讲的"未济征凶"盖为叙事，因未渡河而战失利，因而总结"未济征凶"的教训，必须抓住有利时机横渡大河。要过河去战才能取胜，这里反映了渡河而战与未渡河而战的利弊得失成败的关系。这是古人用占卦的形式分析战略战术的典型例证。

九四：贞，吉，悔亡。震用伐鬼方三年，有赏于大国。

【新译】未济卦九四：贞固公正，吉善祥和，悔恨消失。动用大军征伐鬼方达三年之久，大大地伤害了商朝大国的实力。

【新注】有赏于大国：帛书作"有商于大国"，有商于大国，有伤于大国。大国盖指殷国。商，借为"伤"。商、伤，双声叠韵同源字。

【新解】《周易折中》案："三、四非君位，而以高宗之事言者。盖《易》中有论时者，则不论其位。如《泰》之论平陂之运，而利于艰贞；《革》之论变革之道，而宜于改命。皆以上下卦之交时义论之也。"

六五：贞，吉，无悔。君子之光，有孚，吉。

【新译】未济卦六五：贞固公正，吉善祥和，没有悔恨。君子的光荣就在于有诚信，因而吉善祥和。

【新注】光：光荣，光辉。干宝说："以六居五，周公摄政之象也。故曰'贞吉无悔'。制礼作乐，复子明辟，天下乃明其道，乃信其诚。故'君子之光，有孚，吉'矣。"

【新解】追梦造福无上光荣、无比吉善祥和。追梦造福光荣吉祥的前提是心怀诚信践行贞固公正等核心价值观。《周易折中》案："《易》卦有'悔亡''无悔'者，必先'悔亡'而后'无悔'。盖'无悔'之义进于'悔亡'也。其四、五两爻相连言者，则《咸》《大壮》及此卦是也。此卦自下卦而上卦，事已过中，向乎济之时也。以高宗论之，四其奋伐荆楚之时，而五其嘉靖殷邦之候乎？凡自晦而明、自剥而生、自乱而治者，其光辉必倍于常时，观雨后之日光、焚余之山色，可见矣。"

上九：有孚于饮酒，无咎。濡其首，有孚失是。

【新译】未济卦上九：有诚信，大家一起饮酒，娱乐有节制，没有灾咎。诚信缺失，没有节制，酗酒撒泼弄湿了头，实在是诚信失正的缘故。

【新注】濡其首：酒沾湿了头。濡，沾湿。虞翻说："《乾》为首。五动，首在酒中，失位，故'濡其首'矣。" 有孚失是：诚信缺失。是，正。虞翻说："孚，信。是，正也。六位失正，故'有孚失是'。谓若殷纣沉湎于酒，以失天下也。"《象》："'饮酒''濡首'，亦不知节也。"虞翻说："节，止也。《艮》为节。'饮酒''濡首'，故'不知节'矣。"《节》之三、四、五爻互《艮》。《节》之二、三、四、五、上等五爻交互为准《既济》。

【新解】诚信既是做人做事的原则，也是喝酒娱乐的原则。大家一起饮酒娱乐，有诚信、守诚信、讲诚信就没有灾咎。诚信失正、没有诚信、不守诚信、不讲诚信、诚信缺失就会"濡其首"。也就是说，做人、做事、喝酒、娱乐都要有诚信、守诚信、讲诚信。朱熹则从自信自养的角度解读这条爻辞。朱熹说："以刚明居《未济》之极，时将可以有为，而自信自养以俟命，无咎之道也。若纵而不反，如狐之涉水而濡其首，则过于自信而失其义矣。"程颐从乐天顺命的角度诠释说："九以刚在上，刚之极也；居明之上，明之极也。刚极而能明，则不为躁而为决。明能烛理，刚能断义。居《未济》之极，非得济之位，无可济之理，则当乐天顺命而已。若《否》终则有'倾'，时之变也；《未济》则无极而自济之理，故止为《未济》之极，至诚安于义命而自乐，则可'无咎'。饮酒，自乐也。不乐其处，则忿躁陨获，入于凶咎矣。若从乐而耽肆过礼，至'濡其首'，亦非能安其处也。有孚，自信于中也。失是，失其宜也。如是则于有孚为失也。人之处患难，知其无可奈何，而放意不反者，岂安于义命者哉？《象》曰：'饮酒濡首，亦不知节也。'饮酒至于濡首，不知节之甚也。所以之如是，不能安义命也。能安，则不失其常矣。"刘牧说："《既济》以柔居上，止则乱也，故'濡其首厉'。《未济》以刚居上，穷则通矣，故'有孚于饮酒无咎'。"郑汝谐说："《既济》'初吉终乱'，《未济》则'初乱终吉'。以卦之体言之，《既济》则出明而之险，《未济》则出险而之明。以卦之义言之，济于始者必乱于终，乱于始者必济于终。天之道，物之理固然也。"吴慎说："《易》之为义，不易也，交易也，变易也。《乾》《坤》之纯，不易者也。《既济》《未济》，交易、变易者也。以是始终，《易》之大义。"

精校通行本《周易》原文

精校足本《周易》原文以邓球柏著《白话易经》（人民出版社 2012 年 9 月第 1 版 第 1 次印刷本）为底本。以〔魏〕王弼、〔晋〕韩康伯注，〔唐〕陆德明释文《周易（全 3 册）》［北京图书馆出版社 2003 年 6 月第 1 版第 1 次印刷本《中华再造善本（唐宋编 经部 周易）》〕为校本。

《周易·上经》

1. 乾 ䷀ 乾（天）上
乾（天）下

乾：元，亨，利，贞。

初九：潜龙，勿用。

九二：见龙在田，利见大人。

九三：君子终日乾乾，夕惕若，厉，无咎。

九四：或跃在渊，无咎。

九五：飞龙在天，利见大人。

上九：亢龙，有悔。

用九：见群龙无首，吉。

2. 坤  坤（地）上
坤（地）下

坤：元，亨，利牝马之贞。君子有攸往，先迷后得，主利。西南得朋，东北丧朋。安贞，吉。

初六：履霜，坚冰至。

六二：直方大，不习，无不利。

六三：含章可贞，或从王事，无成有终。

六四：括囊，无咎无誉。

六五：黄裳，元吉。

上六：龙战于野，其血玄黄。

用六：利永贞。

3. 屯 坎（水）上
震（雷）下

屯：元，亨，利，贞。勿用有攸往，利建侯。

初九：磐桓，利居。贞，利建侯。

六二：屯如邅如，乘马班如，匪寇婚媾，女子贞不字，十年乃字。

六三：即鹿无虞，惟入于林中，君子几不如舍，往吝。

六四：乘马班如，求婚媾。往，吉，无不利。

九五：屯其膏。小贞，吉。大贞，凶。

上六：乘马班如，泣血涟如。

4. 蒙 艮（山）上
坎（水）下

蒙：亨。匪我求童蒙，童蒙求我。初筮告，再三渎，渎则不告。利，贞。

初六：发蒙，利用刑人，用说桎梏。以往吝。

九二：包蒙，吉。纳妇，吉。子克家。

六三：勿用取女，见金夫，不有躬，无攸利。

六四：困蒙，吝。

六五：童蒙，吉。

上九：击蒙，不利为寇，利御寇。

附录 ◇ 精校通行本 《周易》原文

5. 需 ䷄ 坎（水）上　乾（天）下

需：有孚，光亨，贞，吉，利涉大川。

初九：需于郊，利用恒，无咎。

九二：需于沙，小有言，终吉。

九三：需于泥，致寇至。

六四：需于血，出自穴。

九五：需于酒食，贞，吉。

上六：入于穴，有不速之客三人来，敬之，终吉。

6. 讼 ䷅ 乾（天）上　坎（水）下

讼：有孚窒，惕中吉，终凶。利见大人，不利涉大川。

初六：不永所事，小有言，终吉。

九二：不克讼，归而逋，其邑人三百户无眚。

六三：食旧德，贞，厉，终吉。或从王事无成。

九四：不克讼，复即命，渝，安贞，吉。

九五：讼，元吉。

上九：或锡之鞶带，终朝三褫之。

7. 师 ䷆ 坤（地）上　坎（水）下

师：贞，丈人吉，无咎。

初六：师出以律，否臧凶。

九二：在师中，吉，无咎。王三锡命。

六三：师或舆尸，凶。

六四：师左次，无咎。

六五：田有禽，利执言，无咎。长子帅师，弟子舆尸。贞，凶。

上六：大君有命，开国承家，小人勿用。

8. 比 ䷇ 坎（水）上
坤（地）下

比：吉。原筮，元永贞，无咎。不宁方来后，夫凶。

初六：有孚比之，无咎。有孚盈缶，终来有它，吉。

六二：比之自内，贞，吉。

六三：比之匪人。

六四：外比之，贞，吉。

九五：显比，王用三驱，失前禽，邑人不诫，吉。

上六：比之无首，凶。

9. 小畜 ䷈ 巽（风）上
乾（天）下

小畜：亨。密云不雨，自我西郊。

初九：复自道，何其咎？吉。

九二：牵复，吉。

九三：舆说辐，夫妻反目。

六四：有孚，血去惕出，无咎。

九五：有孚挛如，富以其邻。

上九：既雨既处，尚德载。妇贞，厉。月几望，君子征，凶。

10. 履 ䷉ 乾（天）上
兑（泽）下

履：虎尾，不咥人，亨。

初九：素履，往，无咎。

九二：履道坦坦，幽人贞吉。

六三：眇能视，跛能履，履虎尾咥人，凶，武人为于大君。

九四：履虎尾，愬愬，终吉。

九五：夬履贞，厉。

上九：视履，考祥其旋，元吉。

11. 泰 ䷊ 坤（地）上
乾（天）下

泰：小往大来，吉，亨。

初九：拔茅茹以其汇。征，吉。

九二：包荒，用冯河，不遐遗，朋亡得尚于中行。

九三：无平不陂，无往不复。艰贞，无咎，勿恤其孚，于食有福。

六四：翩翩，不富以其邻，不戒以孚。

六五：帝乙归妹以祉。元吉。

上六：城复于隍，勿用师。自邑告命：贞，吝。

12. 否 ䷋ 乾（天）上
坤（地）下

否：之匪人，不利君子贞。大往小来。

初六：拔茅茹以其汇。贞，吉，亨。

六二：包承，小人吉，大人否亨。

六三：包羞。

九四：有命，无咎。畴，离祉。

九五：休否，大人吉。其亡其亡，系于苞桑。

上九：倾否，先否后喜。

13. 同人 ䷌ 乾（天）上
离（火）下

同人：于野，亨。利涉大川，利君子贞。

附录 ◇ 精校通行本《周易》原文

初九：同人于门，无咎。

六二：同人于宗，吝。

九三：伏戎于莽，升其高陵，三岁不兴。

九四：乘其墉，弗克攻，吉。

九五：同人先号咷而后笑，大师克相遇。

上九：同人于郊，无悔。

14. 大有 ䷍ 离（火）上
乾（天）下

大有：元，亨。

初九：无交害，匪咎艰，则无咎。

九二：大车以载，有攸往。无咎。

九三：公用亨于天子，小人弗克。

九四：匪其彭。无咎。

六五：厥孚，交如，威如，吉。

上九：自天佑之，吉，无不利。

15. 谦 ䷎ 坤（地）上
艮（山）下

谦：亨，君子有终。

初六：谦谦君子，用涉大川，吉。

六二：鸣谦，贞，吉。

九三：劳谦，君子有终，吉。

六四：无不利，㧑谦。

六五：不富以其邻，利用侵伐，无不利。

上六：鸣谦，利用行师征邑国。

16. 豫 ䷏ 震（雷）上
坤（地）下

豫：利建侯、行师。

易经新得

初六：鸣豫，凶。

六二：介于石，不终日。贞，吉。

六三：盱豫，悔；迟，有悔。

九四：由豫，大有得，勿疑朋盍簪。

六五：贞，疾恒不死。

上六：冥豫，成有渝。无咎。

17．随 ䷐ 兑（泽）上
震（雷）下

随：元，亨，利，贞。无咎。

初九：官有渝，贞，吉，出门交有功。

六二：系小子，失丈夫。

六三：系丈夫，失小子。随有求得。利居贞。

九四：随有获，贞，凶。有孚在道，以明何咎。

九五：孚于嘉。吉。

上六：拘系之，乃从维之，王用亨于西山。

18．蛊 ䷑ 艮（山）上
巽（风）下

蛊：元，亨，利涉大川。先甲三日，后甲三日。

初六：干父之蛊，有子考，无咎，厉，终吉。

九二：干母之蛊，不可。贞。

九三：干父之蛊，小有悔，无大咎。

六四：裕父之蛊，往见吝。

六五：干父之蛊，用誉。

上九：不事王侯，高尚其事。

19．临 ䷒ 坤（地）上
兑（泽）下

临：元，亨，利，贞。至于八月有凶。

初九：咸临，贞，吉。

九二：咸临，吉，无不利。

六三：甘临，无攸利，既忧之，无咎。

六四：至临，无咎。

六五：知临，大君之宜。吉。

上六：敦临，吉，无咎。

20. 观  巽（风）上
坤（地）下

观：盥而不荐，有孚颙若。

初六：童观，小人无咎，君子吝。

六二：窥观，利女贞。

六三：观我生，进退。

六四：观国之光，利用宾于王。

九五：观我生，君子，无咎。

上九：观其生，君子，无咎。

21. 噬嗑 离（火）上
震（雷）下

噬嗑：亨，利用狱。

初九：屦校灭趾。无咎。

六二：噬肤灭鼻。无咎。

六三：噬腊肉遇毒。小吝，无咎。

九四：噬干胏得金矢。利艰，贞，吉。

六五：噬干肉得黄金。贞，厉，无咎。

上九：何校灭耳。凶。

22. 贲 艮（山）上
离（火）下

贲：亨。小利有攸往。

易经新得

256

初九：贲其趾，舍车而徒。

六二：贲其须。

九三：贲如濡如。永贞吉。

六四：贲如皤如，白马翰如，匪寇婚媾。

六五：贲于丘园，束帛戋戋。吝，终吉。

上九：白贲。无咎。

23. 剥 ䷖ 艮（山）上
坤（地）下

剥：不利有攸往。

初六：剥床以足蔑。贞，凶。

六二：剥床以辨蔑。贞，凶。

六三：剥之。无咎。

六四：剥床以肤。凶。

六五：贯鱼，以宫人宠，无不利。

上九：硕果不食，君子得舆，小人剥庐。

24. 复 ䷗ 坤（地）上
震（雷）下

复：亨，出入无疾，朋来，无咎。反复其道，七日来复。利有攸往。

初九：不远复，无祗悔。元吉。

六二：休复。吉。

六三：频复。厉，无咎。

六四：中行独复。

六五：敦复。无悔。

上六：迷复，凶，有灾眚。用行师，终有大败。以其国君凶至，于十年不克征。

25. 无妄 ䷘ 乾（天）上
震（雷）下

无妄：元，亨，利，贞。其匪正有眚，不利有攸往。

初九：无妄，往，吉。

六二：不耕获，不菑畬。则利有攸往。

六三：无妄之灾，或系之牛，行人之得，邑人之灾。

九四：可贞，无咎。

九五：无妄之疾，勿药有喜。

上九：无妄行，有眚，无攸利。

26. 大畜 ䷙ 艮（山）上
乾（天）下

大畜：利，贞。不家食。吉，利涉大川。

初九：有厉，利巳。

九二：舆说輹。

九三：良马逐。利艰贞。曰：闲舆卫，利有攸往。

六四：童牛之牯。元吉。

六五：豮豕之牙。吉。

上九：何天之衢。亨。

27. 颐 ䷚ 艮（山）上
震（雷）下

颐：贞，吉。观颐，自求口实。

初九：舍尔灵龟，观我朵颐。凶。

六二：颠颐，拂经于丘。颐，征凶。

六三：拂颐。贞，凶，十年勿用，无攸利。

六四：颠颐。吉。虎视眈眈，其欲逐逐。无咎。

六五：拂经。居，贞，吉，不可涉大川。

上九：由颐。厉，吉，利涉大川。

28. 大过　☰ 兑（泽）上
　　　　　　　　巽（风）下

大过：栋桡，利有攸往，亨。

初六：藉用白茅。无咎。

九二：枯杨生稊，老夫得其女妻，无不利。

九三：栋桡。凶。

九四：栋隆，吉。有它，吝。

九五：枯杨生华，老妇得其士夫。无咎无誉。

上六：过涉灭顶。凶，无咎。

29. 习坎　☵ 坎（水）上
　　　　　　　　坎（水）下

习坎：有孚维心，亨，行有尚。

初六：习坎，入于坎窞。凶。

九二：坎有险，求小得。

六三：来之坎，坎险且枕，入于坎窞。勿用。

六四：樽酒簋贰，用缶纳约自牖。终无咎。

九五：坎不盈，祗既平。无咎。

上六：系用徽纆，寘于丛棘，三岁不得。凶。

30. 离　☲ 离（火）上
　　　　　　　离（火）下

离：利，贞，亨。畜牝牛，吉。

初九：履错然敬之，无咎。

六二：黄离，元吉。

九三：日昃之离，不鼓缶而歌，则大耋之嗟，凶。

九四：突如其来如、焚如、死如、弃如。

六五：出涕沱若，戚嗟若。吉。

上九：王用出征，有嘉折首，获匪其丑。无咎。

附录

精校通行本
《陽》廠

周易·下经

31. 咸 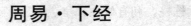 兑（泽）上
艮（山）下

咸：亨，利，贞，取女，吉。

初六：咸其拇。

六二：咸其腓，凶；居，吉。

九三：咸其股，执其随，往，吝。

九四：贞，吉，悔亡。憧憧往来，朋从尔思。

九五：咸其脢，无悔。

上六：咸其辅颊舌。

32. 恒 震（雷）上
巽（风）下

恒：亨，无咎，利，贞，利有攸往。

初六：浚恒。贞，凶，无攸利。

九二：悔亡。

九三：不恒其德，或承之羞。贞，吝。

九四：田无禽。

六五：恒其德，贞。妇人吉，夫子凶。

上六：振恒，凶。

33. 遁 乾（天）上
艮（山）下

遁：亨，小，利，贞。

初六：遁尾厉，勿用有攸往。

260

六二：执之用黄牛之革，莫之胜说。

九三：系遁，有疾厉。畜臣妾，吉。

九四：好遁，君子吉，小人否。

九五：嘉遁，贞，吉。

上九：肥遁，无不利。

34. 大壮　䷡　震（雷）上 乾（天）下

大壮：利，贞。

初九：壮于趾，征凶。有孚。

九二：贞，吉。

九三：小人用壮，君子用罔。贞，厉。羝羊触藩，羸其角。

九四：贞，吉，悔亡。藩决不羸。壮于大舆之輹。

六五：丧羊于易。无悔。

上六：羝羊触藩，不能退，不能遂，无攸利，艰则吉。

35. 晋　䷢　离（火）上 坤（地）下

晋：康侯用锡马蕃庶，昼日三接。

初六：晋如摧如。贞，吉。罔，孚裕，无咎。

六二：晋如愁如。贞，吉。受兹介福于其王母。

六三：众允，悔亡。

九四：晋如，鼫鼠。贞，厉。

六五：悔亡。失得勿恤。往，吉，无不利。

上九：晋其角，维用伐邑。厉，吉，无咎。贞，吝。

36. 明夷　䷣　坤（地）上 离（火）下

明夷：利，艰贞。

初九：明夷于飞，垂其翼。君子于行，三日不食，有攸往，主人有言。

六二：明夷，夷于左股，用拯马壮。吉。

九三：明夷，于南狩，得其大首。不可疾贞。

六四：入于左腹，获明夷之心，于出门庭。

六五：箕子之明夷，利，贞。

上六：不明，晦。初登于天，后入于地。

37. 家人   巽（风）上
离（火）下

家人：利女贞。

初九：闲有家，悔亡。

六二：无攸遂，在中，馈。贞，吉。

九三：家人嗃嗃，悔，厉，吉。妇子嘻嘻，终吝。

六四：富家，大吉。

九五：王假有家，勿恤。吉。

上九：有孚威如，终吉。

38. 睽   离（火）上
兑（泽）下

睽：小事，吉。

初九：悔亡。丧马勿逐，自复。见恶人，无咎。

九二：遇主于巷，无咎。

六三：见舆曳，其牛掣，其人天且劓。无初有终。

九四：睽孤，遇元夫，交孚，厉，无咎。

六五：悔亡，厥宗噬肤，往，何咎？

上九：睽孤，见豕负涂，载鬼一车。先张之弧，后说之弧，匪寇，婚媾，往，遇雨，则吉。

39. 蹇   坎（水）上
艮（山）下

蹇：利西南，不利东北。利见大人。贞，吉。

初六：往蹇来誉。

六二：王臣蹇蹇，匪躬之故。

九三：往蹇来反。

六四：往蹇来连。

九五：大蹇朋来。

上六：往蹇来硕。吉，利见大人。

40. 解 ䷧ 震（雷）上 坎（水）下

解：利西南。无所往，其来复，吉。有攸往夙，吉。

初六：无咎。

九二：田获三狐。得黄矢。贞，吉。

六三：负且乘，致寇至。贞，吝。

九四：解而拇，朋至斯孚。

六五：君子维有解，吉；有孚于小人。

上六：公用射隼于高墉之上，获之，无不利。

41. 损 ䷨ 艮（山）上 兑（泽）下

损：有孚，元吉，无咎，可贞，利有攸往。曷之用二簋，可用享。

初九：已事遄往，无咎，酌损之。

九二：利，贞。征凶，弗损益之。

六三：三人行则损一人，一人行则得其友。

六四：损其疾，使遄有喜。无咎。

六五：或益之十朋之龟，弗克违。元吉。

上九：弗损益之，无咎。贞，吉。利有攸往，得臣无家。

42. 益 ䷩ 巽（风）上 震（雷）下

益：利有攸往，利涉大川。

附录◇ 精校通行本《陽》厥

初九：利用为大作。元吉，无咎。

六二：或益之十朋之龟，弗克违，永贞、吉。王用享于帝，吉。

六三：益之用凶事，无咎。有孚中行，告公用圭。

六四：中行，告公，从，利用为依迁国。

九五：有孚，惠心，勿问，元吉。有孚，惠我，德。

上九：莫益之，或击之，立心勿恒，凶。

43. 夬 ䷪ 兑（泽）上
乾（天）下

夬：扬于王庭。孚号有厉，告自邑。不利即戎，利有攸往。

初九：壮于前趾，往，不胜，为咎。

九二：惕号，莫夜有戎，勿恤。

九三：壮于頄，有凶。君子夬夬独行，遇雨若濡。有愠，无咎。

九四：臀无肤，其行次且，牵羊悔亡，闻言不信。

九五：苋陆夬夬中行。无咎。

上六：无号，终有凶。

44. 姤 ䷫ 乾（天）上
巽（风）下

姤：女壮，勿用取女。

初六：系于金柅，贞，吉。有攸往，见凶羸豕孚，蹢躅。

九二：包有鱼，无咎，不利宾。

九三：臀无肤，其行次且。厉，无大咎。

九四：包无鱼，起凶。

九五：以杞，包瓜含章，有陨自天。

上九：姤其角，吝，无咎。

45. 萃   兑（泽）上
            坤（地）下

萃：亨，王假有庙，利见大人，亨，利，贞。用大牲，吉，利有攸往。

初六：有孚不终，乃乱乃萃，若号一握为笑，勿恤，往，无咎。

六二：引吉，无咎，孚乃利用禴。

六三：萃如嗟如，无攸利。往，无咎，小吝。

九四：大吉，无咎。

九五：萃有位，无咎，匪孚，元永贞，悔亡。

上六：赍咨涕洟，无咎。

46. 升   坤（地）上
            巽（风）下

升：元，亨，用见大人。勿恤，南征，吉。

初六：允升，大吉。

九二：孚乃利用禴，无咎。

九三：升虚邑。

六四：王用亨于岐山，吉，无咎。

六五：贞，吉，升阶。

上六：冥升，利于不息之贞。

47. 困   兑（泽）上
            坎（水）下

困：亨，贞，大人吉，无咎。有言不信。

初六：臀困于株木，入于幽谷，三岁不觌。

九二：困于酒食，朱绂方来。利用享祀。征凶。无咎。

六三：困于石，据于蒺藜，入于其宫，不见其妻。凶。

九四：来徐徐，困于金车。吝，有终。

附录◇
精校通行本
《易经》原文

九五：劓刖，困于赤绂，乃徐有说，利用祭祀。
上六：困于葛，蘦于臲卼。曰：动悔有悔！征，吉。

48. 井  坎（水）上
巽（风）下

井：改邑不改井，无丧无得。往来井，井汔，至亦未繘井，羸其瓶，凶。

初六：井泥不食，旧井无禽。

九二：井谷射鲋，瓮敝漏。

九三：井渫不食，为我心恻，可用汲？王明，并受其福。

六四：井甃。无咎。

九五：井冽寒泉食。

上六：井收勿幕。有孚，元吉。

49. 革 兑（泽）上
离（火）下

革：巳日乃孚，元，亨，利，贞，悔亡。

初九：巩用黄牛之革。

六二：巳日乃革之，征，吉，无咎。

九三：征凶，贞，厉。革言三就，有孚。

九四：悔亡。有孚改命，吉。

九五：大人虎变，未占有孚。

上六：君子豹变，小人革面。征凶。居贞，吉。

50. 鼎 离（火）上
巽（风）下

鼎：元，吉，亨。

初六：鼎颠趾，利出否，得妾以其子，无咎。

九二：鼎有实，我仇有疾不？我能即，吉。

九三：鼎耳革，其行塞，雉膏不食，方雨，亏悔，终吉。

266

九四：鼎折足，覆公𫗧，其形渥。凶。

六五：鼎黄耳、金铉，利，贞。

上九：鼎玉铉。大吉，无不利。

51. 震 震（雷）上
震（雷）下

附录◇

精校通行本
《周》易

震：亨。震来虩虩，笑言哑哑，震惊百里，不丧匕鬯。

初九：震来虩虩，后笑言哑哑，吉。

六二：震来厉，亿丧贝，跻于九陵，勿逐七日，得。

六三：震苏苏，震行无眚。

九四：震遂泥。

六五：震往来厉，亿无丧，有事。

上六：震索索，视矍矍，征凶。震不于其躬，于其邻，无咎。婚媾有言。

52. 艮 艮（山）上
艮（山）下

艮：其背，不获其身。行其庭，不见其人。无咎。

初六：艮其趾。无咎，利永贞。

六二：艮其腓，不拯其随，其心不快。

九三：艮其限，列其夤，厉薰心。

六四：艮其身。无咎。

六五：艮其辅，言有序。悔亡。

上九：敦艮，吉。

53. 渐 巽（风）上
艮（山）下

渐：女归，吉，利，贞。

初六：鸿渐于干，小子厉，有言。无咎。

六二：鸿渐于磐，饮食衎衎。吉。

九三：鸿渐于陆，夫征不复，妇孕不育，凶，利御寇。

六四：鸿渐于木，或得其桷。无咎。

九五：鸿渐于陵，妇三岁不孕，终莫之胜，吉。

上九：鸿渐于陆，其羽可用为仪，吉。

54. 归妹  震（雷）上 兑（泽）下

归妹：征凶，无攸利。

初九：归妹以娣，跛能履，征吉。

九二：眇能视，利幽人之贞。

六三：归妹以须，反归以娣。

九四：归妹愆期，迟归有时。

六五：帝乙归妹，其君之袂不如其娣之袂良。月几望，吉。

上六：女承筐无实，士刲羊无血，无攸利。

55. 丰 震（雷）上 离（火）下

丰：亨，王假之，勿忧，宜日中。

初九：遇其配主，虽旬无咎，往有尚。

六二：丰其蔀，日中见斗，往。得疑疾，有孚发若。吉。

九三：丰其沛，日中见沬，折其右肱。无咎。

九四：丰其蔀，日中见斗，遇其夷主。吉。

六五：来章有庆，誉。吉。

上六：丰其屋，蔀其家，窥其户，阒其无人，三岁不觌。凶。

56. 旅 离（火）上 艮（山）下

旅：小亨。旅。贞，吉。

初六：旅琐琐，斯其所取灾。

六二：旅即次，怀其资，得童仆。贞。

九三：旅焚其次，丧其童仆。贞，厉。

九四：旅于处，得其资斧，我心不快。

六五：射雉，一矢亡，终以誉命。

上九：鸟焚其巢，旅人先笑后号咷，丧牛于易，凶。

57. 巽　　巽（风）上
　　　　　　　巽（风）下

巽：小亨。利有攸往，利见大人。

初六：进退，利武人之贞。

九二：巽在床下用，史巫纷若。吉，无咎。

九三：频巽。吝。

六四：悔亡。田获三品。

九五：贞，吉，悔亡，无不利。无初有终，先庚三日，后庚三日。吉。

上九：巽在床下，丧其资斧。贞，凶。

58. 兑　　兑（泽）上
　　　　　　　兑（泽）下

兑：亨，利，贞。

初九：和兑，吉。

九二：孚兑，吉，悔亡。

六三：来兑，凶。

九四：商兑未宁，介疾有喜。

九五：孚于剥，有厉。

上六：引兑。

59. 涣　　巽（风）上
　　　　　　　坎（水）下

涣：亨，王假有庙。利涉大川，利，贞。

附录 ◇ 精校通行本《周易》原文

初六：用拯马壮，吉。

九二：涣奔其机，悔亡。

六三：涣其躬，无悔。

六四：涣其群，元吉。涣有丘，匪夷所思。

九五：涣汗其大号。涣王居。无咎。

上九：涣其血去逖出。无咎。

60. 节　䷻　坎（水）上
兑（泽）下

节：亨。苦节，不可贞。

初九：不出户庭。无咎。

九二：不出门庭。凶。

六三：不节若，则嗟若。无咎。

六四：安节，亨。

九五：甘节，吉，往有尚。

上六：苦节，贞凶。悔亡。

61. 中孚　䷼　巽（风）上
兑（泽）下

中孚：豚，鱼，吉，利涉大川，利贞。

初九：虞，吉，有它不燕。

九二：鸣鹤在阴，其子和之；我有好爵，吾与尔靡之。

六三：得敌，或鼓或罢，或泣或歌。

六四：月几望，马匹亡，无咎。

九五：有孚挛如，无咎。

上九：翰音登于天，贞，凶。

62. 小过　䷽　震（雷）上
艮（山）下

小过：亨，利，贞。可小事，不可大事。飞鸟遗之音，不宜

上，宜下。大吉。

初六：飞鸟以凶。

六二：过其祖，遇其妣，不及其君，遇其臣，无咎。

九三：弗过防之，从或戕之，凶。

九四：无咎。弗过遇之。往厉，必戒。勿用永贞。

六五：密云不雨，自我西郊，公弋取彼在穴。

上六：弗遇过之，飞鸟离之，凶。是谓灾眚。

63. 既济 ䷾ 坎（水）上
离（火）下

既济：亨。小利贞，初吉终乱。

初九：曳其轮，濡其尾，无咎。

六二：妇丧其茀，勿逐，七日得。

九三：高宗伐鬼方，三年克之，小人勿用。

六四：繻有衣袽，终日戒。

九五：东邻杀牛，不如西邻之禴祭，实受其福。

上六：濡其首，厉。

64. 未济 ䷿ 离（火）上
坎（水）下

未济：亨。小狐汔济，濡其尾。无攸利。

初六：濡其尾，吝。

九二：曳其轮，贞，吉。

六三：未济，征凶。利涉大川。

九四：贞，吉，悔亡。震用伐鬼方三年，有赏于大国。

六五：贞，吉，无悔。君子之光，有孚，吉。

上九：有孚于饮酒，无咎。濡其首，有孚失是。

附录

精校通行本
《賜》廄

《周易·象传》

1. 乾  乾（天）上
乾（天）下

　　大哉乾元，万物资始，乃统天。云行雨施，品物流形。大明终始，六位时成，时乘六龙以御天。乾道变化，各正性命，保合大和，乃利贞。首出庶务，万国咸宁。

2. 坤 ䷁ 坤（地）上
坤（地）下

　　至哉坤元，万物资生，乃顺承天。坤厚载物，德合无疆。含弘光大，品物咸亨。牝马地类，行地无疆，柔顺利贞。君子攸行。先迷失道，后顺得常。西南得朋，乃与类行。东北丧朋，乃终有庆。安贞之吉，应地无疆。

3. 屯 ䷂ 坎（水）上
震（雷）下

　　屯，刚柔始交而难生。动乎险中，大亨贞。雷雨之动满盈。天造草昧，宜建侯而不宁。

4. 蒙 ䷃ 艮（山）上
坎（水）下

　　蒙，山下有险。险而止，蒙。蒙，亨。以亨行时中也。匪我求童蒙，童蒙求我，志应也。初筮告，以刚中也。再三渎，渎则不告，渎蒙也。蒙以养正，圣功也。

5. 需 ䷄ 坎（水）上　乾（天）下

需，须也。险在前也，刚健而不陷其义，不困穷矣。需，有孚，光亨，贞吉。位乎天位，以正中也。利涉大川，往有功也。

6. 讼 ䷅ 乾（天）上　坎（水）下

讼，上刚下险。险而健，讼。讼有孚窒惕中吉，刚来而得中也。终凶，讼不可成也。利见大人，尚中正也。不利涉大川，入于渊也。

7. 师 ䷆ 坤（地）上　坎（水）下

师，众也。贞，正也。能以众正，可以王矣。刚中而应，行险而顺，以此毒天下，而民从之，吉。又何咎矣。

8. 比 ䷇ 坎（水）上　坤（地）下

比，吉也。比，辅也，下顺从也。原筮元永贞无咎，以刚中也。不宁方来，上下应也。后夫凶，其道穷也。

9. 小畜 ䷈ 巽（风）上　乾（天）下

小畜，柔得位而上下应之，曰小畜。健而巽，刚中而志行，乃亨。密云不雨，尚往也。自我西郊，施未行也。

10. 履 ䷉ 乾（天）上　兑（泽）下

履，柔履刚也。说而应乎乾，是以履虎尾，不咥人，亨。刚

附录◇

精校通行本《周易》原文

中正，履帝位而不疚，光明也。

11．泰 坤（地）上
乾（天）下

泰，小往大来，吉，亨。则是天地交而万物通也，上下交而其志同也。内阳而外阴，内健而外顺，内君子而外小人，君子道长，小人道消也。

12．否 乾（天）上
坤（地）下

否，之匪人。不利君子，贞，大往小来。则是天地不交而万物不通也，上下不交而天下无邦也。内阴而外阳，内柔而外刚，内小人而外君子，小人道长，君子道消也。

13．同人 乾（天）上
离（火）下

同人，柔得位得中而应乎乾，曰同人。同人曰：同人于野，亨，利涉大川。乾行也。文明以健，中正而应，君子正也。唯君子为能通天下之志。

14．大有 离（火）上
乾（天）下

大有，柔得尊位，大中，而上下应之，曰大有。其德刚健而文明，应乎天而时行，是以元亨。

15．谦 坤（地）上
艮（山）下

谦，亨。天道下济而光明，地道卑而上行。天道亏盈而益谦，地道变盈而流谦，鬼神害盈而福谦，人道恶盈而好谦。谦，尊而光，卑而不可逾，君子之终也。

16. 豫　☳☷　震（雷）上　坤（地）下

豫，刚应而志行。顺以动，豫。豫顺以动，故天地如之，而况建侯行师乎？天地以顺动，故日月不过而四时不忒。圣人以顺动，则刑罚清而民服。豫之时义大矣哉！

17. 随　☱☳　兑（泽）上　震（雷）下

随，刚来而下柔。动而说，随。大亨，贞，无咎。而天下随时。随时之义大矣哉！

18. 蛊　☶☴　艮（山）上　巽（风）下

蛊，刚上而柔下。巽而止，蛊。蛊，元，亨，而天下治也。利涉大川，往有事也。先甲三日，后甲三日。终则有始，天行也。

19. 临　☷☱　坤（地）上　兑（泽）下

临，刚浸而长。说而顺，刚中而应，大亨以正，天之道也。至于八月有凶，消不久也。

20. 观　☴☷　巽（风）上　坤（地）下

大观在上，顺而巽，中正以观天下。观，盥而不荐，有孚颙若，下观而化也。观天之神道而四时不忒。圣人以神道设教而天下服矣。

附录 ◇

精校通行本
《赐易》廏文

21. 噬嗑　離（火）上　震（雷）下

颐中有物曰噬嗑。噬嗑而亨。刚柔分，动而明，雷电合而章。柔得中而上行，虽不当位，利用狱也。

22. 贲　艮（山）上　离（火）下

贲，亨。柔来而文刚，故亨。分刚上而文柔，故小利有攸往，天文也；文明以止，人文也。观乎天文，以察时变；观乎人文，以化成天下。

23. 剥　艮（山）上　坤（地）下

剥，剥也，柔变刚也。不利有攸往，小人长也。顺而止之，观象也。君子尚消息盈虚，天行也。

24. 复　坤（地）上　震（雷）下

复，亨，刚反。动而以顺行，是以出入无疾，朋来无咎。反复其道，七日来复，天行也。利有攸往，刚长也。复其见天地之心乎。

25. 无妄　乾（天）上　震（雷）下

无妄，刚自外来，而为主于内。动而健，刚中而应，大亨以正，天之命也。其匪正有眚，不利有攸往。无妄之往，何之矣！天命不佑，行矣哉？

易经新得

26. 大畜　䷙　艮（山）上
乾（天）下

大畜，刚健笃实辉光，日新其德。刚上而尚贤。能止健，大正也。不家食吉，养贤也。利涉大川，应乎天也。

27. 颐　䷚　艮（山）上
震（雷）下

颐，贞吉，养正则吉也。观颐，观其所养也。自求口实，观其自养也。天地养万物，圣人养贤以及万民，颐之时大矣哉！

28. 大过　䷛　兑（泽）上
巽（风）下

大过，大者过也。栋桡，本末弱也。刚过而中，巽而说行，利有攸往，乃亨。大过之时大矣哉！

29. 习坎　䷜　坎（水）上
坎（水）下

习坎，重险也。水流而不盈，行险而不失其信。维心亨，乃以刚中也。行有尚，往有功也。天险不可升也，地险山川丘陵也。王公设险以守其国，险之时用大矣哉！

30. 离　䷝　离（火）上
离（火）下

离，丽也。日月丽乎天，百谷草木丽乎土，重明以丽乎正，乃化成天下。柔丽乎中正，故亨。是以畜牝牛吉也。

31. 咸　䷞　兑（泽）上
艮（山）下

咸，感也。柔上而刚下，二气感应以相与。止而说，男下

附录◇ 精校通行本《陽易》原文

女。是以亨利贞，取女吉也。天地感而万物化生，圣人感人心而天下和平，观其所感而天地万物之情可见矣。

32. 恒 ䷟ 震（雷）上 巽（风）下

恒，久也。刚上而柔下，雷风相与，巽而动，刚柔皆应，恒。恒亨无咎，利贞。久于其道也。天地之道，恒久而不已也。利有攸往，终则有始也。日月得天而能久照，四时变化而能久成，圣人久于其道而天下化成。观其所恒，而天地万物之情可见矣。

33. 遁 ䷠ 乾（天）上 艮（山）下

遁，亨。遁而亨也。刚当位而应，与时行也。小利贞，浸而长也。遁之时义大矣哉！

34. 大壮 ䷡ 震（雷）上 乾（天）下

大壮，大者壮也。刚以动，故壮。大壮利贞，大者正也。正大而天地之情可见矣。

35. 晋 ䷢ 离（火）上 坤（地）下

晋，进也。明出地上，顺而丽乎大明，柔进而上行。是以康侯用锡马蕃庶，昼日三接也。

36. 明夷 ䷣ 坤（地）上 离（火）下

明入地中，明夷。内文明而外柔顺，以蒙大难，文王以之。利艰贞，晦其明也，内难而能正其志，箕子以之。

37. 家人 ䷤ 巽（风）上
离（火）下

家人，女正位乎内，男正位乎外。男女正，天地之大义也。家人有严君焉，父母之谓也。父父、子子，兄兄、弟弟，夫夫、妇妇，而家道正。正家而天下定矣。

38. 睽 ䷥ 离（火）上
兑（泽）下

睽，火动而上，泽动而下，二女同居，其志不同行。说而丽乎明，柔进而上行，得中而应乎刚，是以小事吉。天地睽而其事同也，男女睽而其志通也，万物睽而其事类也。睽之时用大矣哉！

39. 蹇 ䷦ 坎（水）上
艮（山）下

蹇，难也，险在前也。见险而能止，知矣哉！蹇利西南，往得中也。不利东北，其道穷也。利见大人，往有功也。当位贞吉，以正邦也。蹇之时用大矣哉！

40. 解 ䷧ 震（雷）上
坎（水）下

解，险以动。动而免乎险，解。解利西南，往得众也。其来复吉，乃得中也。有攸往夙吉，往有功也。天地解而雷雨作，雷雨作而百果草木皆甲坼。解之时大矣哉！

41. 损 ䷨ 艮（山）上
兑（泽）下

损，损下益上，其道上行。损而有孚，元吉，无咎，可贞，利有攸往。曷之用？二簋可用享。二簋应有时，损刚益柔有时。

损益盈虚，与时偕行。

42. 益 ䷩ 巽（风）上 震（雷）下

益，损上益下，民说无疆。自上下下，其道大光。利有攸往，中正有庆。利涉大川，木道乃行。益动而巽，日进无疆。天施地生，其益无方。凡益之道，与时偕行。

43. 夬 ䷪ 兑（泽）上 乾（天）下

夬，决也，刚决柔也。健而说，决而和。扬于王庭，柔乘五刚也。孚号有厉，其危乃光也。告自邑，不利即戎，所尚乃穷也。利有攸往，刚长乃终也。

44. 姤 ䷫ 乾（天）上 巽（风）下

姤，遇也，柔遇刚也。勿用取女，不可与长也。天地相遇，品物咸章也。刚遇中正，天下大行也。姤之时义大矣哉！

45. 萃 ䷬ 兑（泽）上 坤（地）下

萃，聚也。顺以说，刚中而应，故聚也。王假有庙，致孝享也。利见大人，亨，聚以正也。用大牲吉，利有攸往，顺天命也。观其所聚，而天地万物之情可见矣。

46. 升 ䷭ 坤（地）上 巽（风）下

柔以时升。巽而顺，刚中而应，是以大亨。用见大人。勿恤，有庆也。南征吉，志行也。

47. 困 ䷮ 兑（泽）上
坎（水）下

困，刚掩也。险以说，因而不失其所亨，其唯君子乎！贞大人吉，以刚中也。有言不信，尚口乃穷也。

48. 井 ䷯ 坎（水）上
巽（风）下

巽乎水而上水，井。井养而不穷也。改邑不改井，乃以刚中也。汔至亦未繘井，未有功也。羸其瓶，是以凶也。

49. 革 ䷰ 兑（泽）上
离（火）下

革，水火相息，二女同居，其志不相得，曰革。巳日乃孚，革而信之。文明以说，大亨以正，革而当，其悔乃亡。天地革而四时成，汤武革命，顺乎天而应乎人。革之时大矣哉！

50. 鼎 ䷱ 离（火）上
巽（风）下

鼎，象也，以木巽火，亨饪也。圣人亨以享上帝，而大亨以养圣贤。巽而耳目聪明。柔进而上行，得中而应乎刚，是以元亨。

51. 震 ䷲ 震（雷）上
震（雷）下

震，亨。震来虩虩，恐致福也。笑言哑哑，后有则也。震惊百里，惊远而惧迩也。不丧匕鬯，出可以守宗庙社稷，以为祭主也。

52. 艮 ䷳ 艮（山）上
艮（山）下

艮，止也。时止则止，时行则行，动静不失其时，其道光

附录◇ 精校通行本《周易》原文

明。艮其止，止其所也。上下敌应，不相与也。是以不获其身，行其庭不见其人，无咎也。

53. 渐 ䷴ 巽（风）上
艮（山）下

渐之进也，女归吉也。进得位，往有功也。进以正，可以正邦也。其位刚得中也。止而巽，动不穷也。

54. 归妹 ䷵ 震（雷）上
兑（泽）下

归妹，天地之大义也。天地不交而万物不兴。归妹，人之终始也。说以动，所归妹也。征凶，位不当也。无攸利，柔乘刚也。

55. 丰 ䷶ 震（雷）上
离（火）下

丰，大也。明以动，故丰。王假之，尚大也。勿忧宜日中，宜照天下也。日中则昃，月盈则食。天地盈虚，与时消息，而况于人乎？况于鬼神乎？

56. 旅 ䷷ 离（火）上
艮（山）下

旅，小亨。柔得中乎外，而顺乎刚，止而丽乎明，是以小亨旅贞吉也。旅之时义大矣哉！

57. 巽 ䷸ 巽（风）上
巽（风）下

重巽以申命。刚巽乎中正而志行，柔皆顺乎刚。是以小亨。利有攸往利见大人。

58. 兌　☱　兌（泽）上
　　　　　　兑（泽）下

兌，说也。刚中而柔外，说以利贞。是以顺乎天而应乎人。说以先民，民忘其劳。说以犯难，民忘其死。说之大，民劝矣哉！

59. 涣　☴　巽（风）上
　　　　　　坎（水）下

涣，亨。刚来而不穷，柔得位乎外而上同。王假有庙，王乃在中也。利涉大川，乘木有功也。

60. 节　☵　坎（水）上
　　　　　　兑（泽）下

节，亨。刚柔分而刚得中。苦节不可贞，其道穷也。说以行险。当位以节，中正以通。天地节而四时成。节以制度，不伤财，不害民。

61. 中孚　☴　巽（风）上
　　　　　　　兑（泽）下

中孚，柔在内，而刚得中。说而巽。孚，乃化邦也。豚鱼吉，信及豚鱼也。利涉大川，乘木舟虚也。中孚以利贞，乃应乎天也。

62. 小过　☳　震（雷）上
　　　　　　　艮（山）下

小过，小者过而亨也。过以利贞，与时行也。柔得中，是以小事吉也。刚失位而不中，是以不可大事也。有飞鸟之象焉。飞鸟遗之音，不宜上，宜下，大吉。上逆而下顺也。

附录◇

精校通行本
《賜》厥文

63. 既济 ䷾ 坎（水）上
离（火）下

　　既济，亨。小者，亨也。利贞，刚柔正而位当也。初吉，柔得中也。终止则乱，其道穷也。

64. 未济 ䷿ 离（火）上
坎（水）下

　　未济，亨。柔得中也。小狐汔济，未出中也。濡其尾，无攸利，不续终也。虽不当位，刚柔应也。

《周易·象传》

1. 乾 ䷀ 乾（天）上
乾（天）下

天行健。君子以自强不息。
潜龙勿用，阳在下也。
见龙在田，德施普也。
终日乾乾，反复道也。
或跃在渊，进无咎也。
飞龙在天，大人造也。
亢龙有悔，盈不可久也。
用九天德，不可为首也。

2. 坤 ䷁ 坤（地）上
坤（地）下

地势坤。君子以厚德载物。
履霜坚冰，阴始凝也。驯致其道，至坚冰也。
六二之动，直以方也。不习无不利，地道光也。
含章可贞，以时发也。或从王事，知光大也。
括囊无咎，慎不害也。
黄裳元吉，文在中也。
龙战于野，其道穷也。
用六永贞，以大终也。

3. 屯 ䷂ 坎（水）上
震（雷）下

云雷，屯。君子以经纶。

虽磐桓，志行正也。以贵下贱，大得民也。
六二之难，乘刚也。十年乃字，反常也。
即鹿无虞，以从禽也。君子舍之，往吝穷也。
求而往，明也。
屯其膏，施未光也。
泣血涟如，何可长也。

4. 蒙  艮（山）上
坎（水）下

山下出泉，蒙。君子以果行育德。
利用刑人，以正法也。
子克家，刚柔接也。
勿用取女，行不顺也。
困蒙之吝，独远实也。
童蒙之吉，顺以巽也。
利用御寇，上下顺也。

5. 需 坎（水）上
乾（天）下

云上于天，需。君子以饮食宴乐。
需于郊，不犯难行也。利用恒无咎，未失常也。
需于沙，衍在中也。虽小有言，以吉终也。
需于泥，灾在外也。自我致寇，敬慎不败也。
需于血，顺以听也。
酒食贞吉，以中正也。
不速之客来，敬之终吉。虽不当位，未大失也。

6. 讼 乾（天）上
坎（水）下

天与水违行，讼。君子以作事谋始。

不永所事，讼不可长也。虽小有言，其辩明也。
不克讼，归逋窜也。自下讼上，患至掇也。
食旧德，从上吉也。
复即命，渝，安贞，不失也。
讼，元吉，以中正也。
以讼受服，亦不足敬也。

7．师 坤（地）上 坎（水）下

地中有水，师。君子以容民畜众。
师出以律，失律凶也。
在师中吉，承天宠也。王三锡命，怀万邦也。
师或舆尸，大无功也。
左次无咎，未失常也。
长子帅师，以中行也。弟子舆尸，使不当也。
大君有命，以正功也。小人勿用，必乱邦也。

8．比 坎（水）上 坤（地）下

地上有水，比。先王以建万国，亲诸侯。
比之初六，有它吉也。
比之自内，不自失也。
比之匪人，不亦伤乎？
外比于贤，以从上也。
显比之吉，位正中也。舍逆取顺，失前禽也。
邑人不诫，上使中也。
比之无首，无所终也。

9．小畜 巽（风）上 乾（天）下

风行天上，小畜。君子以懿文德。

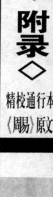

附录◇

精校通行本
《周易》原文

复自道，其义吉也。

牵复在中，亦不自失也。

夫妻反目，不能正室也。

有孚惕出，上合志也。

有孚挛如，不独富也。

既雨既处，德积载也。君子征凶，有所疑也。

10. 履　　乾（天）上　兑（泽）下

上天下泽，履。君子以辨上下，定民志。

素履之往，独行愿也。

幽人贞吉，中不自乱也。

眇能视，不足以有明也。跛能履，不足以与行也。

咥人之凶，位不当也。武人为于大君，志刚也。

愬愬终吉，志行也。

夬履贞厉，位正当也。

元吉在上，大有庆也。

11. 泰　　坤（地）上　乾（天）下

天地交，泰。后以裁成天地之道，辅相天地之宜，以左右民。

拔茅征吉，志在外也。

包荒，得尚于中行，以光大也。

无平不陂，无往不复，天地际也。

翩翩不富，皆失实也。不戒以孚，中心愿也。

以祉元吉，中以行愿也。

城复于隍，其命乱也。

12. 否　䷋　乾（天）上
　　　　　　　　坤（地）下

天地不交，否。君子以俭德辟难，不可荣以禄。

拔茅贞吉，志在君也。

大人否亨，不乱群也。

包羞，位不当也。

有命无咎，志行也。

大人之吉，位正当也。

否终则倾，何可长也。

13. 同人　䷌　乾（天）上
　　　　　　　　离（火）下

天与火，同人。君子以类族辨物。

出门同人，又谁咎也。

同人于宗，吝道也。

伏戎于莽，敌刚也。三岁不兴，安行也。

乘其墉，义弗克也。其吉，则困而反则也。

同人之先，以中直也。大师相遇，言相克也。

同人于郊，志未得也。

14. 大有　䷍　离（火）上
　　　　　　　　乾（天）下

火在天上，大有。君子以遏恶扬善，顺天休命。

大有初九，无交害也。

大车以载，积中不败也。

公用亨于天子，小人害也。

匪其彭，无咎。明辨皙也。

厥孚交如，信以发志也。威如之吉，易而无备也。

大有上吉，自天佑也。

附录◇

精校通行本
《周易》原文

15. 谦  坤（地）上
艮（山）下

地中有山，谦。君子以裒多益寡，称物平施。

谦谦君子，卑以自牧也。

鸣谦贞吉，中心得也。

劳谦君子，万民服也。

无不利，撝谦，不违则也。

利用侵伐，征不服也。

鸣谦，志未得也。可用行师，征邑国也。

16. 豫 震（雷）上
坤（地）下

雷出地奋，豫。先王以作乐崇德，殷荐之上帝，以配祖考。

初六鸣豫，志穷凶也。

不终日贞吉，以中正也。

盱豫有悔，位不当也。

由豫大有得，志大行也。

六五贞疾，乘刚也。恒不死，中未亡也。

冥豫在上，何可长也。

17. 随 兑（泽）上
震（雷）下

泽中有雷，随。君子以向晦入宴息。

官有渝，从正吉也。出门交有功，不失也。

系小子，弗兼与也。

系丈夫，志舍下也。

随有获，其义凶也。有孚在道，明功也。

孚于嘉，吉，位正中也。

拘系之，上穷也。

18. 蛊 ䷑ 艮（山）上 巽（风）下

山下有风，蛊。君子以振民育德。

干父之蛊，意承考也。

干母之蛊，得中道也。

干父之蛊，终无咎也。

裕父之蛊，往未得也。

干父用誉，承以德也。

不事王侯，志可则也。

19. 临 ䷒ 坤（地）上 兑（泽）下

泽上有地，临。君子以教思无穷，容保民无疆。

咸临贞吉，志行正也。

咸临吉无不利，未顺命也。

甘临，位不当也。既忧之，咎不长也。

至临无咎，位当也。

大君之宜，行中之谓也。

敦临之吉，志在内也。

20. 观 ䷓ 巽（风）上 坤（地）下

风行地上，观。先王以省方观民设教。

初六童观，小人道也。

窥观利女贞，亦可丑也。

观我生进退，未失道也。

观国之光，尚宾也。

观我生，观民也。

观其生，志未平也。

附录 ◇ 精校通行本 《周易》殿

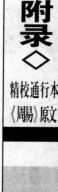

21. 噬嗑　☲☳　离（火）上
　　　　　　　　　　震（雷）下

雷电，噬嗑。先王以明罚敕法。

屦校灭趾，不行也。

噬肤灭鼻，乘刚也。

遇毒，位不当也。

利艰贞吉，未光也。

贞厉无咎，得当也。

何校灭耳，聪不明也。

22. 贲　☶☲　艮（山）上
　　　　　　　离（火）下

山下有火，贲。君子以明庶政，无敢折狱。

舍车而徒，义弗乘也。

贲其须，与上兴也。

永贞之吉，终莫之陵也。

六四当位，疑也。匪寇婚媾，终无尤也。

六五之吉，有喜也。

白贲无咎，上得志也。

23. 剥　☶☷　艮（山）上
　　　　　　　坤（地）下

山附于地，剥。上以厚下安宅。

剥床以足，以灭下也。

剥床以辨，未有与也。

剥之无咎，失上下也。

剥床以肤，切近灾也。

以宫人宠，终无尤也。

君子得舆，民所载也。

小人剥庐，终不可用也。

24. 复 坤（地）上 震（雷）下

雷在地中，复。先王以至日闭关，商旅不行，后不省方。
不远之复，以修身也。
休复之吉，以下仁也。
频复之厉，义无咎也。
中行独复，以从道也。
敦复无悔，中以自考也。
迷复之凶，反君道也。

25. 无妄 乾（天）上 震（雷）下

天下雷行，物与无妄。先王以茂对时，育万物。
无妄之往，得志也。
不耕获，未富也。
行人得牛，邑人灾也。
可贞无咎，固有之也。
无妄之药，不可试也。
无妄之行，穷之灾也。

26. 大畜 艮（山）上 乾（天）下

天在山中，大畜。君子以多识前言往行，以畜其德。
有厉利巳，不犯灾也。
舆说輹，中无尤也。
利有攸往，上合志也。
六四元吉，有喜也。
六五之吉，有庆也。

精校通行本 《赐》厰

何天之衢，道大行也。

27. 颐 ䷚ 艮（山）上
震（雷）下

山下有雷，颐。君子以慎言语，节饮食。

观我朵颐，亦不足贵也。

六二征凶，行失类也。

十年勿用，道大悖也。

颠颐之吉，上施光也。

居贞之吉，顺以从上也。

由颐厉吉，大有庆也。

28. 大过 ䷛ 兑（泽）上
巽（风）下

泽灭木，大过。君子以独立不惧，遁世无闷。

藉用白茅，柔在下也。

老夫女妻，过以相与也。

栋桡之凶，不可以有辅也。

栋隆之吉，不桡乎下也。

枯杨生华，何可久也。

老妇士夫，亦可丑也。

过涉之凶，不可咎也。

29. 习坎 ䷜ 坎（水）上
坎（水）下

水洊至，习坎。君子以常德行，习教事。

习坎入坎，失道凶也。

求小得，未出中也。

来之坎坎，终无功也。

尊酒簋贰，刚柔际也。

坎不盈，中未大也。

上六失道，凶三岁也。

30. 离　䷝　离（火）上
离（火）下

明两作，离。大人以继明照于四方。

履错之敬，以辟咎也。

黄离元吉，得中道也。

日昃之离，何可久也。

突如其来如，无所容也。

六五之吉，离王公也。

王用出征，以正邦也。

获匪其丑，大有功也。

31. 咸　䷞　兑（泽）上
艮（山）下

山上有泽，咸。君子以虚受人。

咸其拇，志在外也。

虽凶居吉，顺不害也。

咸其股，亦不处也，志在随人，所执下也。

贞吉悔亡，未感害也。

憧憧往来，未光大也。

咸其脢，志末也。

咸其辅颊舌，滕口说也。

32. 恒　䷟　震（雷）上
巽（风）下

雷风，恒。君子以立不易方。

浚恒之凶，始求深也。

九二悔亡，能久中也。

附录◇

精校通行本《周易》原文

不恒其德，无所容也。

久非其位，安得禽也。

妇人贞吉，从一而终也。夫子制义，从妇凶也。

振恒在上，大无功也。

33. 遁  乾（天）上
艮（山）下

天下有山，遁。君子以远小人，不恶而严。

遁尾之厉，不往何灾也。

执用黄牛，固志也。

系遁之厉，有疾惫也。

畜臣妾吉，不可大事也。

君子好遁，小人否也。

嘉遁贞吉，以正志也。

肥遁无不利，无所疑也。

34. 大壮 震（雷）上
乾（天）下

雷在天上，大壮。君子以非礼弗履。

壮于趾，其孚穷也。

九二贞吉，以中也。

小人用壮，君子用罔也。

藩决不羸，尚往也。

丧羊于易，位不当也。

不能退，不能遂，不详也。

艰则吉，咎不长也。

35. 晋 离（火）上
坤（地）下

明出地上，晋。君子以自昭明德。

易经新得

晋如摧如，独行正也。

裕无咎，未受命也。

受兹介福，以中正也。

众允之志，上行也。

鼫鼠贞厉，位不当也。

失得勿恤，往有庆也。

维用伐邑，道未光也。

36. 明夷 ䷣ 坤（地）上
离（火）下

明入地中，明夷。君子以莅众用晦而明。

君子于行，义不食也。

六二之吉，顺以则也。

南狩之志，乃大得也。

入于左腹，获心意也。

箕子之贞，明不可息也。

初登于天，照四国也。

后入于地，失则也。

37. 家人 ䷤ 巽（风）上
离（火）下

风自火出，家人。君子以言有物而行有恒。

闲有家，志未变也。

六二之吉，顺以巽也。

家人嗃嗃，未失也。

妇子嘻嘻，失家节也。

富家大吉，顺在位也。

王假有家，交相爱也。

威如之吉，反身之谓也。

附录 ◇ 精校通行本《陽》厥

38. 睽 ䷥ 离（火）上
兑（泽）下

上火下泽，睽。君子以同而异。

见恶人，以辟咎也。

遇主于巷，未失道也。

见舆曳，位不当也。

无初有终，遇刚也。

交孚无咎，志行也。

厥宗噬肤，往有庆也。

遇雨之吉，群疑亡也。

39. 蹇 ䷦ 坎（水）上
艮（山）下

山上有水，蹇。君子以反身修德。

往蹇来誉，宜待也。

王臣蹇蹇，终无尤也。

往蹇来反，内喜之也。

往蹇来连，当位实也。

大蹇朋来，以中节也。

往蹇来硕，志在内也。

利见大人，以从贵也。

40. 解 ䷧ 震（雷）上
坎（水）下

雷雨作，解。君子以赦过宥罪。

刚柔之际，义无咎也。

九二贞吉，得中道也。

负且乘，亦可丑也，自我致戎，又谁咎也。

解而拇，未当位也。

君子有解，小人退也。

公用射隼，以解悖也。

41. 损 ䷨ 艮（山）上
兑（泽）下

山下有泽，损。君子以惩忿窒欲。

已事遄往，尚合志也。

九二利贞，中以为志也。

一人行，三则疑也。

损其疾，亦可喜也。

六五元吉，自上佑也。

弗损益之，大得志也。

42. 益 ䷩ 巽（风）上
震（雷）下

风雷，益。君子以见善则迁，有过则改。

元吉无咎，下不厚事也。

或益之，自外来也。

益用凶事，固有之也。

告公从，以益志也。

有孚惠心，勿问之矣。

惠我德，大得志也。

莫益之，偏辞也。

或击之，自外来也。

43. 夬 ䷪ 兑（泽）上
乾（天）下

泽上于天，夬。君子以施禄及下，居德则忌。

不胜而往，咎也。

有戎勿恤，得中道也。

精校通行本
《周易》原文

君子夬夬，终无咎也。

其行次且，位不当也。

闻言不信，聪不明也。

中行无咎，中未光也。

无号之凶，终不可长也。

44. 姤  乾（天）上
巽（风）下

天下有风，姤。后以施命诰四方。

系于金柅，柔道牵也。

包有鱼，义不及宾也。

其行次且，行未牵也。

无鱼之凶，远民也。

九五含章，中正也。有陨自天，志不舍命也。

姤其角，上穷吝也。

45. 萃 兑（泽）上
坤（地）下

泽上于地，萃。君子以除戎器，戒不虞。

乃乱乃萃，其志乱也。

引吉无咎，中未变也。

往无咎，上巽也。

大吉无咎，位不当也。

萃有位，志未光也。

赍咨涕洟，未安上也。

46. 升 坤（地）上
巽（风）下

地中生木，升。君子以顺德，积小以高大。

允升大吉，上合志也。

九二之孚，有喜也。
升虚邑，无所疑也。
王用享于岐山，顺事也。
贞吉升阶，大得志也。
冥升在上，消不富也。

47. 困　　　兑（泽）上
　　　　　　　坎（水）下

泽无水，困。君子以致命遂志。
入于幽谷，幽不明也。
困于酒食，中有庆也。
据于蒺藜，乘刚也。
入于其宫，不见其妻，不祥也。
来徐徐，志在下也。虽不当位，有与也。
劓刖，志未得也。乃徐有说，以中直也。
利用祭祀，受福也。
困于葛藟，未当也。动悔有悔，吉行也。

48. 井　　　坎（水）上
　　　　　　　巽（风）下

木上有水，井。君子以劳民劝相。
井泥不食，下也。旧井无禽，时舍也。
井谷射鲋，无与也。
井渫不食，行恻也。求王明，受福也。
井甃无咎，修井也。
寒泉之食，中正也。
元吉在上，大成也。

49. 革　　　兑（泽）上
　　　　　　　离（火）下

泽中有火，革。君子以治历明时。

附录◇ 精校通行本《闍易》厥

巩用黄牛，不可以有为也。
巳日革之，行有嘉也。
革言三就，又何之矣。
改命之吉，信志也。
大人虎变，其文炳也。
君子豹变，其文蔚也。
小人革面，顺以从君也。

50. 鼎  离（火）上
巽（风）下

木上有火，鼎。君子以正位凝命。
鼎颠趾，未悖也。利出否，以从贵也。
鼎有实，慎所之也。我仇有疾，终无尤也。
鼎耳革，失其义也。
覆公𫗧，信如何也。
鼎黄耳，中以为实也。
玉铉在上，刚柔节也。

51. 震 震（雷）上
震（雷）下

洊雷，震。君子以恐惧修省。
震来虩虩，恐致福也。
笑言哑哑，后有则也。
震来厉，乘刚也。
震苏苏，位不当也。
震遂泥，未光也。
震往来厉，危行也。其事在中，大无丧也。
震索索，中未得也。虽凶无咎，畏邻戒也。

52. 艮　☶　艮（山）上
　　　　　　　　　艮（山）下

兼山，艮。君子以思不出其位。

艮其趾，未失正也。

不拯其随，未退听也。

艮其限，危薰心也。

艮其身，止诸躬也。

艮其辅，以中正也。

敦艮之吉，以厚终也。

53. 渐　☴　巽（风）上
　　　　　　　　　艮（山）下

山上有木，渐。君子以居贤德善俗。

小子之厉，义无咎也。

饮食衍衍，不素饱也。

夫征不复，离群丑也。

妇孕不育，失其道也。

利用御寇，顺相保也。

或得其桷，顺以巽也。

终莫之胜吉，得所愿也。

其羽可用为仪吉，不可乱也。

54. 归妹　☳　震（雷）上
　　　　　　　　　　　兑（泽）下

泽上有雷，归妹。君子以永终知敝。

归妹以娣，以恒也。

跛能履吉，相承也。

利幽人之贞，未变常也。

归妹以须，未当也。

附录◇

精校通行本
《周易》原文

愆期之志，有待而行也。

帝乙归妹，不如其娣之袂良也。其位在中，以贵行也。

上六无实，承虚筐也。

55. 丰 ䷶ 震（雷）上 / 离（火）下

雷电皆至，丰。君子以折狱致刑。

虽旬无咎，过旬灾也。

有孚发若，信以发志也。

丰其沛，不可大事也。

折其右肱，终不可用也。

丰其蔀，位不当也。

日中见斗，幽不明也。

遇其夷主，吉行也。

六五之吉，有庆也。

丰其屋，天际翔也。

窥其户，阒其无人，自藏也。

56. 旅 ䷷ 离（火）上 / 艮（山）下

山上有火，旅。君子以明慎用刑，而不留狱。

旅琐琐，志穷灾也。

得童仆贞，终无尤也。

旅焚其次，亦以伤矣。以旅与下，其义丧也。

旅于处，未得位也。得其资斧，心未快也。

终以誉命，上逮也。

以旅在上，其义焚也。丧牛于易，终莫之闻也。

57. 巽 ䷸ 巽（风）上 / 巽（风）下

随风，巽。君子以申命行事。

进退，志疑也。利武人之贞，志治也。

纷若之吉，得中也。

频巽之吝，志穷也。

田获三品，有功也。

九五之吉，位正中也。

巽在床下，上穷也。丧其资斧，正乎凶也。

58. 兌 ䷹ 兑（泽）上
兑（泽）下

丽泽，兑。君子以朋友讲习。

和兑之吉，行未疑也。

孚兑之吉，信志也。

来兑之凶，位不当也。

九四之喜，有庆也。

孚于剥，位正当也。

上六引兑，未光也。

59. 涣 ䷺ 巽（风）上
坎（水）下

风行水上，涣。先王以享于帝，立庙。

初六之吉，顺也。

涣奔其机，得愿也。

涣其躬，志在外也。

涣其群元吉，光大也。

王居无咎，正位也。

涣其血，远害也。

60. 节 ䷻ 坎（水）上
兑（泽）下

泽上有水，节。君子以制数度，议德行。

附录
精校通行本
《陽易》原文

不出户庭，知通塞也。
不出门庭凶，失时极也。
不节之嗟，又谁咎也。
安节之亨，承上道也。
甘节之吉，居位中也。
苦节贞凶，其道穷也。

61. 中孚  巽（风）上
兑（泽）下

泽上有风，中孚。君子以议狱缓死。
初九虞吉，志未变也。
其子和之，中心愿也。
或鼓或罢，位不当也。
马匹亡，绝类上也。
有孚挛如，位正当也。
翰音登于天，何可长也。

62. 小过 震（雷）上
艮（山）下

山上有雷，小过。君子以行过乎恭，丧过乎哀，用过乎俭。
飞鸟以凶，不可如何也。
不及其君，臣不可过也。
从或戕之，凶如何也。
弗过遇之，位不当也。
往厉必戒，终不可长也。
密云不雨，已上也。
弗遇过之，已亢也。

63. 既济 坎（水）上
离（火）下

水在火上，既济。君子以思患而豫防之。

曳其轮，义无咎也。

七日得，以中道也。

三年克之，惫也。

终日戒，有所疑也。

东邻杀牛，不如西邻之时也。实受其福，吉大来也。

濡其首厉，何可久也。

64. 未济 离（火）上
坎（水）下

火在水上，未济。君子以慎辨物居方。

濡其尾，亦不知极也。

九二贞吉，中以行正也。

未济征凶，位不当也。

贞吉悔亡，志行也。

君子之光，其晖吉也。

饮酒濡首，亦不知节也。

附录◇

精校通行本
《周易》原文

《周易·系辞上》

第一章

　　天尊地卑，《乾》《坤》定矣。卑高以陈，贵贱位矣。动静有常，刚柔断矣。方以类聚，物以群分，吉凶生矣。在天成象，在地成形，变化见矣。是故刚柔相摩，八卦相荡。鼓之以雷霆，润之以风雨，日月运行，一寒一暑。《乾》道成男，《坤》道成女。《乾》知大始，《坤》作成物。《乾》以易知，《坤》以简能。易则易知，简则易从。易知则有亲，易从则有功。有亲则可久，有功则可大。可久则贤人之德，可大则贤人之业。易简而天下之理得矣。天下之理得，而《易》成位乎其中矣。

第二章

　　圣人设卦观象，系辞焉而明吉凶，刚柔相推而生变化。是故"吉凶"者，失得之象也；"悔吝"者，忧虞之象也；"变化"者，进退之象也；"刚柔"者，昼夜之象也；六爻之动，三极之道也。是故君子所居而安者，《易》之序也；所乐而玩者，爻之辞也。是故君子居则观其象而玩其辞，动则观其变而玩其占。是以"自天佑之。吉，无不利"。

第三章

　　彖者言乎象者也，爻者言乎变者也，吉凶者言乎其失得也，悔吝者言乎其小疵也，无咎者善补过也。是故列贵贱者存乎位，齐小大者存乎卦，辨吉凶者存乎辞，忧悔吝者存乎介，震无咎者存乎悔。是故卦有小大，辞有险易。辞也者，各指其所之。《易》与天地准，故能弥纶天地之道。仰以观于天文，俯以察于地理。是故知幽明之故，原始反终，故知死生之说。

第四章

精气为物，游魂为变，是故知鬼神之情状。与天地相似，故不违；知周乎万物而道济天下，故不过；旁行而不流；乐天知命故不忧；安土敦乎仁故能爱；范围天地之化而不过；曲成万物而不遗；通乎昼夜之道而知，故神无方而《易》无体。一阴一阳之谓道。继之者善也，成之者性也。仁者见之谓之仁，知者见之谓之知，百姓日用而不知。故君子之道鲜矣。

第五章

显诸仁，藏诸用，鼓万物而不与圣人同忧，盛德大业至矣哉。富有之谓大业，日新之谓盛德。生生之谓《易》，成象之谓《乾》，效法之谓《坤》，极数知来之谓占，通变之谓事，阴阳不测之谓神。夫《易》广矣大矣，以言乎远则不御，以言乎迩则静而正，以言乎天地之间则备矣。夫《乾》，其静也专，其动也直，是以大生焉。夫《坤》，其静也翕，其动也辟，是以广生焉。广大配天地，变通配四时，阴阳之义配日月，易简之善配至德。子曰：《易》其至矣乎！夫《易》，圣人所以崇德而广业也。知崇礼卑，崇效天，卑法地。天地设位，而《易》行乎其中矣。成性存存，道义之门。

第六章

圣人有以见天下之赜，而拟诸其形容，象其物宜，是故谓之象。圣人有以见天下之动，而观其会通，以行其典礼，系辞焉以断其吉凶，是故谓之爻。言天下之至赜而不可恶也。言天下之至动而不可乱也。拟之而后言，议之而后动，拟议以成其变化。

"鸣鹤在阴，其子和之，我有好爵，吾与尔靡之。"子曰：君子居其室，出其言，善，则千里之外应之，况其迩者乎？居其室，出其言，不善，则千里之外违之，况其迩者乎？言出乎身，加乎民；行发乎迩，见乎远。言行，君子之枢机，枢机之发，荣辱之主也。言行，君子之所以动天地也，可不慎乎？

"同人先号咷而后笑。"子曰：君子之道，或出或处，或默或语。二人同心，其利断金。同心之言，其臭如兰。

"初六：藉用白茅，无咎。"子曰：苟错诸地而可矣。藉之用茅，何咎之有？慎之至也。夫茅之为物薄，而用可重也。慎斯术也以往，其无所失矣。

"劳谦，君子有终，吉。"子曰：劳而不伐，有功而不德，厚之至也。语以其功下人者也。德言盛，礼言恭。谦也者，致恭以存其位者也。

"亢龙有悔。"子曰：贵而无位，高而无民，贤人在下位而无辅，是以动而有悔也。

"不出户庭，无咎。"子曰：乱之所生也，则言语以为阶。君不密则失臣，臣不密则失身，几事不密则害成，是以君子慎密而不出也。

子曰：作《易》者其知盗乎？《易》曰："负且乘，致寇至。"负也者，小人之事也。乘也者，君子之器也。小人而乘君子之器，盗思夺之矣。上慢下暴，盗思伐之矣。慢藏诲盗，冶容诲淫。《易》曰："负且乘，致寇至。"盗之招也。

易经新得

第七章

天一、地二，天三、地四，天五、地六，天七、地八，天九、地十。天数五，地数五，五位相得而各有合。天数二十有五，地数三十，凡天地之数五十有五。此所以成变化而行鬼神也。大衍之数五十（有五），其用四十有九，分而为二以象两，挂一以象三，揲之以四以象四时，归奇于扐以象闰，五岁再闰，故再扐而后挂。《乾》之策二百一十有六，《坤》之策百四十有四，凡三百有六十，当期之日。二篇之策，万有一千五百二十，当万物之数也。是故四营而成《易》，十有八变而成卦。八卦而小成。引而伸之，触类而长之，天下之能事毕矣。显道神德行，是故可与酬酢，可与佑神矣。子曰：知变化之道者，其知神之所为乎！

第八章

《易》有圣人之道四焉：以言者尚其辞，以动者尚其变，以制器者尚其象，以卜筮者尚其占。是以君子将有为也，将有行也，问焉而以言，其受命也如响，无有远近幽深，遂知来物。非天下之至精，其孰能与于此？参伍以变，错综其数。通其变，遂成天地之文；极其数，遂定天下之象。非天下之至变，其孰能与于此？《易》无思也，无为也，寂然不动，感而遂通天下之故。非天下之至神，其孰能与于此？夫《易》，圣人之所以极深而研几也。唯深也，故能通天下之志；唯几也，故能成天下之务；唯神也，故不疾而速，不行而至。子曰：《易》有圣人之道四焉者，此之谓也。

第九章

子曰：夫《易》何为者也？夫《易》，开物成务，冒天下之道，如斯而已者也。是故圣人以通天下之志，以定天下之业，以断天下之疑。是故蓍之德圆而神，卦之德方以知，六爻之义易以贡。圣人以此洗心，退藏于密，吉凶与民同患，神以知来，知以藏往。其孰能与于此哉！古之聪明睿知神武而不杀者夫！是以明于天之道，而察于民之故，是兴神物，以前民用。圣人以此斋戒，以神明其德夫。是故阖户谓之《坤》，辟户谓之《乾》，一阖一辟谓之变，往来不穷谓之通，见乃谓之象，形乃谓之器，制而用之谓之法，利用出入民咸用之谓之神。是故《易》有太极，是生两仪，两仪生四象，四象生八卦，八卦定吉凶，吉凶生大业。是故法象莫大乎天地，变通莫大乎四时，悬象著明莫大乎日月，崇高莫大乎富贵，备物致用、立成器以为天下利莫大乎圣人，探赜索隐、钩深致远以定天下之吉凶、成天下之亹亹者莫大乎蓍龟。是故天生神物，圣人则之；天地变化，圣人效之；天垂象见吉凶，圣人象之；河出《图》、洛出《书》，圣人则之。《易》有四象，所以示也。系辞焉，所以告也。定之吉凶，所以断也。《易》曰：自天佑之，吉无不利。子曰：佑者，助也。天之所助者顺也，人之所助者信也。履信思乎顺，又以尚贤也。是以自天佑之，吉无不利也。

第十章

子曰：书不尽言，言不尽意。然则圣人之意其不可见乎。子曰：圣人立象以尽意，设卦以尽情伪，系辞焉以尽其言，变而通之以尽利，鼓之舞之以尽神。《乾》《坤》其《易》之缊邪。《乾》《坤》成列，而《易》立乎其中矣。《乾》《坤》毁则无以见《易》。《易》不可见，则《乾》《坤》或几乎息矣。是故形而上者谓之道，形而下者谓之器，化而裁之谓之变，推而行之谓之通，举而错之天下之民谓之事业。是故夫象，圣人有以见天下之赜，而拟诸其形容，象其物宜，是故谓之象。圣人有以见天下之动，而观其会通以行其典礼，系辞焉以断其吉凶，是故谓之爻。极天下之赜者存乎卦，鼓天下之动者存乎辞，化而裁之存乎变，推而行之存乎通，神而明之存乎其人，默而成之，不言而信，存乎德行。

《周易·系辞下》

附录◇ 精校通行本《賜》殿

第一章

　　八卦成列，象在其中矣。因而重之，爻在其中矣。刚柔相推，变在其中矣。系辞焉而命之，动在其中矣。吉凶悔吝者，生乎动者也。刚柔者，立本者也。变通者，趣时者也。吉凶者，贞胜者也。天地之道，贞观者也。日月之道，贞明者也。天下之动，贞夫一者也。夫《乾》，确然示人易矣。夫《坤》，隤然示人简矣。爻也者，效此者也。象也者，像此者也。爻象动乎内，吉凶见乎外，功业见乎变，圣人之情见乎辞。天地之大德，曰生。圣人之大宝，曰位。何以守位，曰仁。何以聚人，曰财。理财正辞、禁民为非，曰义。

第二章

　　古者包牺氏之王天下也，仰则观象于天，俯则观法于地，观鸟兽之文，与地之宜，近取诸身，远取诸物，于是始作八卦。以通神明之德，以类万物之情。作结绳而为网罟，以佃以渔，盖取诸《离》。包牺氏没，神农氏作，斫木为耜，揉木为耒，耒耨之利，以教天下，盖取诸《益》。日中为市，致天下之民，聚天下之货，交易而退，各得其所，盖取诸《噬嗑》。神农氏没，黄帝、尧、舜氏作，通其变，使民不倦，神而化之，使民宜之。《易》：穷则变，变则通，通则久。是以自天佑之，吉无不利。黄帝、尧、舜垂衣裳而天下治，盖取诸《乾》《坤》。刳木为舟，剡木为楫，舟楫之利，以济不通，致远以利天下，盖取诸《涣》。服牛乘马，引重致远，以利天下，盖取诸《随》。重门击柝，以待暴客，盖取诸《豫》。断木为杵，掘地为臼，臼杵之利，万民以济，盖取诸《小过》。弦木为弧，剡木为矢，弧矢之利，以威天下，盖取诸《睽》。上古穴居而野处，后世圣人易之以宫室，上栋下宇，以待风雨，盖取诸《大壮》。古之葬者，厚衣之以薪，葬之中野，不封不树，丧期无数，后世圣人易之以棺椁，盖取诸《大过》。上古结绳而治，后世圣人易之以书契，百官以治，万民以察，盖取诸《夬》。是故《易》者象也，象也者像也。

第三章

象者，材也。爻也者，效天下之动者也。是故吉凶生而悔吝著也。阳卦多阴，阴卦多阳。其故何也？阳卦奇，阴卦耦。其德行何也？阳，一君而二民，君子之道也。阴，二君而一民，小人之道也。

第四章

《易》曰："憧憧往来，朋从尔思。"子曰：天下何思何虑？天下同归而殊途，一致而百虑。天下何思何虑？日往则月来，月往则日来，日月相推而明生焉。寒往则暑来，暑往则寒来，寒暑相推而岁成焉。往者屈也，来者信也，屈信相感而利生焉。尺蠖之屈，以求信也。龙蛇之蛰，以存身也。精义入神，以致用也。利用安身，以崇德也。过此以往，未之或知也。穷神知化，德之盛也。

《易》曰："困于石，据于蒺藜，入于其宫，不见其妻。凶。"子曰：非所困而困焉，名必辱。非所据而据焉，身必危。既辱且危，死期将至，妻其可得见邪？

《易》曰："公用射隼于高墉之上，获之无不利。"子曰：隼者，禽也。弓矢者，器也。射之者，人也。君子藏器于身，待时而动，何不利之有？动而不括，是以出而有获。语成器而动者也。子曰：小人不耻不仁，不畏不义，不见利不劝，不威不惩，小惩而大诫。此小人之福也。

《易》曰："屦校灭趾，无咎。"此之谓也。

善不积不足以成名，恶不积不足以灭身。小人以小善为无益而弗为也，以小恶为无伤而弗去也。故恶积而不可掩，罪大而不可解。《易》曰："何校灭耳，凶。"

子曰：危者安其位者也，亡者保其存者也，乱者有其治者也。是故君子安而不忘危，存而不忘亡，治而不忘乱。是以身安而国家可保也。《易》曰："其亡其亡，系于苞桑。"

子曰：德薄而位尊，知小而谋大，力小而任重，鲜不及矣。《易》曰："鼎折足，覆公餗，其形渥，凶。"言不胜其任也。

子曰：知几其神乎？君子上交不谄，下交不渎，其知几乎？几者动之微，吉之先见者也。君子见几而作，不俟终日。《易》曰："介于石，不终日，贞吉。"介如石焉，宁用终日，断可识矣。君子知微知彰，知柔知刚，万夫之望。

子曰：颜氏之子，其殆庶几乎？有不善，未尝不知，知之未尝复行也。《易》曰："不远复，无祗悔，元吉。"

天地絪缊，万物化醇，男女构精，万物化生。《易》曰："三人行，则损一人。一人行，则得其友。"言致一也。

子曰：君子安其身而后动，易其心而后语，定其交而后求。君子修此三者故全也。危以动则民不与也，惧以语则民不应也，无交而求则民不与也。莫之与则伤之者至矣。《易》曰："莫益之。或击之。立心勿恒，凶。"

第五章

子曰：《乾》《坤》其《易》之门邪？《乾》，阳物也。《坤》，阴物也。阴阳合德而刚柔有体，以体天地之撰，以通神明之德。其称名也杂而不越，于稽其类，其衰世之意邪。夫《易》，彰往而察来，而微显阐幽，开而当名辨物，正言断辞，则备矣。其称名也小，其取类也大，其旨远，其辞文，其言曲而中，其事肆而隐。因贰以济民行，以明失得之报。

第六章

《易》之兴也，其于中古乎？作《易》者其有忧患乎？是故：《履》，德之基也；《谦》，德之柄也；《复》，德之本也；《恒》，德之固也；《损》，德之修也；《益》，德之裕也；《困》，德之辨也；《井》，德之地也；《巽》，德之制也。《履》，和而至；《谦》，尊而光；《复》，小而辨于物；《恒》，杂而不厌；《损》，先难而后易；《益》，长裕而不设；《困》，穷而通；《井》，居其所而迁；《巽》，称而隐。《履》以和行，《谦》以制礼，《复》以自知，《恒》以一德，《损》以远害，《益》以兴利，《困》以寡怨，《井》以辨义，《巽》以行权。

第七章

《易》之为书也，不可远，为道也屡迁。变动不居，周流六虚，上下无常，刚柔相易，不可为典要，唯变所适。其出入以度，外内使知惧，又明于忧患与故。无有师保，如临父母。初率其辞，而揆其方，既有典常，苟非其人，道不虚行。

第八章

《易》之为书也，原始要终以为质也。六爻相杂，唯其时物也。其初难知，其上易知，本末也。初辞拟之，卒成之终。若夫杂物撰德，辨是与非，则非其中爻不备。噫！亦要存亡吉凶，则居可知矣。知者观其彖辞，则思过半矣。二与四同功而异位，其善不同，二多誉，四多惧，近也。柔之为道，不利远者，其要无咎，其用柔中也。三与五同功而异位，三多凶，五多功，贵贱之等也。其柔危，其刚胜邪？

第九章

《易》之为书也，广大悉备。有天道焉，有人道焉，有地道焉。兼三才而两之，故六。六者，非它也，三才之道也。道有变动，故曰爻；爻有等，故曰物；物相杂，故曰文；文不当故吉凶生焉。

《易》之兴也，其当殷之末世，周之盛德邪？当文王与纣之事邪？是故其辞危，危者使平，易者使倾。其道甚大，百物不废，惧以终始，其要无咎。此之谓《易》之道也。

第十章

夫《乾》，天下之至健也，德行恒易以知险。夫《坤》，天下之至顺也，德行恒简以知阻。能说诸心，能研诸侯之虑，定天下之吉凶，成天下之亹亹者。是故变化云为，吉事有祥，象事知器，占事知来。天地设位，圣人成能，人谋鬼谋，百姓与能。八卦以象告，爻象以情言，刚柔杂居，而吉凶可见矣。变动以利言，吉凶以情迁。是故爱恶相攻而吉凶生，远近相取而悔吝生，情伪相感而利害生。凡《易》之情，近而不相得则凶，或害之，悔且吝。将叛者，其辞惭，中心疑者，其辞枝，吉人之辞寡，躁人之辞多，诬善之人，其辞游，失其守者，其辞屈。

《周易·文言》

乾 卦

元者，善之长也。亨者，嘉之会也。利者，义之和也。贞者，事之干也。君子体仁足以长人，嘉会足以合礼，利物足以合义，贞固足以干事。君子行此四德者，故曰："乾，元，亨，利，贞。"

初九曰："潜龙勿用。"何谓也？子曰："龙，德而隐者也。不易乎世，不成乎名。遁世无闷，不见是而无闷。乐则行之，忧则违之。确乎其不可拔，'潜龙'也。"

九二曰："见龙在田，利见大人。"何谓也？子曰："龙，德而正中者也。庸言之信，庸行之谨，闲邪存其诚，善世而不伐，德博而化。《易》曰'见龙在田，利见大人'，君德也。"

九三曰："君子终日乾乾，夕惕若，厉无咎。"何谓也？子曰："君子进德修业。忠信，所以进德也。修辞立其诚，所以居业也。知至至之，可与言几也。知终终之，可与存义也。是故居上位而不骄，在下位而不忧。故'乾乾'因其时而'惕'，虽'危'，'无咎'矣。"

九四曰："或跃在渊，无咎。"何谓也？子曰："上下无常，非为邪也。进退无恒，非离群也。君子进德修业，欲及时也，故'无咎'。"

九五曰："飞龙在天，利见大人。"何谓也？子曰："同声相应，同气相求。水流湿，火就燥，云从龙，风从虎。圣人作而万物睹，本乎天者亲上，本乎地者亲下，则各从其类也。"

上九曰："亢龙有悔。"何谓也？子曰："贵而无位，高而无民，贤人在下位而无辅，是以动而有悔也。"

"潜龙勿用"，下也。"见龙在田"，时舍也。"终日乾乾"，行事也。"或跃在渊"，自试也。"飞龙在天"，上治也。"亢龙有悔"，穷之灾也。"乾元用九"，天下治也。

"潜龙勿用"，阳气潜藏。"见龙在田"，天下文明。"终日乾乾"，与时偕行。"或跃在渊"，乾道乃革。"飞龙在天"，乃位乎天德。"亢龙有悔"，与时偕极。"乾元用九"，乃见天则。

乾元者，始而亨者也。利贞者，性情也。乾始能以美利利天下，不言所利。大矣哉！大哉乾乎！刚健中正，纯粹精也。

六爻发挥，旁通情也。时乘六龙以御天也。云行雨施，天下平也。

君子以成德为行，日可见之行也。潜之为言也，隐而未见，行而未成，是以君子弗用也。

君子学以聚之，问以辨之，宽以居之，仁以行之。《易》曰："见龙在田，利见大人。"君德也。

九三，重刚而不中，上不在天，下不在田。故乾乾因其时而惕，虽危无咎矣。

九四，重刚而不中，上不在天，下不在田，中不在人，故或之。或之者，疑之也，故无咎。

夫大人者，与天地合其德，与日月合其明，与四时合其序，与鬼神合其吉凶。先天而天弗违，后天而奉天时。天且弗违，而况于人乎？况于鬼神乎？

亢之为言也，知进而不知退，知存而不知亡，知得而不知丧。其为圣人乎！知进退存亡而不失其正者，其唯圣人乎！

坤　卦

坤，至柔而动也刚，至静而德方，后得主而有常，含万物而化光。坤道其顺乎！承天而时行。

积善之家，必有余庆；积不善之家，必有余殃。臣弑其君，子弑其父，非一朝一夕之故，其所由来者渐矣，由辨之不早辨也。《易》曰："履霜坚冰至。"盖言顺也。

直其正也，方其义也。君子敬以直内，义以方外，敬义立而德不孤。直、方、大，不习无不利。则不疑其所行也。

阴虽有美，含之，以从王事，弗敢成也。地道也，妻道也，臣道也。地道无成而代有终也。

天地变化，草木蕃。天地闭，贤人隐。《易》曰："括囊，无咎，无誉。"盖言谨也。

君子黄中通理，正位居体，美在其中，而畅于四支，发于事业，美之至也。

阴疑于阳必战。为其嫌于无阳也，故称龙焉。犹未离其类也，故称血焉。夫玄黄者，天地之杂也，天玄而地黄。

《周易·说卦》

附录◇

精校通行本
《赐》廠文

第一章

昔者圣人之作《易》也，幽赞于神明而生蓍，参天两地而倚数，观变于阴阳而立卦，发挥于刚柔而生爻，和顺于道德而理于义，穷理尽性以至于命。

第二章

昔者圣人之作《易》也，将以顺性命之理。是以立天之道曰阴与阳，立地之道曰柔与刚，立人之道曰仁与义。兼三才而两之，故《易》六画而成卦。分阴分阳，迭用柔刚，故《易》六位而成章。

第三章

天地定位，山泽通气，雷风相薄，水火不相射，八卦相错，数往者顺，知来者逆，是故《易》逆数也。

第四章

雷以动之，风以散之，雨以润之，日以烜之，艮以止之，兑以说之，乾以君之，坤以藏之。

第五章

帝出乎震，齐乎巽，相见乎离，致役乎坤，说言乎兑，战乎乾，劳乎坎，成言乎艮。

万物出乎震，震东方也。齐乎巽，巽东南也。齐也者，言万物之洁齐也。离也者明也，万物皆相见，南方之卦也。圣人南面而听天下，向明而治，盖取诸此也。坤也者地也，万物皆致养焉，故曰致役乎坤。兑，正秋也，万物之所说也，故曰说言乎兑。战乎乾，乾，西北之卦也，言阴阳相薄也。坎者水也，正北方之卦也，劳卦也，万物之所归也，故曰劳乎坎。艮，东北之卦也，万物之所成终而所成始也，故曰成言乎艮。

第六章

神也者，妙万物而为言者也。动万物者莫疾乎雷，桡万物者莫疾乎风，燥万物者莫熯乎火，说万物者莫说乎泽，润万物者莫润乎水，终万物始万物者莫盛乎艮。故水火相逮，雷风不相悖，山泽通气，然后能变化，既成万物也。

第七章

乾，健也。坤，顺也。震，动也。巽，入也。
坎，陷也。离，丽也。艮，止也。兑，说也。

第八章

乾为马，坤为牛，震为龙，巽为鸡，坎为豕，离为雉，艮为狗，兑为羊。

易经新得

第九章

乾为首，坤为腹，震为足，巽为股，坎为耳，离为目，艮为手，兑为口。

第十章

乾，天也，故称乎父。坤，地也，故称乎母。震，一索而得男，故谓之长男。巽，一索而得女，故谓之长女。坎，再索而得男，故谓之中男。离，再索而得女，故谓之中女。艮，三索而得男，故谓之少男。兑，三索而得女，故谓之少女。

第十一章

乾为天、为圜、为君、为父、为玉、为金、为寒、为冰、为大赤、为良马、为老马、为瘠马、为驳马、为木果。

坤为地、为母、为布、为釜、为吝啬、为均、为子母牛、为大舆、为文、为众、为柄，其于地也为黑。

震为雷、为龙、为玄黄、为旉、为大涂、为长子、为决躁、为苍莨竹、为萑苇。其于马也，为善鸣、为馵足、为作足、为的颡。其于稼也，为反生。其究为健，为蕃鲜。

巽为木、为风、为长女、为绳直、为工、为白、为长、为高、为进退、为不果、为臭。其于人也，为寡发、为广颡、为多白眼、为近利市三倍。其究为躁卦。

坎为水、为沟渎、为隐伏、为矫轙、为弓轮。其于人也，为加忧、为心病、为耳痛、为血卦、为赤。其于马也，为美脊、为亟心、为下首、为薄蹄、为曳。其于舆也，为多眚、为通、为月、为盗。其于木也，为坚多心。

离为火、为日、为电、为中女、为甲胄、为戈兵。其于人

附录 ◇ 精校通行本《周易》原文

也，为大腹、为乾卦、为鳖、为蟹、为蠃、为蚌、为龟。其于木也，为科上槁。

艮为山、为径路、为小石、为门阙、为果蓏、为阍寺、为指、为狗、为鼠、为黔喙之属。其于木也，为坚多节。

兑为泽、为少女、为巫、为口舌、为毁折、为附决。其于地也，为刚卤、为妾、为羊。

《周易·序卦》

上 篇

　　有天地然后万物生焉，盈天地之间者唯万物，故受之以屯。屯者，盈也。屯者，物之始生也。物生必蒙，故受之以蒙。蒙者，蒙也，物之稚也。物稚不可不养也，故受之以需。需者，饮食之道也。饮食必有讼，故受之以讼。讼必有众起，故受之以师。师者，众也。众必有所比，故受之以比。比者，比也。比必有所畜，故受之以小畜。物畜然后有礼，故受之以履。履者，礼也。履而泰然后安，故受之以泰。泰者，通也。物不可以终通，故受之以否。物不可以终否，故受之以同人。与人同者，物必归焉，故受之以大有。有大者，不可以盈，故受之以谦。有大而能谦必豫，故受之以豫。豫必有随，故受之以随。以喜随人者必有事，故受之以蛊。蛊者，事也。有事而后可大，故受之以临。临者，大也。物大然后可观，故受之以观。可观而后有所合，故受之以噬嗑。嗑者，合也。物不可以苟合而已，故受之以贲。贲者，饰也。致饰然后亨则尽矣，故受之以剥。剥者，剥也。物不可以终尽，剥穷上反下，故受之以复。复则不妄矣，故受之以无妄。有无妄然后可畜，故受之以大畜。物畜然后可养，故受之以颐。颐者，养也。不养则不可动，故受之以大过。物不可以终过，故受之以坎。坎者，陷也。陷必有所丽，故受之以离。离者，丽也。

下 篇

　　有天地然后有万物，有万物然后有男女，有男女然后有夫

妇，有夫妇然后有父子，有父子然后有君臣，有君臣然后有上下，有上下然后礼义有所错。夫妇之道不可以不久也，故受之以恒。恒者，久也。物不可以久居其所，故受之以遁。遁者，退也。物不可以终遁，故受之以大壮。物不可以终壮，故受之以晋。晋者，进也。进必有所伤，故受之以明夷。夷者，伤也。伤于外者必反于家，故受之以家人。家道穷必乖，故受之以睽。睽者，乖也。乖必有难，故受之以蹇。蹇者，难也。物不可以终难，故受之以解。解者，缓也。缓必有所失，故受之以损。损而不已必益，故受之以益。益而不已必决，故受之以夬。夬者，决也。决必有所遇，故受之以姤。姤者，遇也。物相遇而后聚，故受之以萃。萃者，聚也。聚而上者谓之升，故受之以升。升而不已必困，故受之以困。困乎上者必反下，故受之以井。井道不可不革，故受之以革。革物者莫若鼎，故受之以鼎。主器者莫若长子，故受之以震。震者，动也。物不可以终动，止之，故受之以艮。艮者，止也。物不可以终止，故受之以渐。渐者，进也。进必有所归，故受之以归妹。得其所归者必大，故受之以丰。丰者，大也。穷大者必失其居，故受之以旅。旅而无所容，故受之以巽。巽者，入也。入而后说之，故受之以兑。兑者，说也。说而后散之，故受之以涣。涣者，离也。物不可以终离，故受之以节。节而信之，故受之以中孚。有其信者必行之，故受之以小过。有过物者必济，故受之以既济。物不可穷也，故受之以未济终焉。

《周易·杂卦》

　　乾，刚。坤，柔。比，乐。师，忧。临、观之义，或与，或求。屯，见而不失其居。蒙，杂而著。震，起也。艮，止也。损、益，盛衰之始也。大畜，时也。无妄，灾也。萃聚而升不来也。谦轻而豫怠也。噬嗑，食也。贲，无色也。兑见而巽伏也。随，无故也。蛊，则饰也。剥，烂也。复，反也。晋，昼也。明夷，诛也。井通而困相遇也。咸，速也。恒，久也。涣，离也。节，止也。解，缓也。蹇，难也。睽，外也。家人，内也。否、泰，反其类也。大壮则止。遁则退也。大有，众也。同人，亲也。革，去故也。鼎，取新也。小过，过也。中孚，信也。丰，多故也。亲寡，旅也。离上而坎下也。小畜，寡也。履，不处也。需，不进也。讼，不亲也。大过，颠也。姤，遇也，柔遇刚也。渐，女归待男行也。颐，养正也。既济，定也。归妹，女之终也。未济，男之穷也。夬，决也，刚决柔也。君子道长，小人道忧也。

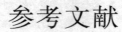

参考文献

[1] 习近平. 习近平谈治国理政第一卷 [M]. 北京：外文出版社有限责任公司，2014.

[2] 习近平. 习近平谈治国理政第二卷 [M]. 北京：外文出版社有限责任公司，2017.

[3] 习近平. 决胜全面建成小康社会 夺取新时代中国特色社会主义伟大胜利——在中国共产党第十九次全国代表大会上的报告 [M]. 北京：人民出版社，2017.

[4] 王应麟编. 周易郑康成注 [M]. 北京：商务印书馆，2005.

[5] 王弼注 陆德明音义 孔颖达疏. 周易注疏 [M]. 北京：商务印书馆，2005.

[6] 李鼎祚. 周易集解 [M]. 北京：商务印书馆，2005.

[7] 程颐. 伊川易传 [M]. 北京：商务印书馆，2005.

[8] 朱震. 汉上易传 [M]. 北京：商务印书馆，2005.

[9] 林栗. 周易经传集解 [M]. 北京：商务印书馆，2005.

[10] 朱熹. 周易本义 [M]. 北京：商务印书馆，2005.

[11] 张栻. 南轩易说 [M]. 北京：商务印书馆，2005.

[12] 项安世. 周易玩辞 [M]. 北京：商务印书馆，2005.

[13] 杨万里. 诚斋易传 [M]. 北京：商务印书馆，2005.

[14] 王宗传. 童溪易传 [M]. 北京：商务印书馆，2005.

[15] 蔡渊. 周易卦爻经传训解 [M]. 北京：商务印书馆，2005.

[16] 俞琰. 周易集说 [M]. 北京：商务印书馆，2005.

[17] 胡一桂. 周易启蒙翼传 [M]. 北京：商务印书馆，2005.

[18] 吴澄. 易纂言 [M]. 北京：商务印书馆，2005.

[19] 胡炳文. 周易本义通释 [M]. 北京：商务印书馆，2005.

[20] 熊良辅. 周易本义集成 [M]. 北京：商务印书馆，2005.

[21] 胡广. 周易大全 [M]. 北京：商务印书馆，2005.

[22] 蔡清. 易经蒙引 [M]. 北京：商务印书馆，2005.

参考文献◇

［23］林希元. 易经存疑［M］. 北京：商务印书馆，2005.

［24］来知德. 周易集注［M］. 北京：商务印书馆，2005.

［25］李光地. 御纂周易折中［M］. 北京：商务印书馆，2005.

［26］孙奇逢. 读易大旨［M］. 北京：商务印书馆，2005.

［27］王夫之. 周易稗疏［M］. 北京：商务印书馆，2005.

［28］黄宗羲. 易学象数论［M］. 北京：商务印书馆，2005.

［29］陈梦雷. 周易浅述［M］. 北京：商务印书馆，2005.

［30］胡渭. 易图明辨［M］. 北京：商务印书馆，2005.

［31］胡煦. 周易函书约注［M］. 北京：商务印书馆，2005.

［32］惠栋. 周易述［M］. 北京：商务印书馆，2005.

［33］《中华易学大辞典》编辑委员会. 中华易学大辞典（全二册）［Z］. 上海：上海古籍出版社，2008.

［34］管卫华. 周易思想政治教育理论研究［D］. 北京：首都师范大学，2018.

［35］黄钊. 中国古代德育思想史论［M］. 北京：中国社会科学出版社，2011.

［36］纪有奎. 周易演义［M］. 北京：华龄出版社，2016.

［37］邓球柏. 易经通说［M］. 长沙：湖南大学出版社，2007.

后　记

　　《易经新得》是我近 5 年来学习习近平总书记的系列重要讲话，试图深入挖掘《易经》"蕴含的思想观念、人文精神、道德规范，结合时代要求继承创新"，让中华文化宝典《易经》"展现出永久魅力和时代风采"的最新成果。

　　1970 年，我应征参加湘黔枝柳铁路大会战，开始了我的职业生涯。1973 年，在彭代前同志等领导和其他同志们的热情帮助耐心教育悉心培养下，我加入了伟大的中国共产党。1973 年，我被保送进入湖南第一师范学习。1977 年，我参加高考，被录取进入湘潭大学政治系哲学专业学习。1983 年，我在北京大学哲学系进修中国哲学史与西方哲学史研究生课程。1986 年，到湖南大学岳麓书院学习宋明理学。2006 年，我参加了北京大学首届大学治理与运行高级研修班学习。2007 年，我参加了湖南省委党校 44 期地厅级干部进修班学习。2008 年，我参加了美国美联大学 2008 博士 D 班学习。在半个世纪的革命人生旅途上，在党的怀抱里，在母校的关爱下，在各级领导同志的慈爱培育下，在家庭的仁爱中，我幸福快乐、平静舒适地学习、工作、生活着。尤其是这 5 年来，习近平总书记的系列重要讲话深刻教育了我，激励、鼓舞、鞭策、教导我更加热爱党、更加热爱祖国、更加热爱人民、更加热爱生活、更加热爱做学问、更加热爱学习雷锋、更加热爱立德树人、更加热爱立德做人，更加坚定了我永远跟党走的铁的决心和钢的意志，更加纯洁了我永远忠于党、永远忠于祖国、永远忠于人民的赤子童心。把一生献给党和人民，精忠报国，不忘初心，牢记使命，鞠躬尽瘁，死而不已。拙著《易经新得》就是在这样的心境和精神状态下（凭借呼吸机、依靠起搏器）完成的。

习近平总书记谆谆教导我们："人民是历史的创造者，人民是真正的英雄。""中国人民是具有伟大创造精神的人民。""中国人民是具有伟大奋斗精神的人民。""中国人民是具有伟大团结精神的人民。""中国人民是具有伟大梦想精神的人民。""人民有信心，国家才有未来，国家才有力量。""'等闲识得东风面，万紫千红总是春。'在中国共产党领导下，经过近 70 年奋斗，我们的人民共和国茁壮成长，正以崭新的姿态屹立于世界东方！""新时代属于每一个人，每一个人都是新时代的见证者、开创者、建设者。只要精诚团结、共同奋斗，就没有任何力量能够阻挡中国人民实现梦想的步伐！""我们要乘着新时代的浩荡东风，加满油，把稳舵，鼓足劲，让承载着 13 亿多中国人民伟大梦想的中华巨轮继续劈波斩浪、扬帆远航，胜利驶向充满希望的明天！"[1]

习近平总书记全国宣传思想工作会议上强调，要不断提升中华文化影响力，把握大势、区分对象、精准施策，主动宣介新时代中国特色社会主义思想，主动讲好中国共产党治国理政的故事、中国人民奋斗圆梦的故事、中国坚持和平发展合作共赢的故事，让世界更好了解中国。中华优秀传统文化是中华民族的文化根脉，其蕴含的思想观念、人文精神、道德规范，不仅是我们中国人思想和精神的内核，对解决人类问题也有重要价值。要把优秀传统文化的精神标识提炼出来、展示出来，把优秀传统文化中具有当代价值、世界意义的文化精髓提炼出来、展示出来。要完善国际传播工作格局，创新宣传理念、创新运行机制，汇聚更多资源力量。[2]

在习近平新时代中国特色社会主义思想伟大旗帜的指引下，我下定决心不揣冒昧出版拙著《易经新得》，为建设社会主义文

① 习近平：《在第十三届全国人民代表大会第一次会议上的讲话（2018 年 3 月20 日）》，北京：人民出版社，2018 年 3 月第 1 版，第 2、3、4、5、7、13、13-14、14 页。

② 参见《人民日报》2018 年 8 月 23 日第一版。

化强国尽绵薄之力。《易经新得》相对我的旧著《帛书周易校释》（1985 年油印版、1987 年第 1 版、1990 年第 2 版、2002 年第 3 版）、《白话易经》（1993 年第 1 版、2012 年修订版）、《周易的智慧》（1985 年油印版、1990 年第 1 版、2009 年修订版）、《易经通说》（2006 年出版）而言，则更加侧重于我对人生的新感悟、学习做人的新体会，包括我对古圣先贤关于《易经》诠释和解读的新认识。书中一定存在不少的错误和不足，敬请各位朋友不吝赐教。

首都师范大学二级教授邓球柏 2018 年 8 月 4 日至 8 月 23 日于首都师范大学易学研究所

易经新得

332